KB140110

창의
Creative Idea

창의
Creative Idea

오창환 저

머리말

　인간은 가치 있는 새로움을 만들어낼 수 있는 능력이 있다는 점에서 동물과 뚜렷하게 구별된다. 원시시대부터 인간은 불편한 문제들을 해결해온 노력의 결과로 새로운 문명을 창출했으며 감정의 흐름을 가치 있게 표출함으로써 다양한 문화를 만들어냈다. 인간의 끊임없는 문제해결 과정은 수많은 세대로 이어 내려옴으로써 지식의 폭을 넓혔을 뿐만 아니라 이러한 경험을 바탕으로 각종 편리한 생활도구를 발명할 수 있게 되었다.

　채집생활을 이어오던 원시인들은 농업혁명을 통해 정착생활을 할 수 있게 되었고 가내공업의 발달로 도시혁명이 이루어짐에 따라 도시국가가 탄생하게 되었다. 그러나 수공업만으로는 인간의 생활필수품을 충분히 공급할 수 없었다. 이러한 문제점을 해결하고 대량생산체제를 확립하기 위한 방편으로 증기기관을 발명하게 되었고 이는 산업혁명으로 이어져 인간의 삶의 질이 한층 더 풍요로워졌다.

　21세기 접어들면서부터 정보기술의 발달로 인해 4차 산업혁명이 시작되었다. 4차 산업사회는 지식기반 사회로서 기존의 산업사회와 많은 차이점을 가지고 있다. 산업사회에서의 경쟁력이 근면과 성실이라면 지식기반 사회에서는 창의성이 경쟁력의 핵심인 것이다. 또한 학습하는 방식에서도 정규교육을 넘어서 평생교육으로 발전할 것이며 단순히 지식을 습득만 하는 것이 아니라 기존의 지식을 융합하고 새로운 지식을 창출할 수 있는 능력을 배양하는 것으로 크게 변화되고 있다.

사람은 누구나 성공하려는 욕구를 가지고 태어난다. 성공이란 자신이 세운 목표지점에 도달하는 것이다. 그러나 자신이 세운 계획이 순서대로 순탄하게 진행되지 못하고 숱한 어려움들에 부닥치게 된다. 어려움이란 문제를 뜻한다. 어려움 극복이란 문제해결이며 문제해결이 곧 창의이다. 따라서 성공한 삶을 누리기 위해서는 누구나 창의력을 키워 나아가야 한다. 우리가 살면서 부닥치는 어떠한 문제가 사라지면 창의도 함께 멈출 수 있겠지만 그러한 세상은 결코 오지 않을 것이다. 창의에 대해 공부해야 하는 이유가 바로 여기에 있는 것이다.

이 책의 특징은 대학교 교양과정에서 한 학기 강의 동안에 마칠 수 있는 분량으로 적절히 조정되어 있으며 크게 3단계, 즉 창의의 개요와 창의 모형, 창의 요소, 창의적 사고 기법 계발 등으로 구성되어 있다. 또한 인문사회계 전공자, 자연계 전공자들뿐만 아니라 일반 독자들도 이해가 용이하도록 구성하였다.

이 책의 구성은 다음과 같다.

제 1장에서는 창의의 개념을 소개하고 창의성의 수준과 4P이론을 서술한다. 창의성 개념에 관한 논쟁을 소개하고 창의적 사고에 관한 기초 이론을 서술한다.

제 2장에서는 우주만물을 구성하고 있는 개체에 관한 내용을 서술하고 이들 개체들이 서로 연결 구성되어 있는 개체네트워크를 기

술한다. 창의라는 것이 개체를 변화시키는 것이라는 관점 하에 창의모형을 소개한다. 다양한 창의모형들과 함께 OCH 창의 모형도 소개한다.

제 3장에서는 창의적 성격을 서술한다. 인간의 성격과 창의의 관계를 기술하며 창의적 성격의 이론을 설명한다. 창의자의 성격 특성과 함께 창의적 성격의 구성요소에 관한 일반 특성을 서술한다.

제 4장에서는 창의와 연관성이 있을 것으로 추정되는 인간의 지능을 소개한다. 인간의 뇌 구조를 소개한 후에 인간의 인지 기능을 서술한다. 인지 기능 중의 하나인 지능 이론을 소개하며 성공지능, 다중지능, 정서지능에 관한 이론을 기술한다.

제 5장에서는 창의와 직접적인 관계를 가진 문제해결을 기술한다. 우선 평범한 사고와 창의적 사고에서 인지적 요소의 차이점을 기술하고 문제해결이 무엇인가에 관해 소개한다. 문제해결과 창의적 사고를 비교분석하며 문제해결을 위한 이해와 탐색의 과정을 서술한다. 창의적 문제해결을 기술하고 지금까지 제창된 창의적 문제해결모형을 소개한다.

제 6장에서는 문제해결을 위한 지식과 전문성을 기술함에 있어 문제해결을 위한 유추 전이를 서술한다. 문제해결의 커다란 요소들 중의 하나인 전문성을 기술하며 전문성과 연습을 소개한다. 창의적 사고의 상향 과정을 기술하고 전문가 요소로서의 연습과 재능을 비교분석한다. 전문성과 성취를 통해 전문적 연습과 창의성에 관한 관계를 서술한다.

제 7장에서는 창의성을 발휘하는 과정 중의 하나인 통찰 문제를 소개한다. 통찰을 통한 문제해결의 특징을 서술하고 통찰에 대한 증

거를 기술한다. 막다른 골목에 반응한 재구조화와 통찰을 소개하며 형태주의 관점에 대한 비판을 서술한다.

제 8장에서는 창의적 사고의 근원에 관한 개요를 서술하고 1차 과정과 창의성과의 관계를 서술한다. 정신병의 일종인 양극성과 창의성과의 관계를 기술하며 정서와 창의성과의 관계를 서술한다. 현실로부터의 단절을 나타내는 정신분열증과 창의성과의 관계를 서술하여 사회적 요인들과 창의성에 관해 소개한다.

제 9장에서는 창의와 무의식적 사고를 서술함에 있어 우선적으로 무의식적 연상과 무의식적 처리를 소개한다. 수학적 함수를 발견한 푸앵카레의 무의식적 창의 과정 이론을 서술하고 무의식적 처리 이론들을 소개한다. 부화와 조명에 관한 검토에서는 푸앵카레의 자기보고서에 관한 검토와 함께 무의식 처리의 현재적 관점을 서술한다.

제 10장에서는 창의적 사고 능력 측정에 관한 개요를 소개한다. 창의성 측정 방법을 서술함에 있어서 창의적 성취의 척도, 발산적 사고 검사, 태도와 흥미 목록, 성격 목록 등을 서술한다. 창의적 사고 능력 검사를 기술하고 창의적 사고 능력 검사의 신뢰도와 타당도를 소개한다. 또한 창의적 사고 기술의 일반성 대 영역특수성을 서술한다.

제 11장에서는 창의적 사고 기법 계발의 종류를 서술한다. 우선 창의적 사고 기법에 관한 개요를 소개하고 확산적 사고를 유도하기 위한 브레인스토밍을 기술한다. 인간의 뇌 원리를 바탕으로 하여 개발된 마인드맵을 소개하고 9가지의 아이디어 변형 기법을 가진 스캠퍼를 기술한다. 트리즈의 발명 원리를 서술하고 트리즈의 분리 원리를 기술한다. 트리즈 발명 원리의 단점을 보완하기 위해 제안된

ASIT에 관해 서술한다.

　이 책을 통해서 많은 독자들이 창의에 관한 학습을 체득함으로써 자신들의 학업, 일상생활, 직업 활동 등에서 창의를 발휘하여 독창적이고 가치 있는 창의적 산물을 산출할 수 있기 바란다. 이 책에 부족한 점이 많아 독자의 기대에 못 미칠 우려도 있다고 생각하며 앞으로 많은 조언과 충고를 받아들여 그야말로 훌륭한 창의에 관한 교양서적으로 오래도록 활용되기를 바란다.

2016. 12.

오창환

CONTENTS

CHAPTER 05 문제해결

CHAPTER 06 문제해결을 위한 지식과 전문성

CHAPTER 09 창의와 무의식적 사고

CHAPTER 10 창의적 사고 능력 측정

CHAPTER 11

창의적 사고 기법 계발

CHAPTER

01

창의의 개요

1. 창의의 개념

1.1. 창의의 배경

원시시대 이래 인류 문명은 농업혁명과 도시혁명을 거치면서 서서히 발전해오다가 산업혁명을 계기로 급진적으로 진전되었고 머지않아 4차 산업혁명을 눈앞에 두고 있다. 원시시대의 모든 생물들 중에는 오늘날 사라진 종(種)도 있지만 그들의 생존법은 크게 변화하지 않고 있다. 그러나 인류의 삶은 비교할 수 없을 정도로 현저히 변화해 왔다.

인류는 무엇으로 동물들과 다르게 그들의 문명을 발전시켜올 수 있었을까? 그것은 바로 인류의 창의적인 삶 때문인 것이다. 창의는 인류로 하여금 생존력을 키우고 그들의 문화를 발전시킬 수 있게 해주었다. 인류에게 창의가 없었더라면 만물의 영장은커녕 다른 동물들에게 잡아먹혀 후손을 이어낼 수 없었을 것이다. 인류의 창의적 삶은 공간적으로는 지구 곳곳으로 이동하여 인류가 퍼져나가게 해주었고 시간적으로는 앞섰던 경험들을 활용함으로써 그들의 문명을 발전시킬 수 있게 했다.

인류 초기의 인간이 태어나면서 맨 처음으로 마주했던 사람은 어머니였을 것이다. 그는 가족으로부터의 보호 속에서 안전하게 자라날 수 있었고 사춘기를 지나 성인이 되면서부터는 아동의 의존적 삶에서 벗어나 독립적 삶을 영위할 수 있는 체력과 사고력을 키웠을 것이다. 성인이 되고서 부터는 나무열매 채취와 사냥 등을 통해 가족의 삶에 보탬이 되어주었을 것이다. 가족이 늘어남에 따라 씨족사회로 발전되었고 그 사회가 점점 더 커짐에 따라 부족사회로 이어졌다. 인간이 서로 모여 삶에 따라 그들만의 표정, 제스처, 언어가 자연스럽게 발달되었다.

원시인들은 언어를 사용하면서부터 각종 생활정보를 교환함으로써 생존력을 키울 수 있게 되었다. 이러한 생활 정보에는 자연현상, 사물, 동물 등뿐만 아니라 주변 인물들에 관한 상황도 포함되어 있었을 것이다. 그들은 언어를 사용하면서부터 사물들을 구별하고 인식하며 사고하는 능력이 점점 증가하게 되었다. 이러한 과정 속에서 그들은 전통 문화를 계승하면서 동시에 새로운 문화를 만들어가기 시작했다. 그들이 기존의 문화를 개선하고 발전시킬 수 있었던 것은 내성적으로 창의력을 가지고 있었기 때문이다.

창의는 원시시대부터 오늘날까지 인간에게 주어진 독특한 능력들 중의 하나이다. 창의는 문제해결에서 출발한다. 원시인들이 손으로만 나무열매를 채취하고 동물을 사냥하기에는 문제가 있다는 것을 인식하고서 열매채취 도구와 사냥 도구를 만들어냈다. 그들은 음식을 자연 공간에 보관할 수 없다는 문제를 해결하고자 토기를 생각해냈다. 그들은 삶 속에서 기쁘거나 슬플 때에 내면 감정 표출의 매개물이 없다는 문제를 해결하기 위해 춤과 노래를 창안했다.

　인류는 구석기와 신석기 시대를 거치면서 식량 문제를 해결하고자 집 앞 뜰에서 농작물을 재배하기 시작하여 농업혁명을 이룩했다. 농업혁명은 인류로 하여금 먹을 것을 찾아다니던 유목생활로부터 벗어나서 정착생활을 가능하게 했으며 인류의 수(數)를 급속도로 증가시킬 수 있게 해주었다. 농업혁명 이후 인류는 동일한 문화와 규범 틀을 따르는 부족 국가 형태를 가지게 되었다. 이러한 부족 국가는 자신들의 경험, 지식, 정보 등을 시간과 공간의 제한을 넘어 다른 사람들에게 전달하고자 문자를 창의하기에 이르렀다.

　문자의 발명으로 국가의 형태는 더욱 견고해져서 국가지도자, 귀족, 생산자, 노예 등과 같은 계급사회가 정착되었으며 농기구와 전쟁도구의 재료가 청동기에서 철기로 발전을 거듭하게 되었다. 새로운 도구의 창안은 생활 제품뿐만 아니라 생산 제품 개발에서도 이어졌는데 이로 인해 인류의 생산성이 크게 진전됨에 따라 생산시설을 중심으로 모여 사는 도시혁명을 낳게 되었다. 도시혁명은 물리적 공간 거리를 줄임으로써 삶의 효율성을 높이고자했던 인류의 또 다른 문제해결 방식이었던 것이다.

　인류는 삶의 방식이 개선되면서 식생활 문제가 어느 정도 해결되자 우주만물의 본질에 관한 의문 문제를 해결하려는 시도를 하게 되었다. 종전에는 모든 자연 법칙을 지배하는 신에 복종하고 제사지냄으로써 삶의 안정을 도모해왔으나 언제부터인가 자연현상과 인간의 도덕 등의 탐구에 열정적이었던 철학자들이 등장하였다. 종교 및 민속생활을 바탕으로 탄생한 춤, 노래, 시와 소설, 그림 등의 예술을 통해 인간의 감정 문제를 해결하려는 예술가들도 나타나게 되었다.

특히 인쇄술의 발달로 다량의 정보를 다수에게 신속히 전달할 수 있게 됨에 따라 인류의 문화가 시간과 공간적으로 더욱 넓게 퍼져나갈 수 있게 되었다.

14세기에 들어서서 그리스·로마의 문화적 전통을 되살리자는 르네상스 운동이 전개되었다. 르네상스는 신이 아닌 인간이 역사의 중심에 서게 된 획기적인 사건으로서 봉건주의를 몰락시켰으며 예술과 문학뿐만 아니라 철학과 과학 문명을 급진적으로 발달시켰다. 14세기~16세기의 르네상스는 중세의 암흑시대로부터 벗어나서 자유스러운 개인적 창의 활동으로 학문과 예술 등의 획기적인 발전이 이루어졌다. 창의는 이와 같이 삶의 범위를 크게 확장시켜 주는 인류 고유의 특질이다.

도시혁명 이후 국가의 인구가 증가함에 따라 생활필수품의 부족으로 수요공급의 불균형 문제를 해결해야 했다. 사람 손으로 물품을 직접적으로 제작함에 따른 생산성 저하 문제를 해결하고자 물질 에너지를 사용하여 물품을 자동으로 생산할 수 있는 기계를 창의함으로써 산업혁명을 가져오게 되었다. 산업혁명은 농촌지역의 사람들을 생산 공장들이 있는 대도시로 이동시킴에 따라 새로운 도시 문제를 낳았을 뿐만 아니라 자본가와 생산가 사이의 계급투쟁을 가속화시키는 결과를 초래했다.

산업혁명은 증기기관으로 출발하였으나 증기기관차의 도로, 즉 철도가 개설됨에 따라 그 꽃을 화려하게 필 수 있었다. 철도의 발달로 도시와 농촌, 도시와 도시, 국가와 국가 등의 연결이 가능해졌고 이에 따라 인류 삶의 공간은 급속도로 확장되었다. 제국주의 국가들은 증기기관을 선박에 활용하여 자신들의 제품들을 판매하고자 식

민지 정책을 펴나가기 시작했다.

산업혁명은 정보혁명의 씨앗을 태동하게 되었다. 정보혁명은 전기통신으로부터 시작되었다. 철도의 개설로 증기기관차가 역과 역 사이를 이동함에 있어 무엇보다도 열차 충돌의 위험성 문제를 해결해야만 했다. 증기기관차가 역을 출발할 때에 다음 역에 이러한 사실을 미리 알릴 수 있어야만 앞차와의 추돌을 방지할 수 있었던 것이다. 증기기관차의 안전한 운행을 목적으로 탄생한 기술이 바로 전신 기술이다. 철로를 따라 공중으로 띄운 전기선을 플러스 전송선으로 하고 철로를 마이너스 전송선으로 삼아서 전기신호를 전송했던 전신 기술은 이후 무선 전신으로 발전되었다.

그러나 전신 기술로는 상대방에게 목소리를 전달하려는 문제를 해결할 수는 없었다. 전기신호를 통해 음성을 멀리까지 전달할 수 있는 전화기가 발명됨으로써 통신기술 시대의 막이 올랐다. 또한 기계의 작동만으로 복잡한 계산 문제를 해결하려했으나 그 뜻을 이루지 못한 인류는 1946년에 최초의 컴퓨터를 창안하게 이르렀다. 반도체 기술의 발달에 힘입어 컴퓨터와 통신 기술은 급속하게 발전하였으며 이는 정보혁명으로 이어져 오늘날 세계 곳곳을 연결 짓는 인터넷 시대가 도래되었다. 사람과 사람, 사람과 컴퓨터, 컴퓨터와 컴퓨터 등을 연결하는 인터넷을 넘어서 사람과 사물, 컴퓨터와 사물, 사물과 사물 등까지 연결하는 사물인터넷 기술이 등장하고 각종 소프트웨어 기술의 발달로 제2의 정보혁명 시대를 앞두고 있는 실정이다.

컴퓨터 하드웨어 및 소프트웨어 기술 발달에 힘입어 컴퓨터에게도 사람처럼 지능을 부여할 수 있는 인공지능 기술이 현실로 다가왔다. 1997년에 IBM이 개발한 슈퍼컴퓨터 딥블루는 체스 게임에서 인간을 이기고 세계 챔피언에 등극했다. 이후 인공지능 기술은 발전을 거듭하여 체스 게임보다 훨씬 복잡도 증가한 바둑 게임에서 2016년 3월에 이세돌 9단을 4승 1패로 압도하여 세계 인류를 경악시켰다.

미래 사회에서 인공지능을 가진 로봇이 등장하면 인류의 삶은 어떠한 이득과 위험이 닥치는 것일까? 이러한 문제를 해결하기 위해 인류는 또 다른 창의를 서둘러야 한다. 미래 사회에서는 인공지능을 더욱 발전시키려는 기술자들과 이러한 인공지능에 맞서기 위해 인류 고유의 창의를 더욱 계발하려는 일반인들로 양분될 것이다. 인간 고유의 창의를 활용하지 않으면 어느 누구도 미래 사회에서 적응하기 힘들어 질 것은 당연하다. 창의가 절실히 요구되는 것은 바로 이러한 이유 때문인 것이다.

창의는 누구로부터 나오는 것인가? 창의는 아르키메데스, 갈릴레이, 레오나르도 다빈치, 미켈란젤로, 모차르트, 섹스피어, 아인슈타인 등과 같은 천재적 과학자 혹은 예술가들만이 행할 수 있는 것인가? 창업으로 부(富)를 이룬 스티브 잡스, 빌 게이츠, 마크 저커버그 등이 진정한 창의자인가? 그렇지 않다. 창의는 사람이라면 누구나 가지고 태어나는 인간의 고유한 특질이다. 창의의 잠재력을 가지고 있는데도 스스로 활용하기를 포기하는 것이 문제이다. 창의는 학문과 예술 분야뿐만 아니라 가정, 기업, 사회, 국가 등의 업무 분야는 물론 일상생활에서도 항상 발휘되어야 한다.

창의는 문제해결의 과정이다. 이 세상에는 과거부터 현재에 이르기까지 수많은 문제들이 노출되어왔고 시간과 공간상에서 그 문제점들을 해결해오면서 오늘날 현대 문명이 찬란하게 번창하고 있다. 우리 인간들은 아직 해결하지 못하고 있는 과거의 문제들도 많이 존재하지만 미래 인류의 행복한 삶에 배치되는 수많은 문제들을 꾸준히 해결함에 심혈을 기울여야 한다. 문제가 없어지면 창의도 멈출 수 있겠지만 그러한 세상은 결코 오지 않을 것이다. 창의에 대해 공부해야 할 이유가 바로 여기에 있는 것이다.

1.2. 창의의 정의

창의(創意)는 국어사전에 '새로운 의견을 생각해 냄'으로 정의되어 있다. 여기에서 의견이라 함은 아이디어를 뜻하는 것으로서 개체뿐만 아니라 방법 등을 포함한다. 창의 개체는 창의적 산물이고 창의 방법은 창의적 수행에 해당한다. 창의적 산물로는 학문적 발견과 발명, 문학작품, 예술작품 등뿐만 아니라 정치, 경제, 사회, 문화, 생활적 측면의 각종 운영, 규범, 제도 등이 포함된다. 창의적 수행에는 음악 연주, 그림 그리기, 운동 경기, 요리 등과 같이 육체적 움직임에 관한 새로운 방법 등이 내포된다.

창의에 관한 정의는 연구하는 학자들마다 서로 다른 준거 틀을 가지고 있는데 일반적으로 두 가지 준거, 즉 새로움(novelty)과 유용성(usefulness)이다. 여기에서 유용성은 가치(value)를 뜻하는 것으로서 실용성뿐만 아니라 심미적, 기술적, 문학적, 과학적, 경제적 유용함을 포함하는 보다 넓은 의미를 갖는다.

창의의 새로움 측면은 창의적 산물, 창의적 과정, 창의적 인물 등의 요소로 구성된다. A라는 사람이 새로운 창의적 산물을 생각해냈는데 나중에 알고 보니 다른 사람이 이미 그 산물을 창출해 낸 것이라면 그 A라는 사람은 창의적 산물을 만들었다고 볼 수 있을까? 각자의 의견에 따라 서로 다른 판단이 나올 수 있는 사항이지만 유용성 측면을 고려하면 창의적이라고 볼 수 없다. 창의적 인물 측면에서는 A라는 사람이 창의적이라고 말할 수 있지만 창의적 산물 측면에서는 창의라고 말할 수 없다.

창의적 과정은 한 개인에게 새로운 산물을 가져다주는 사고 과정들로 이루어진다. 이러한 창의적 사고는 어떤 사람이 어떤 일을 수행하는 동안 의도적으로 새로운 산물을 생산할 때에 일어나는 것을 뜻한다. 따라서 어느 화가가 작품을 완성하는 도중에 우연히 캔버스에 물감을 엎질렀는데 다른 사람들로부터 그 작품에 대한 가치를 인정받았다고 해도 그 화가는 창의적 인물로 보기 어려운 것이다.

창의는 정신분열증과 관련성이 있는 것으로 알려져 있다. 정신분열증을 앓고 있는 사람들은 자신의 망상 세계 속에서 보통 사람들보다 더 독창적인 아이디어를 만들어낸다고 한다. 만일 정신분열증 환자가 새로운 기계를 만들어냈다면 그 사람은 창의적이라고 말할 수 있는 것일까? 그 기계가 새로운 산물이면서 유용성이 내포되고 의도적인 창의적 과정으로 제작된 것이라면 그 정신분열증 환자는 창의적인 것이다. 어떤 사람이 정신이상이지만 어떤 목표를 추구하면서 어떤 사고 과정을 수행할 수 있는 한 그리고 그 사고 과정의 결과로 창의적 산물을 낳는다면 그 사람은 창의적이라고 말할 수 있다.

1.3. 창의성에 관한 개념 정의

창의성이 인간의 주요한 지적 특성으로 여겨져 왔지만 학문적 관점에서 창의성에 관한 연구가 시작된 지는 그리 오래되지 않았다.

1950년 미국심리학회 회장 취임 연설에서 길포드가 창의성 교육의 중요성에 대해 강조한 이후 심리학과 교육학 분야에서 창의성 교육과 관련된 많은 연구가 진행되었다. 그러나 1950년 이래로 창의성에 대한 연구가 많아질수록 더 많은 개념이 난무하게 되었고 창의성이라는 용어는 지역과 시대에 따라 다르게 해석되었다. 창의성을 연구하는 학자들은 이러한 혼란스러운 창의성의 개념을 정의해 보려고 많은 시도를 해왔다.

(1) 써스턴(Thurstone)의 개념 정의

써스턴은 창의성이라는 개념 안에는 필연적으로 새로움이라는 개념이 내포되어 있으며 이것은 평범 이상의 발명이나 천재적 사고만을 말하는 것이 아니라 개인의 자아실현, 자기표현의 욕구에서 근원된 상상적 활동이라고 말했다. 창의성은 천재들만이 가지는 특수한 능력이 아니라 개인 모두가 가지는 능력들 중의 하나라고 했다.

(2) 오스본(Osborn)의 개념 정의

오스본은 인간의 지적 활동을 이루는 사고는 두 가지 형태를 가진다고 주장한다. 첫째는 알려진 것을 흡수, 기억, 보유한 후에 이러한 자료가 추리 작용에 동원되는 사고의 형태이다. 둘째는 이미 알려진 것을 새롭게 지각하여 개선한다거나 알려지지 않은 것을 탐구하고 상상해 보고 만들어보는 데 동원되는 사고를 말한다. 그는 창의성이란 인간 모두가 가지고 있는 보편적 능력과 특성으로서 일상생활에서 당면한 제반 사태나 문제를 개인 나름의 새롭고 특유한 방법으로 해결해 나가는 활동이라고 말했다.

(3) 매슬로(Maslow)의 개념 정의

매슬로는 창의성을 '특별한 재능의 창의성'과 '자기실현의 창의성'으로 나누었다. 전자는 사회적으로 새로운 가치를 갖는가의 여부로 평가되고 과학자, 예술가, 발명가 등의 특별한 창의성을 의미한다. 후자는 그 사람 개인에게 있어서 새로운 가치가 있는가의 여부가 기준이 되는 창의성이다. 개인 수준의 창의성이 발전되어 사회적 수준의 창의성으로 전이된다. 창의성이란 매우 포괄적인 의미로 개인 수준의 창의성을 의미하며 모든 사람에게 나타나는 능력이나 특징으로 정의할 수 있다.

(4) 토랜스(Torrance)의 개념 정의

토랜스는 '아이디어나 가설을 세우고 그 가설을 검증하고 그에 따른 결과를 전달하는 과정'이라고 정의했다. 창의성에는 모험적 사고, 본 궤도를 벗어나는 것, 정해진 틀을 부스고 탈피하는 것을 포함한다. 창의성은 또한 발생, 발견, 호기심, 상상, 실험, 탐험 등과 같은 것들을 포함한다. 창의적인 아이디어는 궁극적으로 과학적 이론, 발명, 산물의 개선, 소설, 시, 디자인, 그림, 음악 등과 같은 것들에서 구체적인 모습을 드러낸다.

(5) 기셀린(Ghiselin)의 개념 정의

기셀린은 창의성에는 정형화된 것이 없다고 했으며 창의적인 과정이란 개인적인 삶에서 출발하여 조직이 변화하고 발달하는 진화의 과정이라고 했다. 창조의 과정은 자유의 상태가 전제되어야 하며 숙달한 이해력이 작용한 후 창의성이 작용하므로 창의성이란 혼란에서 행동으로 질서가 세워지며 전통적인 것에서 새로운 것으로 바꿔지는 것이라고 정의했다.

(6) 길포드(Guilford)의 개념 정의

길포드는 창의성이란 새롭고 신기한 것을 만들어 내는 능력을 말하며 새로운 사고를 생산해 내는 것이라고 했다. 그는 요인 분석을 통해 창의적 사고를 유창성, 융통성, 독창성, 정교성, 민감성, 재정의 및 재구성력으로 보았다. 그는 인간의 사고를 수렴적 사고와 확산적 사고의 두 양식으로 구분하고 창의적 산출물은 특정 문제에 대한 확산적 사고와 동일한 것으로 간주했다.

(7) 갤러거(Gallagher)의 개념 정의

갤러거는 창의적인 사고를 문제가 있거나 아이디어를 필요로 하는 상황에서 다양한 생각을 구상해 내는 능력이며 독창적인 아이디어를 생각해 낼 수 있고 그 아이디어를 발달시키거나 정교하게 할 수 있는 능력이라고 정의했다.

(8) 테일러(Taylor)의 개념 정의

테일러는 인간에게는 학문적인 재능과 창의적인 재능이 있다고 말했다. 학문적 재능은 전통적으로 학교에서 가르치는 지식들에 해당하고 창의적인 재능은 돌파구를 찾아내어 문제를 해결하는 재능을 의미하며 생산적 사고, 계획, 의사소통, 예측, 의사결정이라는 5가지 재능으로 대치되어 학교에서 가르칠 수 있다고 했다. 창의성이란 생산적 사고와 창의적 사고를 표현하는 복잡한 심리적 과정으로 인내성과 성취, 변화, 개선을 추구하는 태도, 그리고 아주 큰 소신을 갖게 하는 정열 같은 것이라고 말했다.

(9) 스턴버그(Sternberg)와 루바트(Lubart)의 개념 정의

스턴버그와 루바트는 창의성을 다차원적으로 접근하여 창의성 투자이론을 제안했다. 창의성 투자이론에서는 대부분의 사람이 창의성을 길러주는 구성요소를 갖추고 적절한 목표에 자신을 투자할 수 있다면 적어도 어느 정도는 창의적이거나 창의적일 수 있는 잠재력을 가질 수 있다고 주장한다. 창의성은 서로 다르지만 관계되어 있는 6개 자원 즉, 지적자원, 전문지식, 사고양식, 성격, 동기, 환경의 조합에 달려있다. 지적자원은 새로운 문제를 발견하거나 이전 문제를 새로운 방법으로 보는 능력이며 자신의 아이디어를 평가하는 능력이고 새로운 아이디어의 가치를 다른 사람들이 받아들일 수 있도록 설득시켜서 아이디어를 개발하는 데 필요한 지원을 얻을 수 있게 하는 능력이다.

사고양식으로 입법적 사고양식이 창의성에 중요하다고 보았으며 입법적 사고양식이란 과거에 인정해 왔던 것을 받아들이기보다는 새로운 방법으로 사고하는 것을 선호하는 양식이다. 창의성을 위한 성격으로는 혁신적인 사고방식, 위험 감수의 의지, 자기신념과 용기,

불확실성과 모호함에 직면하여 견뎌내는 참을성 등이 있다. 환경 요소에서는 창의성에 대한 부모, 가족, 교사, 학교, 사회의 지지적 환경이 중요하다.

(10) 국내의 개념 정의

박권생은 창의성이란 독창적이고 가치 있는 작품이나 아이디어를 생성하는 능력 또는 힘이라고 정의했다. 그가 뜻하는 창의성은 사회적으로 의미 있는 공적 수준의 창의성을 의미하고 있다. 김재은은 창의성이란 새로운 것, 남이 잘 하지 않는 자기만의 생각이나 가치 있는 것을 만들어 내는 능력과 그런 능력을 뒷받침해 주는 성격상의 특성이 합쳐진 것이라고 했다.

한국행동과학연구소의 조직개발연구팀은 창의성이란 기존에 있는 요소로부터 적어도 자기 자신에게는 새롭고 유용한 결합을 이루어 내는 능력이라고 정의했다. 이 정의는 창의성을 무에서 유를 창조해 내는 것이 아니라 유에서 유를 창조하는 것이며 기존에 있는 자신의 지식이나 경험을 바탕으로 새롭고 유용한 결합을 이루는 것으로 보았다.

1.4. 창의 산물의 분류

창의는 산물이 미치는 역사적, 학문적, 기술적, 예술적, 사회적 영향력의 크기에 따라 대창의(大創意), 중창의(中創意), 소창의(小創意) 등으로 구분할 수 있다. 창의적 산물의 영향력 크기는 보편성을 내포할 수 있으나 평가자마다 다를 소지도 충분히 존재한다. 대창의는 산물이 나왔던 시기에 그 영향력이 모든 분야에 미쳤을 뿐만 아니라 여러 세대에 걸쳐서 지속되어왔고 앞으로도 수백 년이 지나도 기억되는 유형을 뜻한다. 예를 들어서 유클리드의 기하학, 뉴턴의 만유인력법칙, 아인슈타인의 상대성 이론, 레오나르도다빈치의 미술 작품, 모차르트의 작곡, 다윈의 진화설 등이 대창의에 속한다고 말할 수 있다. 역사적으로 대창의에 해당하는 산물은 너무나도 많이 존재한다. 창의적 산물은 전해 내려오고 있지만 그 창의자가 누군지 밝혀지지 않고 있는 경우도 흔하다.

오늘날 창의적 인물로 손꼽히고 있는 스티브잡스와 빌게이츠는 대창의자에 해당할까? 그들은 한 회사의 경영자로서 비록 부(富)를 축적하는 데에는 성공했으나 그들의 창의적 산물이 앞으로 오랫동안 기억될 것으로는 생각되지 않는다. 그들의 산물들이 사회적으로는 크게 영향을 미칠 수 있었으나 역사적, 학문적, 기술적, 예술적으로는 크지 않은 것이다. 그들의 창의적 사고는 회사 경영에 더욱 크게 집중되었기 때문에 성공인으로는 평가받을 수 있겠으나 창의자로는 그 영향력이 크지 않다고 말할 수 있다. 회사 경영 분야에서도 창의적 산물이 창출될 수 있으나 독창적이며 유용한 경영 기법이 포함되어야 창의와 연관성이 있는 것이다.

중창의는 역사적으로는 크게 영향력이 없어서 오래 기억되지 못했지만 산물이 창출되었던 그 당시에는 사회적으로 크게 영향을 끼친 형태이다. 인류의 과거 역사에서 수많은 창의적 산물이 산출되었는데 어느 창의는 그 당시에 모든 분야에 커다란 영향을 끼쳤으나 세월이 흐름에 따라 지속적이지 못했다. 한편으로는 창의적 산물의 창출 당시에는 유용성을 평가받지 못했지만 몇 십 년, 혹은 몇 백 년 후에 역사적 대창의로 우뚝 올라선 경우가 종종 있어왔다. 로버트 W. 와이스버그는 그의 저서 '창의성'에서 이러한 경우를 고려하여 유용성 측면을 고려하지 않고서 창의를 평가해야한다고 주장한다.

중창의의 예로서는 논문지에 발표된 학문적 성과물, 히트 상품의 바탕이 된 특허 기술, 사회적으로 우수 평가를 받은 당대의 예술 작품, 당대의 유명한 문학 작품, 당대에서 각광받은 정치적, 경제적, 사회적, 문화적 산물들, 체육 상품 및 제도 등을 들 수 있다. 스티브 잡스와 빌 게이츠의 창의적 산물은 중창의에 해당한다고 볼 수 있다.

소창의는 개인이나 단체가 가정, 기업, 사회 등의 조직에서 지혜를 바탕으로 독창적이고 유용한 창의 산물을 창출하는 형태를 말한다. 전문기술력을 바탕으로 하지 않고서도 발상적 사고 혹은 발상 전환을 바탕으로 기술적, 예술적, 사회적 영향을 미친 창의가 소창의에 해당한다. 역사적, 학문적, 기술적 측면에서 유용의 영향력을 미칠 수 있는 창의는 영역 특수적 전문가의 몫이라고 여겨지지만 소창의는 일반화된 능력이다.

사람은 누구나 창의적 잠재력을 가지고 태어난다는 것은 특수 영역에서 전문적 지식 없이도 일상생활에 활용할 수 있는 창의적 산물을 만들어낼 수 있다는 것을 뜻한다. 즉 창의에 관한 동기와 환경이 구축되어 있다면 누구나 창의적 잠재력을 일깨워서 우리들 주변의 기구, 글, 음악, 미술, 체육, 제도, 인간관계, 조직 운영 등을 독창적으로 유용하게 발전시킬 수 있는 것이다.

마가렛 보든은 창의성을 두 가지 종류, 즉 심리적 창의성(psychological creativity)과 역사적 창의성(historical creativity)로 구분하였다. 심리적 창의성과 역사적 창의성은 각각 줄여서 P-창의성과 H-창의성으로 불린다. 두 가지 모두 처음에는 개념이나 사고방식 등과 같은 '아이디어'의 독창성을 평가하기 위해 정의되었으나 이제는 어떤 인물이 얼마나 창의적인지를 평가할 때에도 활용된다.

개인이 과학, 음악, 미술, 체육, 문학, 일상생활 등 여러 분야에서 자신의 마음속에 놀랍거나 독창적인 아이디어를 떠올렸다면 그 아이디어는 P-창의적이라고 말할 수 있다. 어떤 사람이 이전에 생각하지 못한 아이디어를 새롭게 떠올렸다면 비록 그 아이디어가 이미 다른 사람들로부터 동일하게 내놓여졌다고 해도 그 사람이 낸 아이디어는 P창의적이다. 이와 반면에 H-창의성은 인류 역사 전체의 관점에서 보았을 때 누군가 완전히 새로운 아이디어를 도출한 경우를 뜻한다. 어떤 사람의 P-창의적 산물을 그 누구도 그 이전에 내놓지 않은 경우에만 그 P-창의적 산물은 H-창의적 산물로 평가를 받는다. P-창의적인 아이디어를 비교적 일관되게 창출하는 사람을 P-창의적인 사람이라 한다. 하나 이상의 H-창의적인 아이디어를 낸 사람은 H-창의적인 사람이라고 불린다.

본 책에서 제시한 창의 분류와 비교해 보면 대창의는 H-창의와 동일한 형태이다. 그러나 P-창의는 대창의, 중창의, 소창의 등의 모든 창의적 산물과 연관지을 수 있다. 대창의, 중창의, 소창의 등과 같은 분류는 창의적 산물의 가치를 준거 틀에 두었으며 H-창의와 P-창의 등의 분류는 창의적 산물에 대한 독창성을 중심에 두고 있다.

2. 창의성의 수준과 4P 이론

2.1. 창의성의 수준

테일러는 창의성에 대한 많은 의견 차이는 창의성을 몇 개의 수준으로 나누어 생각해 보면 해결될 수 있다고 말하며 다음의 다섯 가지 수준을 제안했다.

첫째 표현적 창의성(expressive)은 아동들이 멋대로 그림을 그리듯이 독립적인 개성을 가지고 표현하는 것이며 여기서는 작품의 독창성이나 질 또는 기능은 중요하지 않다. 각자의 뜻을 자유롭게 나타낸 결과물이기만 하면 된다.

둘째 생산적 창의성(productive)은 자유로운 유희를 억제하고 최종 작품을 마무리해 낼 수 있는 기법이 요구되는 예술 또는 과학에서의 창의성을 말한다. 어느 정도 틀을 갖춘 산물을 창출하는 단계이다.

셋째 발명적 창의성(inventive)은 발명가, 탐험가처럼 재료, 방법 및 기법 등에서 재능을 발휘하는 창의성이다. 기존의 작품과는 다른 새로움이 추가된 결과물들이 여기에 해당한다.

넷째 혁신적 창의성(innovative)은 수정을 통해 향상을 도모하는 것이며 여기서는 이해를 새롭게 하거나 새롭게 개념화할 줄 아는 기능이 포함된다.

다섯째 발생적 창의성(emergentive)은 완전히 새로운 원리나 가정을 출현시키며 거기에서 새로운 학파가 형성될 수 있는 창의성이다.

많은 사람들은 창의성이라고 하면 다섯 번째 수준을 말한다고 테일러는 지적한다. 그러나 이러한 창의성은 매우 드물며 창의성에 대한 대부분의 연구는 세 번째 또는 네 번째 수준의 것을 다룬다고 말했다. 여러 수준 가운데에서 발명적 창의성이 가장 체계적이며 어떤 것을 발명한 발명가의 권한은 '특허법'에 따라 보호된다. 특허권을 획득하려면 작품이 새로운 것만으로는 안 되며 유용해야 하고 또한 이전에는 그렇게 할 수 있다는 것이 알려져 있지 않아야 한다.

2.2. 4P 이론

로즈(Rhodes)는 창의성에 대한 연구를 하기 위해서 창의성의 정의를 수집해 보니 56개였다고 한다. 그중 40개는 창의성의 정의를 다룬 것이었고 16개는 상상력의 정의에 관한 것이었다. 이들은 서로 중복되거나 뒤얽혀 있어서 이것을 비교 분석하여 창의성의 고전적인 요소 4P로 구분하였고 지금까지 창의성 연구에 많이 인용되고 있다.

(1) 창의적 과정(Process)

토랜스는 창의적 과정이란 문제와 정보에 있어서의 차이 또는 부족한 요소와 잘못된 부분을 지적하는 것, 이러한 잘못된 부분에 대한 가설을 설정하는 것, 가설을 평가하고 검증하는 것, 가능하다면 이러한 가설을 다시 수정하고 재검증하여 최종적인 결과의 제시까지를 모두 포괄하는 것이라고 말했다. 월러스(Wallas)는 창의적 과정을 준비단계, 부화단계, 영감단계, 검증단계 등으로 나누었다.

(2) 창의적 산출물(Product)

창의적인 산출물로 인정받기 위해서는 그 어떤 기준에 도달해야만 한다. 학자들은 창의적인 산출물의 3가지 특성을 새로움(novelty), 적절성(appropriateness), 대중성(popularity) 등으로 범주화 했다. 새로움은 다시 사적인 새로움과 공적인 새로움으로 구분하기도 한다. 적절성은 산출물이 초기의 목적에 부합하는지에 대한 적절함과 타당성에 관한 문제이다. 대중성은 수많은 사람이 공감할 수 있고 인정하는 창의성이어야 한다는 것이다.

(3) 창의적 사람(Person)

길포드는 창의성과 관련이 있는 9가지 성격특성의 요인으로 사고의 유창성, 표현의 유창성, 독창성, 자발적 융통성, 자유에 대한 욕구, 다양성의 욕구, 충동성, 모험심, 심미적 표현의 관심 등을 제시했다. 길포드의 입장과 여러 학자의 의견을 종합해 보면 창의적인 인간의 성격이라 함은 그 사람의 성격, 지능, 기질, 습관, 태도, 자아개념, 가치체계, 방어기전, 행동과 관련이 있다고 말할 수 있다.

(4) 창의적 환경(Press)

창의성을 극대화하기 위해서는 환경적인 요소와 창의적인 사람과의 상호작용이 필수적이라는 연구가 진행되어오고 있다. 아마빌(Amabile)은 몇 개 회사의 과학자 129명을 면접한 결과 창의성을 촉발시켜 주는 9가지 자극물을 밝혀냈다. 그것은 자유, 훌륭한 프로젝트 관리, 충분한 자원, 경력, 다양한 조직의 특성, 인정, 충분한 시간, 도전, 긴장감이라고 했다. 창의성을 저해하는 요인으로는 평가될 것이라는 생각, 감시 감독하는 눈, 보상만을 추구하는 사람, 경쟁·선택이 제한되어 있는 경우, 외적인 유발 등이 있다고 말했다.

3. 창의성 개념에 관한 논쟁

3.1. 창의성에 관한 관점 : 행동 특성과 인지과정

창의성에 관한 여러 이론 중에서 창의성을 인간의 행동 특성으로 보는 관점과 인지적 과정으로 보는 관점 간에는 큰 차이가 존재한다. 길포드는 인간이 세상에 태어날 때 최악의 결손 조건만 아니라면 성장하면서 자연적으로 표출되는 일련의 창의적 잠재력을 가지고 태어나며 이 특성의 양은 개인마다 다르다는 전제를 바탕으로 한다. 특성은 비교적 변화시키기 힘든 고정적인 것인데 양으로 나타낼 수 있고 잘만 측정되면 무척 다양한 상황에서 행동을 예측할 수 있다고 믿는다. 창의적인 행동은 개인이 가진 창의성의 특성과 주변 상황과의 상호작용이라는 것이다. 창의성은 누구나 가질 수 있는 것이 아니라 태어날 때부터 이미 정해져있기 때문에 창의성을 가진 사람을 찾아내어 그들에게 창의적 산물을 만들어내게 해야 한다는 이론이다.

창의성을 인간의 사고과정으로 파악하는 입장에서는 창의적인 표현과 발달을 촉진시키는 구체적인 프로그램을 고려하지 않고 창의적 특성을 판별하는 것은 적절하지 않다고 본다. 월러치(Wallach)는 전문가의 지도에 의해 창의성 관련 기능들이 증진될 수 있다고 주장한다. 그는 창의적 사고의 특성은 누구든지 가지고 있는 사고특성으로서 그 양에 있어서만 개인차가 있을 뿐이라고 결론 내렸다.

3.2. 창의성의 판단 기준 : 산출물과 인지과정

창의성을 판단하는 기준이 창의적인 산출물인가 아니면 개인이
나타내는 인지과정인가에 관한 논쟁이 있다. 화이트(White)는 창의
성이라는 용어는 인간의 내적 사고과정에서 적용되는 단 하나만의
의미를 갖는 것이 아니라 우리가 한 개인의 성취를 높이 평가하기
위해 사용하는 말이라고 주장했다. 따라서 창의성은 창의적인 산출
물의 산출 여부에 의해 결정되는 것이고 가치 있는 것이어야 하며
구체적인 성취영역의 준거를 기초로 측정될 수밖에 없다고 했다. 창
의성이란 가치 있다고 여기는 산출물을 낸 특정한 사람에게만 창의
적이라는 말을 할 수 있다는 것이다.

화이트와는 달리 판즈(Parnes)는 창의성의 일차적인 의미는 업적
에 있는 것이 아니라 개인과 연결되어 있다고 주장했다. 따라서 창
의적이라고 할 수 있는 사람이 창의적인 업적을 내놓지 못할 경우도
있을 수 있다. 그는 창의적이라는 말이 가능성을 지칭하는 것이지
업적을 지칭하는 것이 아니라고 했다. 창의적인 사람을 연구하는 사
람들의 입장도 창의적인 사람의 특성과 창의적인 산출물은 구분된
다는 가정을 하고 있다.

3.3. 창의성의 영역 : 영역 일반적과 영역 특수적

영역 일반성이라 함은 창의성을 가진 사람은 모든 분야에서 높은
수준의 창의성을 탐구하는 특별한 능력이 있다는 것을 뜻한다. 그러
나 천재들의 창의성을 살펴보면 그들은 하나 이상의 영역에서 천재

성을 인정받는 경우가 거의 없는데 이러한 사실은 창의성이 영역 특수적이라는 주장에 강한 힘을 실어주고 있다. 여러 영역에서 능력을 나타내는 천재가 흔하지 않는 이유는 '10년의 법칙'이 있기 때문일 수 있다. 아무리 천재라고 해도 어느 한 분야에서 특출한 창의성을 발휘할 수 있으려면 10년 이상의 시간을 헌신적으로 연구하고 훈련하는 것이 필요하다는 것인데 한 사람이 여러 분야에서 10년 동안 투자하기란 불가능하다.

3.4. 창의성과 지능의 관계

박병기와 유경순의 연구에 의하면 창의성과 지능의 관계를 독립, 중첩, 포섭의 세 가지 관계 모형으로 설명할 수 있다고 한다. [그림 1-1]은 창의성과 지능의 관계모형을 나타낸다.

관계성의 유형		관계성의 표상
독립적 관계	완전한 독립	
	실질적 독립	
중첩적 관계	동등한 중첩	
	지능 위주의 중첩	
	창의성 위주의 중첩	
포섭적 관계	동등한 포섭	
	지능 위주의 포섭	
	창의성 위주의 포섭	

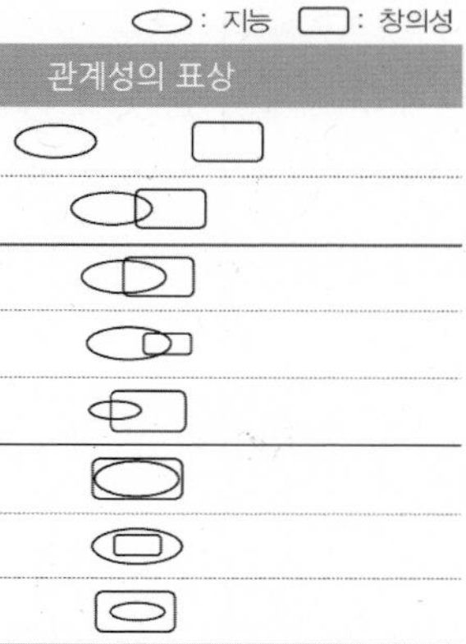

참고문헌 : 지능과 창의성의 프레임, 이신동 외 공저, 양서원

[그림 1-1] 창의성과 지능의 관계모형

창의성이 지능과 독립적이라는 것은 창의성이 높고 낮음에 관계 없이 지능이 높고 낮을 수 있다는 것이다. 독립적 관계는 다시 '완전한 독립'과 '실질적 독립'의 둘로 나뉜다. 완전한 독립관계는 창의성과 지능이 전혀 별개의 정신적 실체로서 어떠한 종류의 상호작용이나 연관성이 얽히지 않는다는 것을 의미한다. 그러나 인간에게는 지능이나 창의성 말고도 수없이 많은 정신적 실체가 존재하기 때문에 어느 정도 창의성과 지능은 관련되지 않을 수 없다. 실질적 독립은 창의성과 지능 간에 상관계수가 0이 아니라고 해도 두 실체가 공유하는 동질성을 바탕으로 한 것은 아니라는 것이다.

중첩적 관계에서는 두 정신적 실체가 각각의 고유성을 가지고 있지만 한편으로는 상호 간에 본질적으로 동질적인 특성을 상당 부분 공유하고 있다는 것을 뜻한다. 동등한 중첩은 창의성과 지능이 인간의 정신세계에 있어서 동등한 중요성을 가진다는 것을 인정한 상태의 관계성이다. 창의성 위주나 지능 위주의 중첩은 어느 한 개념의 중요성을 다른 것보다 강조한 상태에서의 관계성이다. 현재의 대다수 연구자들은 대체로 지능 위주의 중첩적 관계성을 명시적 또는 묵시적으로 수용하는 경향이 있다.

창의성과 지능이 포섭적 관계성을 갖는다는 것은 두 실체의 본질적 속성이 하나의 실체로 환원될 수 있는 관계라는 것을 뜻한다. 동등한 포섭은 두 실체가 이름만 다를 뿐 실제로 동일한 정신적 실체라는 것을 인정하는 것이다. 지능위주의 포섭은 '창의성은 지능의 한 특수한 표현일 뿐이다.'라고 주장하는 것이고 반대로 창의성 위주의 포섭은 '지능은 창의성의 한 특수한 표현에 불과할 뿐'이라고 주장하는 것이다. 상당수의 연구자들은 지능 위주의 포섭을 주장하고 있다.

한편 지능과 창의성의 관계에서 역치이론(threshold theory)이 제기되고 있다. 역치이론의 요점은 창의성이 어느 정도까지는 지능에 근거하지만 지능지수가 일단 어느 수준, 즉 역치 수준을 넘어서면 창의성과 지능 간에는 거의 상관이 없어진다는 것이다. 매키넌(Mackinnon)의 연구에 의하면 역치 수준은 지능지수 120 정도이다. 이 연구에서는 예술 및 과학 분야에서 현저하게 창의적인 사람의 경우 지능지수가 120 이하인 경우가 드물다는 것을 보여주었다. 그러나 역치가 '120'에 고정될 필요가 없다. 따라서 지능지수가 어느 정도만 넘으면 누구나 창의적 잠재력을 가지고 창의적 산출물을 만들어낼 수 있다고 생각할 수 있는 것이다.

4. 창의적 사고

4.1. 창의적 사고의 개념

인간의 사고는 형식 논리에 기초한 비판적 사고와 새로운 아이디어를 생성해 내는 창의적 사고로 구분되고 이러한 사고 영역들은 상호작용하며 궁극적으로 문제해결에 도달하게 된다. 길포드는 지능구조모형에서 창의성을 지적 능력의 한 특성으로 설명하면서 창의적 사고를 정답을 찾는 대신에 다양하고 많은 정보를 새로운 시각에서 다양한 아이디어나 산출물로 표현할 수 있는 능력이라고 말했다. 그는 창의적 사고에서는 틀에 얽매이지 않고 다양한 관점에서 해결책을 도모할 수 있는 유연성이 중요하다고 강조했다. 그러나 길포드가 창의적 사고를 위해 강조한 확산적 사고는 학자들로부터 비판을 받아 왔음에 따라 이후 수렴적 사고를 포함해야 한다는 주장이 제기되었다.

토랜스(Torrance)에 의하면 창의적 사고는 어떤 어려운 문제에 직면했을 때 문제를 해결하기 위해 적절한 질문을 할 수 있는 능력, 문제를 해결하기 위한 예측이나 가설을 형성할 수 있는 능력, 설정한 예측이나 가설을 검증하거나 재검증하여 가장 적절한 해결책을 끌어낼 수 있는 능력들을 포함한다는 것이다. 즉 창의적 사고는 확산적 사고뿐만 아니라 '문제를 재정의 하는 능력'과 문제에 대한 민감성 '을 포함해야한다는 의미이다.

이후 많은 학자들은 창의적 사고의 구성요소에 인지적 요소뿐만 아니라 성향적 요소도 포함시켜야 한다고 주장했다. 인지적 요소인 기억, 인지, 평가, 수렴적 사고, 확산적 사고 등과 함께 성향적 요소인 용기, 일에 대한 헌신, 현상을 질서 있게 정리하기, 발견해 내려는 열망 등을 포함시켜서 인간의 창의적 사고를 이해하기 위한 다양한 관점의 시도가 이루어져야 한다는 것이다.

4.2. 창의적 사고의 구성요소

창의적 행동과 창의적 산출물을 위해 필수적인 창의적 사고는 인지적 요소와 성향적 요소들 간의 상호작용으로 이루어진다. 학자들에 따라 견해를 달리하지만 창의적 사고를 위한 인지적 요소로는 유창성, 융통성, 독창성, 정교성 등이 제시된다. 창의적 사고 기능을 제대로 작용할 수 있도록 하는 내적 동기나 태도적 특성에 해당하는 성향적 요소에는 민감성, 개방성, 인내심, 모험심 등이 포함된다.

(1) 창의적 사고의 인지적 요소

(가) 유창성

유창성(fluency)은 특정한 문제 상황에서 가능한 한 많은 새로운 아이디어를 산출해 내거나 가능한 한 많은 방법을 제시할 수 있는 양적인 사고능력이다. 가능한 많은 아이디어를 만들어 낼 때 질 좋은 아이디어를 얻게 될 가능성이 높다는 점에서 유창성은 창의적 사고에서 반드시 필요하다. 유창성에는 도형 유창성, 언어 유창성, 개념화 유창성, 표현 유창성 등이 포함된다.

(나) 융통성

융통성(flexibility)은 고정적인 사고에서 벗어나 여러 다른 각도에서 다양한 해결책을 찾아내는 능력으로서 일상생활의 복잡한 문제 상황에서 요구되며 문제를 해결하는 데 경직된 시각으로 사고하는 것을 방지한다. 자신에게 익숙한 시각에서만 생각하는 아이디어에는 한계가 있다. 그래서 지금까지와는 다른 새로운 해답이나 해결책을 만들어 내려면 새로운 시각, 안목, 관점을 가져야 한다.

(다) 독창성

독창성(originality)은 기존에 이미 있었던 것에서 탈피하여 새롭고 독특한 아이디어를 산출하는 능력으로서 자기만의 독특한 아이디어를 산출하고 고안하려는 의식적인 노력에 의해 가능하다. 창의적 사고의 이상적인 목표는 독창성을 추구하는 데 있다. 이러한 사고는 평소에 가능하면 특이하고 새로운 방식으로 문제를 해결하려는 태도를 가짐으로써 비롯된다.

(라) 정교성

정교성(elaboration)은 다듬어지지 않은 기존의 아이디어를 보다 치밀한 것으로 발전시키는 능력으로서 은연중에 떠오른 아이디어라도 소중히 여기고 이를 발전시켜 훌륭한 아이디어가 되도록 정교하게 다듬는 활동을 말한다. 은연중에 떠오른 여러 가지 아이디어를 정교하게 다듬어서 훌륭하게 발전시키는 작업이 창의적 사고의 마지막 단계에 필요하다.

(2) 창의적 사고의 성향적 요소

(가) 민감성

민감성은 주변의 환경에 대해 예민한 관심을 보이고 이를 통해 새로운 탐색 영역을 넓히려는 성향이나 태도를 뜻한다. 민감성은 일상생활에서 접할 수 있는 문제나 주위 환경에 대해서 세심한 관심을 가지고 당연히 여겨지는 것에 대해서도 의문을 제기하고 생각해 보는 능력이며 또한 사물이나 현상에 대해서 호기심을 가지고 끊임없이 질문하는 태도로서 새로운 발견의 기초가 된다.

(나) 개방성

개방성은 경험에 제한 없이 새로운 경험이나 생각을 기꺼이 수용하려는 능력으로 다양한 경험을 받아들이고 한계나 제한으로부터 벗어나 모든 가능성을 수용하려는 성향이나 태도이다. 개방적인 성향을 가진 사람일수록 융통성이 높아 창의적 사고가 가능해진다.

(다) 인내심

인내심이란 불확실함을 견디며 끝까지 포기하지 않는 성향이나 태도로서 자신이 성취하고자 하는 일에 전념하여 몰두하는 것을 의미한다. 애매모호한 상황을 잘 참아내면서 어려운 상황이나 문제를 피하지 않고 과제가 해결될 때까지 끝까지 포기하지 않는 태도에서 창의적 사고가 가능하고 새로운 발견에 이른다.

(라) 모험심

모험심은 실패할 가능성을 무릅쓰고 위험을 감수하며 하고 싶은 것을 하려는 성향이다. 새로운 상황을 회피하기보다 불확실한 결과에 도전의식을 갖고 부딪히는 성향으로서 문제 상황에 봉착했을 때 어려움에 좌절하지 않고 도전할 수 있게 하는 원동력이 되며 이는 창의적 사고의 기회를 높여준다.

4.3. 창의를 위한 비범한 사고와 평범한 사고

창의적 산물은 과거의 아이디어와 비교하여 새롭고 놀라운 결과물이기에 일반인들은 물론 일부 심리학자들도 그 아이디어를 창출하기까지의 사고 과정이 비범하다고 생각해왔다. 그러나 이와 반대로 창의적 사고는 우리들이 일상생활에서 행하고 있는 평범한 사고에 불과하다고 주장하는 심리학자들도 있다. 창의적 사고는 비범한 사고일까 아니면 평범한 사고일까?

인류 역사에서 창의적인 도약을 이루어낸 진정으로 새로운 아이디어는 비범한 출처로부터 나오는 것이 틀림없다고 사람들은 믿었다. 뿐만 아니라 그러한 아이디어를 낸 장본인조차 그 아이디어가 어디에서 오는지를 전혀 몰랐다. 그로 말미암아 창의자들을 비롯한 많은 이론가들은 의식적 사고 밖에 있는 과정들이 창의적 아이디어를 생산해내어 그것을 의식적인 사고자에게 제시한다고 가정했다. 즉 혁신적인 아이디어는 평범한 의식적 사고로는 나올 수 없을 것이라는 생각이다.

그리스 사람들은 창의적 아이디어가 신으로부터 시작되어 창의자에게 전달되기 때문에 신의 도움 없이는 놀라운 아이디어를 생산할 수 없다고 믿었다. 근래에 와서도 심리학자들은 창의적 사고는 무의식적 사고의 일환이라고 주장했다. 예를 들어서 프로이트는 어린 시절에서 유래하는 충족되지 못한 욕구가 성인이 되어 창의적 사고 과정에서 무의식적으로 묻어난다는 것이다. 유명한 수학자이자 과학자였던 푸앵카레는 자기 자신의 창의적 성취를 연구하면서 의식 밖에서 느닷없이 창의적인 아이디어가 떠올랐다고 말했다.

한편 로버트 W. 와이스버그는 창의적 산물이 평범한 사고로부터 이루어진다고 주장한다. 창의적 산물이 기존의 개체들과 멀리 떨어져서 새롭고 혁신적이라고 하여 창의적 사고까지 비범하지는 않다는 것이다. 그 어떤 창의적 산물도 과거로부터 단절될 수는 없다고 말한다. 혁신적 아이디어를 창출한 창의자는 과거의 산물, 지식, 정보 등을 바탕으로 자신의 경험과 지식을 더해서 새로운 산물을 만들어내는 것이라고 한다.

창의적 산물이 혁신적으로 보이는 것은 일반인들이 그 산물이 나오기 전의 상황들을 잘 알지 못하기 때문일 수 있다. 어떤 창의 분야를 골똘히 연구하는 사람들 사이에서는 보편적이고 상식적인 정보들이 다른 분야의 전문가 혹은 일반인들에게는 이해하기 어렵고 별

천지 지식처럼 느껴질 수 있다. 이와 마찬가지로 세상을 놀라게 하는 새로운 아이디어는 일반인들에게 더욱 경이롭고 혁신적인 산물로 인식될 수 있을 것이다. 그러나 이러한 창의적 산물은 신의 계시나 혹은 무의식적 과정으로부터 나오는 신비로운 결과물이 아니라 사람이라면 누구나 수행할 수 있는 평범한 사고 과정에 불과한 것이다.

창의적 산물이 평범한 사고로부터 출발한다고 하여 그것의 위대함까지 무시해서는 안 된다. 평범한 사고를 통해 경이로운 창의적 아이디어가 나올 수 있으려면 전문 지식, 경험, 동기, 환경, 성격 등이 뒷받침되어야 한다. 특히 창의적 산물 분야의 전문지식과 경험 없이는 창의적 문제를 발견할 수 없을 뿐만 아니라 어려운 문제에 봉착할 때에 한 발짝을 옮길 수 없는 상황에 놓일 수 있다. 따라서 창의가 특별한 사람의 전유물인 비범한 사고로부터 시작된다고 생각한 나머지 아예 창의적 생각을 포기하는 것은 삼가야 한다. 또한 평범한 사고만으로 새로운 아이디어에 도전하려는 의지도 한번 생각해 보아야 할 문제이다.

4.4. 과학 분야의 창의적 사고 사례 : DNA 구조 발견

DNA는 세포의 염색체를 구성하고 있는 유전자이다. DNA는 19세기 중반에 발견되었고 20세기 초에 모든 세포 안에 존재하는 것으로 밝혀졌다. DNA는 하나의 인산기, 하나의 당, 네 개의 서로 다른 염기들(A : 아데닌, C : 시토신, G : 구아닌, T : 티민)로 구성되어 있다. 하나의 인산, 하나의 당, 하나의 염기가 기본 단위인 뉴클레오티드를 형성하고 그로부터 DNA 구조가 지어진다. 뉴클레오티드는 네 가지가 있는데 염기만 서로 다르다.

연구자들은 1940년대 후반이 되어서야 DNA가 유전물질이라는 사실에 동의하기 시작했다. 바이러스가 박테리아를 공격할 때 바이러스 DNA는 숙주 박테리아 안으로 들어가지만 단백질로 이루어진 바이러스의 껍질은 숙주 바깥에 남는다는 사실은 바이러스로부터 박테리아로 유전 정보를 전달하는 물질이 DNA라는 생각으로 이어졌다. 왓슨과 크릭은 1953년에 DNA 구조가 [그림 1-2]와 같이 이중나선을 형성한다는 사실을 발견했다. 왓슨과 크릭의 DNA 구조 발견은 20세기 과학의 위대한 발견들 중의 하나로서 유전적 과정을 이해하고 조절하는 데 혁명적인 효과를 미쳤다.

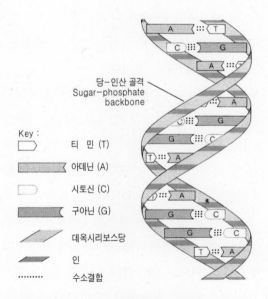

참고문헌 : 인체해부학, 노민희, 용준환, 이용덕 공저, 정담미디어

[그림 1-2] DNA 구조

왓슨과 크릭의 공동 연구는 1951년 가을에 시작되었다. 왓슨과 크릭은 한 번도 만난 적이 없었는데도 지적(知的) 연결고리를 가지고 있었다. 왓슨의 박사학위 지도 교수였던 루리아는 박테리아를 잡아 먹는 바이러스를 연구 했던 파지 그룹의 창시자들 중의 한 사람이었다. 파지 그룹의 한 사람이었던 델브뤼크는 물리학자였는데 새로운 연구 영역을 찾아 생물학으로 이동하였다. 델브뤼크의 영향을 받은 슈뢰딩거는 양자역학의 창시자로서 '생명이란 무엇인가?'라는 자신의 책에서 당시로서는 미지의 존재였던 유전물질이 어떤 구조일지에 관해 관심을 표명했다. 많은 물리학자들이 슈뢰딩거의 책을 읽고 나서 전반적인 생물학적 질문들, 특히 유전학에 관심을 가지게 되었고 그런 물리학자의 한 사람이 크릭이었다. 크릭의 친구였던 윌킨스는 런던의 킹스 칼리지에서 DNA의 구조를 연구하고 있었다. 이와 같이 왓슨과 크릭의 DNA 구조에 관한 공통적인 관심은 그들의 공통된 지적 재산에서 직접 나온 것이다.

왓슨은 나폴리에서 열린 학술회의에서 크릭의 친구였던 윌킨스가 발표한 논문을 접하게 되었다. 그 곳에서 왓슨은 윌킨스가 찍은 DNA X선 사진의 슬라이드를 보면서 놀라움을 금치 못했다. X선을 사용하여 DNA의 사진을 찍을 수 있다는 사실은 DNA를 결정으로 만들 수 있다는 뜻일 뿐만 아니라 DNA가 규칙적인 구조를 가지고 있다는 뜻을 포함한다고 생각했다. 왓슨은 DNA의 X선 분석을 실행할 수 있는 곳을 찾기 시작하여 1951년 가을에 케임브리지 대학의 케븐디시 연구소에 직원으로 합류했다.

왓슨과 크릭은 공동연구를 시작하여 DNA 구조의 모형을 세워 보기로 했다. 'DNA는 하나의 뉴클레오티드가 다음 뉴클레오티드에 붙어 있는 형태의 긴 사슬일까?', '하나의 뉴클레오티드가 다음 뉴클 레오티드로 이어질 때 닫힌 고리 형태일까?', '어떠한 형태를 이루는 것일까?' 등에 관해 토론하면서 나선 형태일지 모른다는 가정에서 출발하기로 동의했다. 그들의 창의적 사고는 두 가지 아이디어, 즉 모형을 세워야 한다는 아이디어와 DNA가 나선일지 모른다는 아이 디어를 창출했다. 이러한 아이디어는 세계적으로 유명한 화학자였던 폴링이 그 무렵에 단백질 알파케라틴의 구조가 나선 형태라는 연구 결과를 발표한 것으로부터 출발한 것이었다.

월킨스도 왓슨과 크릭이 DNA가 나선이라는 가정을 채택하는 데 기여했다. 월킨스는 수집된 데이터에 기초하여 세 개의 가닥이 있다 는 이론으로 기울고 있었다. 크릭은 X선 회절 무늬 해석의 수학에 관한 이론적 연구를 수행했는데 이 작업이 X선 데이터를 해석하고 이해하는 데 결정적으로 중요했던 것으로 밝혀졌다. 과학적 연구에 는 단순한 관찰 이상이 필요하다. 즉 과학자들은 간접적인 증거로부 터 결론을 끌어내므로 그들의 지식과 이해가 성공에 몹시 중요하다.

왓슨과 크릭은 DNA가 몇 개의 가닥으로 지주를 형성하는 지 알 수 없었다. 예를 들어서 두 개, 세 개 혹은 네 개의 가닥이 있는지도 몰랐다. 가닥의 구조가 결정되면 다음으로 염기, 즉 네 개의 서로 다 른 화합물(A, C, T, G)을 어디에 놓아야 하는 지를 결정해야 했다. 지주를 중심으로 나선의 안쪽에, 즉 지주와 지주 사이에 있을 수도 있고 지주에서 바깥쪽으로 이어질 수도 있었다.

1951년 11월에 왓슨은 프랭클린이 연 세미나에 참석했다. 프랭클 린도 DNA의 구조에 관한 연구를 수행하고 있었다. 프랭클린은 DNA를 습기에 노출시킨 후 그것의 X선 사진을 찍었는데 이를 통해 그녀는 DNA 구조가 나선 형태라고 생각하게 되었다. 더욱이 프랭클린은 DNA가 이중나선 구조라고까지 생각했으나 그 구조를 공식화하지 않았다. 만일 그녀가 먼저 공식화했다면 DNA 구조 발견은 프랭클린의 업적이 되었을 것이다.

왓슨과 크릭은 최초로 염기들이 바깥에 붙어있는 세 가닥짜리 DNA 모형을 세웠다. 이는 측정된 DNA의 무게와 부피를 바탕으로 DNA 밀도를 구한 결과 값에 근거하여 세 가닥 구조일 것이라고 생각했던 것이다. 나중에 밀도에 관한 증거가 틀린 것으로 밝혀졌지만 그 당시 왓슨과 크릭은 이러한 사실을 알 수 없었다. 왓슨과 크릭이 염기들을 지주 사이가 아닌 나선의 바깥에 놓은 이유는 그들이 견고한 지주 안쪽에 염기들을 딱 맞게 집어넣는 방법을 알아내지 못했기 때문이었다. 그러나 삼중나선의 가운데에 지주를 두자 여러 문제가 생겼다. 이러한 실패로 인해 그들은 연구소로부터 DNA 연구에서 손을 떼라는 명령을 받았다.

그들이 정확한 DNA 모형을 공식화하기까지는 1951년 늦가을부터 1953년 초까지 1년 이상이 소요되었다. 그들은 개인적으로 DNA 구조 연구를 계속 이어갔다. 그들은 삼중나선 모형이 화학의 몇 가지 기본 법칙을 어기지 않고서는 들어맞을 수 없다는 사실을 발견하고서 세 가닥 모형이 틀렸음을 깨닫게 되었다. 1953년 1월 말에 폴링이 발표한 논문을 읽을 때에 손이 부들부들 떨렸다. 왜냐하면 그들은 폴링이 이중나선 구조를 풀었다고 생각했기 때문이었다. 그러나 폴링은 삼중나선 구조를 발표했었다. 왓슨과 크릭은 폴링이 오래지 않아 이중나선으로 바로 잡을 것으로 생각했었기 때문에 조바심이 몰아쳤었다.

드디어 DNA 연구를 금지당한 지 1년 이상이 지난 1953년 2월 28

일에 왓슨과 크릭은 DNA 구조를 발견하게 되었다. 왓슨과 크릭이 성공한 몇 가지 이유가 나타난다. 첫째로 그들은 다른 사람들의 연구 결과에 기초하여 DNA 연구를 수행했다. 둘째로 왓슨과 크릭은 둘 다 그 관심사에 고유한 전문성을 추가해서 각자가 최종 산물에 기여했다.

4.5. 예술 분야의 창의적 사고 사례 : 피카소의 걸작 '게르니카'

20세기 예술의 이정표인 <게르니카>는 스페인 내전 도중이었던 1937년 4월 26일에 스페인 북부 게르니카의 바스크 마을이 프랑코 총통과 연합한 독일 공군에 의해 폭격당한 데 대한 반응으로 그려졌다. 1937년 초에 피카소는 내전에 지고 있던 스페인 정부, 즉 프랑코의 반대 세력으로부터 1937년 6월에 파리에서 열릴 국제 전시회에서 사용할 정부의 대형 천막용 그림을 그려달라는 부탁을 받았었다. 4월 말경에 피카소는 이미 그림을 시작했지만 폭격의 기사가 파리에 도착하자 그는 계획을 바꾸어 폭발적인 창작 활동으로 6주 만에 [그림 1-3]과 같은 <게르니카>를 완성했다.

참고문헌 : 창의성, 로버트 W. 와이스버그, 김미선 역, ㈜시그마프레스

[그림 1-3] 피카소의 <게르니카>

<게르니카>는 반전 상징의 그림이지만 그림 안에는 병사도 폭탄을 투하하는 비행기도 소총이나 대포도 탱크도 없었다. 그림 안에는 몇 마리 동물, 네 명의 여인, 아기, 부서진 조각상이 있을 뿐이다. 그림의 왼편에는 황소 한 마리가 서서 절규하는 한 어머니를 지켜보고 있다. 그녀는 죽은 아기를 안고 있었고 아기의 고개는 뒤쪽으로 축 늘어져있다. 그 아래에는 부서진 고대 전사의 조각상이 부러진 검과 꽃 한 송이를 들고 있다. 그림의 중심에는 말 한 마리가 전쟁을 암시하는 창에 찔려 고통의 비명을 지르며 고개를 올리고 있다. 위쪽 중앙에는 한 여자가 불타고 있는 건물의 창문 밖으로 몸을 내밀면서 불빛을 들어 비추고 있다. 오른쪽 끝에는 불이 붙은 여자가 타고 있는 건물에서 떨어진다. 피카소는 그러한 캐릭터들을 사용하여 우리들로 하여금 무언가 끔찍한 일이 일어났다고 느끼게 하지만 그 사건을 직접적으로 제시하지는 않는다. 그림의 또 한 가지 놀라운 사실은 색깔을 사용하지 않는 단색이라는 것이다. 이러한 단색의 어두움은 심리적인 어둠의 분위기를 제시하는 역할을 한다.

창의적인 작품은 느닷없이 출현하지 않는다. 특히 대규모의 창작품(예를 들어 과학 이론, 교향곡, 소설, 대형 그림)에는 여러 가지의 잠재적인 정보원이 있기 때문에 그 작품이 어떻게 발달했는가를 이해하는 데 도움을 준다. 특히 화가를 포함한 창의적 사고자들은 어떤 일에 몰두하기 전에 무엇을 할 것인가에 관해 생각하면서 종종 예비 작업을 실시한다. 피카소는 폭격의 소식이 파리에 닿자 작업장 그림 작업을 취소하고 <게르니카>에 관한 작업을 시작했다. 첫 번째 예비 스케치는 5월 1일에 그려졌고 마지막 스케치는 6월 4일에 그려졌다.

피카소는 <게르니카>를 위해 두 종류의 예비 스케치를 그렸는데 한 종류는 그림의 개관이었고 나머지 스케치들은 캐릭터 습작이었다. 처음 이틀 동안에는 구성 습작과 말의 습작이었다. 말은 그림에서 물리적으로도 중심 캐릭터이고 심리적으로도 중심적인 캐릭터에 해당한다. 두 번째 기간에는 구성 습작이 적어지면서 다른 캐릭터들이 등장한다. 마지막 기간에는 구성 습작은 없고 주변적인 캐릭터들이 처음으로 보인다. 이와 같이 습작 스케치 검토를 해 보면 피카소가 작업을 시작했을 때 마음속에 최소한 <게르니카>의 뼈대나 핵심을 가지고 있었다는 것을 알 수 있다.

<게르니카>의 핵심 아이디어는 피카소의 그림 역사로부터 창출된 것이었다. 그에게는 그림을 그리는 데 바탕으로 이용할 수 있는 자신만의 역사가 있었다. <게르니카>는 피카소가 1930년대부터 그린 작품들 중 다수와 밀접한 관계가 있다. 특히 1935년에 그린 <미노타우로마키>는 <게르니카>와 일치하는 요소를 많이 가지고 있다. 이를 통해 우리들은 창의적인 작품이 이전의 작품들과 밀접하게 연관되어 있을 것이라는 것을 짐작할 수 있다.

4.6. 창의적 사고 사례에 관한 분석

상기의 두 가지 사례를 통해 창의적 과정은 그 구조가 매우 잘 짜여 있는 것으로 여겨지며 평범한 사고 과정과 크게 다르지 않은 것처럼 보인다. 이중나선 모형을 개발할 때에 왓슨과 크릭은 자신들이 일하고 있는 영역과 밀접하게 연관된 영역으로부터 얻은 정보를 이용했다. 유사하게 피카소도 <게르니카>를 창작할 때에 그 시기에 내놓은 자신의 작품을 토대로 하고 다른 사람들의 관련된 작품을 참고하여 캐릭터를 짜 넣었다. 두 사례 모두에서 산물은 비범했지만 그 산물을 가져온 사고과정은 평범하다고 말할 수 있다.

그러나 창의적 사고의 기초가 평범한 사고라고 하여 아무라도 이중나선이나 <게르니카>를 만들어낼 수 있는 것은 아니다. 첫째로 이중나선을 내놓으려면 먼저 왓슨과 크릭의 전문성을 획득했어야 한다. 둘째 폴링 식의 모형을 세웠어야 한다. 그 방식에는 여러 가지 사고 방법과 시각화 기술이 필요할 것이므로 그러한 것들에 대해 숙달되어있어야 한다. <게르니카>를 그린 피카소는 화가로서의 재능에 더해 미술에 관한 방대한 지식을 가지고 있었다. 나아가 피카소의 작품에서는 고전적인 신화(미노타우로스)와 더불어 다른 지식과의 관계를 볼 수 있다.

창의적인 아이디어는 이전에 있었던 아이디어에 굳게 뿌리박고 있다. 그것이 때때로 느닷없이 튀어나온 아이디어처럼 보이는 이유는 우리 관찰자들이 창의자의 지식 기반에 무지하기 때문이다. 만일 그가 무엇을 아는지를 알 수 있다면 우리는 그 새로운 아이디어가 어디에서 왔는지도 알 수 있을 것이다.

두 사례를 통해 전문성과 창의성의 관계에 대한 기초관점, 즉 경험이 제공한 기초 위에서 창의적 과정이 혁신을 생산한다는 것을 알 수 있다. 창의적 사고자는 과거를 넘어서서 새로운 아이디어와 산물을 생산한다. 예를 들어 DNA의 이중나선 모형은 비록 폴링의 알파 나선에 기초했지만 여러 가지 면에서 그 구조와는 달랐다. 마찬가지로 <게르니카>는 피카소 자신과 다른 사람들이 그린 작품의 여러 측면과 연관이 있지만 많은 면에서 새로운 작품이었다.

창의적인 과정에는 옛 아이디어의 단순한 재생산보다 더 많은 것이 요구된다. 왓슨과 크릭이 폴링의 아이디어에 기초하여 DNA의 모형을 개발할 당시에 폴링 자신은 왓슨과 크릭이 잘못 개발한 삼중나선을 공식화했다. 폴링은 왓슨과 크릭이 이중나선 모형을 발표할 때까지 자신의 모형을 수정하지 못했다. 폴링의 실패를 통해 창의성에는 능동적인 사고가 필요하다는 것을 알 수 있다. 왓슨과 크릭은 처음에 삼중나선을 내놓았지만 몇 가지 이유로 그것이 잘못되었다는 것을 곧 깨닫고 이중나선으로 돌아섰던 것이다.

4.7. 예술적 창의성과 과학적 창의성의 차이

우리는 예술적 창의성을 본질적으로 주관적인 과정이라 생각하고 과학적인 창의성은 객관적인 과정이라고 생각한다. 그러나 주관적/객관적 구분은 분명하지 않다. 우리는 길에서 지폐 한 장을 발견하는 것이 콜럼버스가 아메리카 대륙을 발견하는 것과는 다르다는 것을 알고 있다. 콜럼버스처럼 지구의 모양이 둥글다는 지식을 가지고 있지 않았다면 그가 항해할 이유도 없었을 것이고 아메리카도 당시에 발견되지 않았을 것이다.

DNA의 발견은 길에서 지폐 한 장을 발견하는 것보다 콜럼버스의 아메리카 발견에 더 가깝다. 아메리카 대륙의 발견에 맞먹는 행위로서 DNA의 특징을 발견할 사람은 획득한 증거를 어떻게 해석할지에 관한 이론을 가지고 있어야 한다. 이와 같이 과학적 창의성에서는 발견하는 과정에서 오는 여러 가지 상황을 분석하고 앞으로 나아갈 방향을 결정해야 하기 때문에 주관적 사고가 어느 정도 요구된다.

창조와 창의는 다른 것이다. 창조는 무(無)로부터 산물을 창출하는 것이지만 창의는 무로부터 작품을 창조하지 않는다. 우리는 피카소가 다른 사람들의 작품에서 영향을 받고 그것을 기반으로 자신의 작품을 세웠음을 파악했다. 이는 그의 창의적 작품이 우리가 생각했던 것보다는 덜 주관적이었음을 의미한다. 그의 작품은 수천 년 전에 유래했던 영향(예를 들어 미노타우로스의 신화)을 받아 새롭게 창출되었던 것이다. 과학적 창의성에 주관적인 측면이 존재하는 것과 마찬가지로 예술적 창의성에도 객관적인 측면이 있다.

예술적 창의성과 과학적 창의성은 두 가지로 분리된 범주의 활동이 아니라 [그림 1-4]에서와 같이 하나의 연속선상에 놓인다. 이 연속선의 한쪽 끝에는 신의 창조가 위치하고 다른 쪽 끝에는 길에서의 지폐 발견이 놓인다. 예술적 창의성과 과학적 창의성은 이 연속선에서 좀 더 중심의 위치를 차지하고 있다. 즉 예술적 창의성에도 발견과 같은 요소가 포함되어 있고 과학적 창의성에도 창조에서와 같은 주관적 요소가 들어있다.

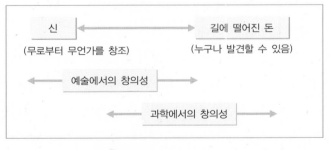

[그림 1-4] 예술적 창의성과 과학적 창의성의 연속체

5. 창의적 사고에 관한 기초 이론

5.1. 신과 광기

새로운 아이디어가 어디에서 오는가는 수천 년 동안 인류의 관심 대상이었다. 플라톤과 아리스토텔레스를 포함한 초기의 학자들도 창의적인 아이디어가 어떻게 일어나는지에 관한 많은 사색을 했다. 그리스 사람들은 창의적인 아이디어가 신의 선물이라고 생각했다. 특히 뮤즈(제우스의 딸들로 각자 독립된 영역을 주관함.)가 새로운 아이디어 생산에서 중심적인 역할을 담당한다고 생각했다.

그들은 창의자가 전달자 혹은 통로 역할을 해서 신으로부터 나온 아이디어가 창의자를 통해 나머지 사람들에게 제시된다고 생각했다. 누군가 '영감을 받았다.'라고 말할 때 영감(inspiration)은 '숨 들이쉬기'를 뜻하는 것으로서 영감을 받았다는 것은 뮤즈가 그 사람에게 창의적인 아이디어를 불어넣기 때문이라는 것이다.

창의적 사고는 제정신이 아니라고 믿어졌다. 예를 들어 플라톤은 시인이 미친 것이 아니지만 창작은 시인의 정신 밖에 있는 과정, 즉 신이 주는 영감의 결과로 일어난다고 생각했다. 플라톤 이후 아리스토텔레스는 정신병의 상태가 창의성에서 어떤 역할을 할 수 있다는 결론에 도달했다. 최근에는 창의적 아이디어가 초자연적 과정이 아니라 내적인 과정이라고 생각하지만 여전히 평범한 일상적 사고를 넘어서는 과정이라는 생각이 남아있다.

5.2. 무의식 사고

(1) 프로이트의 연상적 무의식

프로이트의 관점에서 보면 창의자들이 다루는 주제와 그들이 그것을 그려내는 방식 모두를 결정하는 데에는 무의식적 욕구와 갈등이 중요한 역할을 한다는 것이다. 프로이트는 <모나리자> 미소의 감정적인 색조가 레오나르도다빈치의 어린 시절에서 유래하는 충족되지 못한 욕구의 결과라는 의견을 제시했다. <모나리자>가 소원해 보이는 이유는 어린 나이에 고아가 되었던 레오나르도다빈치가 그림을 통해 영원히 닿을 수 없는 그의 잃어버린 어머니에 관한 느낌을 표현하기 때문이라는 것이 프로이트의 결론이었다.

프로이트의 무의식 개념에 근거한 창의적 사고의 이론에서 창의자는 어떤 아이디어가 어떻게, 그리고 왜 그의 작품 표면에 떠오르는지를 알 수 없는데 로버트 W. 와이스버그는 이것을 연상적 무의식(associative unconscious)이라고 부른다. 어릴 적에 해결되지 않았던 갈등과 정신적 외상을 강조하는 프로이트의 관점은 창의적 사고에서 정신병이 어떤 역할을 한다는 이론과 관계가 있다.

창의성과 연관성이 있는 정신병의 종류로는 정신분열증과 양극성장애(조울증)가 있다. 아이젠크는 성격 특성에서 높은 정신병적 경향성(psychoticism)을 가진 사람들은 창의적인 경향이 훨씬 크다고 주장했다. 정신병적 경향성은 정신병(psychosis)과 다른 것으로 스트레스 환경에 처하면 정신병이 되는 기본적인 유전적 성향이다.

(2) 무의식적 처리

19세기 말 세계적으로 유명한 수학자이자 과학자였던 앙리 푸앵카레는 자기 자신의 창의적 성취를 연구하면서 자신의 의식 밖에서 일어나는 사고 과정들이 창의적 사고에 결정적인 역할을 했다고 주장했다. 그의 관점은 조명(illumination)과 부화(incubation)라는 현상을 중심으로 전개된다. 조명이란 어떤 사람이 문제에 관해 의식적으로 생각하고 있지 않았는데도 창의적인 아이디어나 문제 해답이 느닷없이 의식에 떠오르는 것, 즉 '아하!'의 경험을 의미한다.

그는 조명이 일어난다는 것을 무의식적 처리의 증거로 여겼다. 푸앵카레 이론의 찬성자들은 느닷없는 조명이 오는 이유는 의식적으로는 다른 무엇인가에 관해 생각하는 동안 무의식적으로 그 문제에 관해 생각하는 것, 즉 무의식적인 부화 때문이라는 것이다. 푸앵카레에 따르면 무의식적 처리가 의식적 처리와 다른 유일한 점은 한 번에 다수의 사고 과정이 진행된다는 것이다. 즉 병렬처리를 수행한다는 것이다. 그 처리에서 단 하나의 흐름만이 의식을 구성한다.

5.3. 통찰의 도약

통찰의 도약은 잊어버렸던 이름이 느닷없이 기억날 때 일어난다. 통찰의 도약 혹은 '아하!'의 경험은 새로운 아이디어가 갑자기 의식 안으로 스쳐 들어오면서 동시에 방금 전까지 생각하고 있었던 것과는 완전히 다른 방식으로 문제를 바라보게 될 때 일어난다. 형태주의 심리학자들은 진정한 창의적 진보를 이루려는 사람은 생산적

(productive) 사고를 활용하여 이전까지 해 왔던 것을 넘어서야 한다고 주장한다. 이전까지 해 왔던 사고에 머무르는 것은 재생산적(reproductive)사고이다. 과거에 의존하여 기계적으로 재생산한다면 창의적 산물을 창출할 수 없다는 것이다.

통찰의 도약이라는 개념은 비범한 사고에 관한 다른 관점들과 관계가 있다. 통찰의 도약은 무의식적 처리로부터 나온다는 가정이 포함되어있다. 칙센트미하이와 사이먼튼은 둘 다 무의식적 처리를 새로운 아이디어 창조를 위한 기초로 가정한다.

5.4. 창의성의 합류 이론

지능 검사의 전문가였던 길포드는 지능 검사를 길잡이로 이용하여 창의적 사고 능력을 측정하고 창의적 잠재력을 가진 사람을 확인하는 데 사용할 수 있는 한 벌의 검사를 제안했다. 이러한 창의적 사고 과정에 관한 심리측정학적 관점은 창의성의 합류 모형(confluence model) 개발로 이어졌다. 이 모형은 창의적 생산이 여러 요인들이 합류될 때 일어나는데 창의적 생산이 일어나려면 그 요인이 모두 필요하다고 가정한다.

(1) 아마빌의 요소 이론

아마빌은 창의성이란 여러 요소들이 합류한 결과라는 이론을 제안했다. 그 요소들의 일부는 사람과 관련이 있고, 일부는 사회적 환경을 포함한 주위 환경과 관련이 있다. 아마빌 이론의 첫 번째 요소는 영역 관련 기술(domain-relevant skills)이다. 영역 관련 기술이란 그 개인이 일하고 있는 영역으로서 거기에는 지식(knowledge), 재능, 전문적 기술 등이 들어간다. 그 이론의 두 번째 요소는 창의성 관련 기술(creativity relevant skills)이다. 이 요소는 어느 특정 영역을 초월하는 것으로 누군가 혁신을 시도하려 할 때 어떤 영역에도 적용될 수 있는 기술이다.

창의성 관련 기술은 새로운 아이디어를 생산하기 위해 문제를 해결하는 과정에서 발견적 혹은 경험적 지식은 물론 설정 깨기(breaking set) 방법, 즉 문제해결에 성공하지 못한 접근법을 버리는 방법을 도입한다. 아마빌에 따르면 한 사람이 어떤 과제에 창의적으로 반응할 것인가의 여부를 결정하는 데에는 그 과제를 향한 그 사람의 태도가 중요하다. 만일 그 과제가 그 사람에게 본질적으로 동기를 부여한다면 그 사람은 그 과제에 대해 혁신적으로 반응할 가능성이 최대화 된다.

(2) 스턴버그와 루바트의 투자 이론

스턴버그와 루바트의 투자 이론에서는 창의적 사고가 싸게 사서 비싸게 파는 경제적 원리에 비유된다. 싸게 산다는 것은 창의적 사고자가 인기는 없지만 성장할 잠재력이 있는 아이디어를 제안하는 경향이 있음을 의미한다. 그 아이디어는 창의적인 사람의 끈기와 다른 사람에게 새 아이디어의 가치를 납득시킬 수 있는 능력으로 인해 그 아이디어는 받아들여질 것이다. 이 시점에 창의적 사고자는 그것을 비싸게 팔 것이다. 스턴버그와 루바트에 의하면 창의적 생산 능력이 있는 사람은 아래와 같은 자원을 소유하고 있어야 한다.

- 일련의 3 가지 지적 능력. 즉 문제를 새로운 방식으로 보고 평범한 아이디어를 넘어서는 능력, 어떤 아이디어가 추구할 가치를 가지고 있는지 알아보는 능력, 다른 사람들에게 자신의 아이디어에 관한 가치를 설득하는 능력 등이다.
- 그 영역에 관한 적당한 지식인데 너무 많은 지식은 새로운 아이디어의 발생을 방해할 우려도 있다.
- 다른 사람들의 동의를 생각하지 않고도 독자적으로 생각할 수 있는 능력
- 창의적인 아이디어를 지원하고 보상하는 환경

5.5. 창의성의 진화론

캠벨은 다윈의 자연선택을 통한 진화론을 바탕으로 자신의 창의적 과정의 분석을 제안했다. 다윈의 이론에서 종은 맹목적 과정인 돌연변이와 같은 요인으로 인해 한 세대에서 다음 세대로 무질서하게 변화한다. 맹목적으로 생산되었음에도 그 변화의 일부는 그것을 소유한 유기체의 생존과 번식 능력에 긍정적인 영향을 미친다. 이러한 변화는 자연에 의해 '선택'될 것이고 그 종은 진화할 것이다.

캠벨의 관점에서는 어떤 문제에 대한 반응으로 맹목적이거나 무작위적인 아이디어가 발생하고 나면 각 아이디어는 그것이 현재의 요구를 충족시키는지를 결정하는 검증을 받는다. 그런 다음에 아이디어를 낸 사람은 나중에 유사한 상황에서 사용하기 위해 하나나 그 이상의 아이디어를 보유할 것이다. 사이먼튼은 캠벨의 기본 아이디어를 더 넓은 범위의 합류 이론으로 정교화하여 거기에 맹목적인 변

이와 선택적 보유 기제 외에도 인지적 요인, 성격 특징, 창의적 과정에 미치는 환경적 영향 등의 요소들을 도입했다.

5.6. 인지적 관점

인지적 관점에서는 창의적 아이디어와 창의적 산물의 영향력이 때때로 심원함에도 불구하고 혁신이 일어나는 과정은 매우 평범한 과정이라고 주장한다. 다른 창의성 이론들에서는 창의적 사고가 과거와 헤어져 있는 비범한 사고 과정이라고 가정한다. 우리가 창의성이 요구되는 상황에서 '상자 밖으로(out-of-the-box)' 나가는 사고의 필요성에 관해 자주 듣게 되는 것은 과거와 헤어져야만 창의성을 발휘할 수 있다고 여기기 때문이다. 그러한 '상자 밖으로' 과정의 예로는 생산적 사고와 통찰의 도약, 발산적 사고, 설정을 깨는 기술 등이 있다. 이러한 시각의 관점은 창의성과 경험 간에는 긴장(tension)이 존재한다는 가정으로 요약할 수 있다.

어떤 사람이 '창의적으로 생각하고 있다.'고 말할 때 우리는 과정 자체가 아니라 그 과정의 결과에 관한 의견을 말하고 있는 것이다. 창의적 아이디어와 창의적 산물의 영향력이 때때로 심원할 수 있음에도 불구하고 혁신이 일어나는 과정은 매우 평범할 수 있다. 이러한 관점을 인지적(cognitive) 시각이라고 부르는 이유는 그것을 개발한 사람이 1950년대에 심리학에서 시작된 인지적 혁명의 지도자인 뉴웰과 사이먼이었기 때문이다. 로버트 W. 와이스버그는 이러한 인지적 관점과는 약간 다른 것을 제안한다. 그는 창의적 사고를 이해하려면 단지 문제해결이 아닌 보다 넓은 의미에서의 평범한 사고를

고려해야 한다고 말한다. 우리는 특별한 문제를 해결하고 있지 않아
도 창의적으로 생각할 때가 있지만 그렇게 할 때도 여전히 평범한
사고 과정을 사용한다는 것이다.

개체 네트워크와
창의 모형

1. 개체

1.1. 개체의 정의

중국의 철학서인 '회남자(淮南子)에 '예부터 오늘에 이르는 것을 주(宙)라 하고 사방과 위아래를 우(宇)라 한다.'라는 구절이 있다. 우(宇)는 공간이고 주(宙)는 시간임을 의미하므로 우주는 '시공간'임을 뜻한다고 말할 수 있다. 우주는 광대하다. 현재로서는 그 크기가 약 137억 광년에 달할 것으로 추정된다. 우주의 탄생에 관해서는 여러 가지 설이 있지만 그 중에는 우주가 탄생할 때 그 크기가 10^{-33}cm 정도에 불과했을 것이라는 설도 있다. 수소 원자의 크기가 대략 10^{-8}cm 정도이니 우주 초기의 크기가 얼마나 작았는지 상상할 수 있을 것이다.

개체는 사전적으로 '전체나 집단에 상대하여 하나하나의 낱개를 이르는 말'로 정의된다. 우주 탄생 시에는 우주의 개체 수가 하나였던 것이 오늘날에는 별의 수만 해도 지구의 모래알 수보다 많다고 한다. 양손으로 한 움큼 잡은 모래의 개수가 800만개라고 하니 우주에 떠있는 별 개체 수만도 무한대에 가깝다. 초기의 인류는 주변의 돌을 보면서 '돌'이라고 말하지 못했을 것이다. 다른 사람과 몸짓으로 대화할 때에는 '돌'이라 부르지 않고 직접 그 돌을 가져와 몸짓과 얼굴표정으로 자신의 의사를 표현했을 것이다. 그러다가 서로 다른 고유의 돌들 사이에 존재하는 공통점을 발견하고서는 그것들을 지칭하는 단어, 즉 '돌'이라는 말을 만들었을 것이다.

개체는 고유 개체와 일반 개체로 구분할 수 있다. 고유 개체는 이 세상에서 오직 하나만 존재하는 개체를 의미하고 일반 개체는 고유 개체들의 공통점을 추상화시킨 것을 뜻한다. 예를 들어서 돌이 세 개 있을 때 돌1, 돌2, 돌3 등은 각각 고유 개체이고 그냥 돌이라고 하면 일반 개체에 해당한다. 인류가 일반 개체, 즉 서로 다른 고유 개체들을 공통적으로 지칭하고 다른 부류의 개체들을 구별하기 위해 단어를 만들고서부터 자기 스스로 기억하고 사고할 수 있었을 뿐만 아니라 다른 사람과의 의견 교환이 가능해졌을 것이다. 인류의 창의적 사고는 이와 같이 개체를 구별하고 기억하며 상상하는 능력으로부터 출발했던 것이다.

1.2. 개체의 구조

우주의 모든 개체를 하나의 형태로 구조화시키는 것은 단순한 일이 아니다. 눈에 보이는 개체들은 제각기 형태, 재질, 기능 등이 서로 다른데 이것들을 하나의 틀 속에 묶는 일이 어디 쉬운 일일까? 예를 들어서 동물, 식물, 물질 등의 개체들에서 공통적 부분을 찾기란 쉬운 일이 아니다. 더군다나 눈에 보이지 않는 개체를 구조화시키는 일은 더욱 어렵다. 그러나 본 책에서는 [그림 2-1]과 같이 하나의 개체는 세 부분, 즉 개념, 형식, 내용 등으로 이루어져있다고 서술한다.

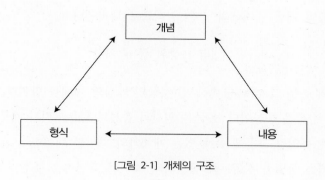

[그림 2-1] 개체의 구조

(1) 개념

개념은 그 개체를 특징지을 수 있는 서술로서 그 개체의 이름이 포함된다. 개념은 인간의 사고활동에서 그 개체에 관해 떠올려지는 일반적인 생각을 의미한다. 개념은 그 개체에 관한 사전적 의미이다. 예를 들어서 인간의 사전적 의미가 '생각을 하고 언어를 사용하며 도구를 만들어 쓰고 사회를 이루어 사는 동물'일 때에 이러한 표현은 인간의 개념이라 말할 수 있다.

아리스토텔레스는 '세상의 모든 뛰어난 정의에는 두 가지 확고한 기준이 있다.'라고 말했다. 여기에서 정의는 개념에 해당한다. 어떤 개체의 개념을 표현하려 할 때 첫째로 '동일한 특성을 가진 종류 또는 집단'에 귀속시켜야 한다. 예를 들어서 인간의 개념은 인간과 동일한 특성을 가진 종류, 즉 동물에 귀속시킴으로써 '인간은 동물이다.'라고 나타낸다. 둘째로 개념을 표현하려는 개체가 어떤 점에서 동일한 종류에 속하는 모든 대상과 차이가 있는지를 밝히는 것이다. 상기의 둘을 종합하면 인간의 개념으로 '인간은 이성적인 동물이다.'라고 표현할 수 있다.

개체의 개념은 아래와 같은 공식으로 나타낸다.

개념 : 상위 종 + 차종

상위 종은 그 개체가 속해 있는 상위 개념의 개체를 말한다. 인간의 상위 종은 동물이다. 동물은 인간과 동물로 나누어지기 때문이다. 차종은 동일한 그룹에 속해 있는 개체와의 차이를 의미한다. 인간의 경우에는 동일한 종류, 즉 동물과의 차이를 표현함을 뜻한다. 따라서 인간의 개념은 상위 종인 '동물'과 차종인 '이성적이다.'를 종합하여 '이성적인 동물'로 개념화시킬 수 있는 것이다.

(2) 형식

형식은 개체의 형태이며 겉모습이다. 형식은 개체를 하나의 박스로 간주하고 외부로부터 바라본 개체의 모양, 크기, 색깔, 특성, 기능, 관계 등을 뜻한다. 눈에 보이는 개체의 형식은 모양, 크기, 색깔 등이 주가 된다. 우리가 어떤 개체를 눈으로 보아서 인식하는 것은 그 개체의 형식이 우리의 기억에 저장되어있기 때문이다. 예를 들어서 눈앞에 보이는 책상은 책상의 형식을 통해 그 개체가 책상이라는 것을 알아차리는 것이다. 책상이라는 단어를 글자로 보거나 귀로 들으면 이때의 책상은 개체의 개념인 것이며 개념을 통해 책상의 형식을 떠올릴 수 있게 된다. 디자인은 개체의 형식을 아름답게 만들뿐만 아니라 관계 측면에서 인간으로 하여금 사용의 편리성을 증진시켜준다.

눈에 보이지 않는 개체의 형식은 특성, 기능, 관계 등으로 이루어
진다. 예를 들어서 경제라는 개체의 형식은 경제의 중요성, 경제의
역사, 경제의 역할, 경제와 다른 개체들과의 관계 등이 포함된다.

(3) 내용

내용은 개체 안에 존재하는 하위 개체들의 구성을 표현한다. 뿐만
아니라 개체 안에서 작동하는 원리, 내부적 기능, 시나리오 등을 포
함한다. 모든 개체들은 상위 개체들과 하위 개체들로 연결 구성된다.
인체라는 개체는 골격계, 근육계, 소화기계, 순환기계 등과 같은 기
관계들로 구성되고 각각의 기관계는 여러 기관으로 구성되며 하나
의 기관은 조직으로 이루어지고 조직은 다시 세포들로 나누어진다.
모든 물질에는 분자가 있으며 분자는 원자로 나누어지고 원자는 양
성자, 중성자, 전자 등으로 나누어진다. 중국의 마오쩌둥은 아무리
작은 입자라도 나누면 또다시 나누어진다고 주장했는데 이를 계기
로 소립자가 발견되었다. 과학이 발전되는 초극소 개체의 내용, 즉
그 개체의 하위 개체들은 계속 발견될 수 있을 것이다.

2. 개체 네트워크

2.1. 개체 네트워크 개요

네트워크(network)라는 말은 두 개 이상의 개체가 서로 연결되어

상호적으로 영향을 주고받는 구조를 뜻한다. 이 세상의 모든 개체들은 독립적으로 존재하지 않고 시간과 공간 속에서 다른 개체들과 물리적 혹은 논리적으로 연결되어 있다.

공간은 물리적 공간과 논리적 공간으로 구분된다. 물리적 공간은 실체적 공간으로서 개체와 개체 사이에 거리가 존재한다. 사람의 눈이나 망원경 혹은 현미경으로 개체의 실체를 확인할 수 있는 공간이 바로 물리적 공간이다. 논리적 공간은 물리적으로 측정할 수 없는 개체들의 집합 공간을 의미한다. 개체 네트워크 내의 모든 개체들은 시간 축과 공간 축 상에 존재하며 물리적 개체들은 물리적 공간에 그리고 논리적 개체들은 논리적 공간에 나타내진다.

개체 네트워크의 모든 개체들은 수직적 혹은 수평적으로 연결 구성된다. 수직적 연결은 구조적이나 기능적 연결을 뜻한다. 예를 들어서 한국, 서울, 종로 등의 개체들은 물리적 공간상에서 집합적으로 수직적 연결에 해당한다. 수직적 연결에서는 레벨(level)이 존재하기 마련이다. 서울과 워싱턴은 동일한 레벨이지만 서울과 영국은 서로 다른 레벨로서 개체 네트워크에서 수평적 연결로 표시할 수 없다. 한국과 서울은 구조적인 수직적 연결이고 한국과 미국은 구조적인 수평적 연결에 해당한다.

기능적인 수직적 연결은 서비스의 방향과 연관이 있다. 기능적으로 아래 단계에 놓여있는 하위 개체가 상위 개체에게 서비스를 제공한다. 인터넷은 영상통화를 서비스하므로 이들 관계는 기능적인 수직적 연결에 해당한다. 인터넷의 기능적인 상위 개체로 영상통화가 놓이게 된다. 회사 조직은 기능적인 수직적 연결로 표시될 수 있는데 사원, 과장, 부장, 사장 등의 순으로 상위 개체로 올라간다.

개체 네트워크의 모든 개체들은 다른 개체들과 다양한 인터페이스, 즉 물리적, 생물적, 심리적, 영적 인터페이스로 연결되어있다. 생명이 없는 물체들은 물리적 인터페이스로만 연결되고 동물들 간에는 물리적, 생물학적, 심리적 등의 인터페이스가 존재한다. 인간의 경우에는 동물과 달리 영적 인터페이스로서 신, 영성 등과 연결된다.

개체 네트워크의 모든 개체들은 시간상에서 서로 연결된다. 모든 개체들은 시간이 흐름에 따라 변화한다. 변하지 않는 개체는 이 세상에 존재하지 않는다. 현 시점의 개체는 과거의 개체들과 연관성이 있기 마련이다. 시간상으로 갑자기 변화하는 것을 혁신이라고 부른다. 그 어떤 혁신이라고 해도 과거에 없었던 개체로부터 등장할 수는 없다. 즉 창조는 있을 수 없고 단지 창의만 이어 내려올 뿐이다. 우리가 역사를 배우는 것은 역사 속의 개체들이 현재 혹은 미래에 등장할 개체들과 개념, 형식, 내용 측면에서 유사하기 때문에 과거의 개체들에 관한 지식과 경험을 우리의 미래 삶에 활용하기 위함이다.

개체 네트워크에서는 논리적 시간상에서 연결되는 개체들도 고려해야 한다. 어떤 사건들이 인과 관계로 엮여져있다면 그 사건 개체들은 논리적 공간상에서 시간적으로 연결되어있는 셈이다. 예를 들어서 영화, 연극, 소설 등의 이야기 전개는 사건 개체들이 논리적 시간상으로 이어져있는 형태이다.

2.2. 개체 네트워크 모델

개체 네트워크 모델은 시간과 공간 내에 존재하는 개체들의 상호 연결을 나타낸다. 공간은 물리적 공간과 논리적 공간으로 구분되며 각각의 공간은 수직적 공간과 수평적 공간으로 이루어져있다. 수직적 공간과 수평적 공간 그리고 시간축 상에 개체들의 연결 개념을 나타내기가 어려워서 수직적 공간축과 수평적 공간축, 공간축과 시간축 등으로 나누어서 개체 네트워크 모델을 표현하고자 한다.

[그림 2-2]는 개체 네트워크(수직적 공간-수평적 공간)을 나타낸다. 개체들은 구조적 혹은 기능적으로 수직적 공간상에 놓이며 상호적 관계로 수평적 공간상에 놓인다.

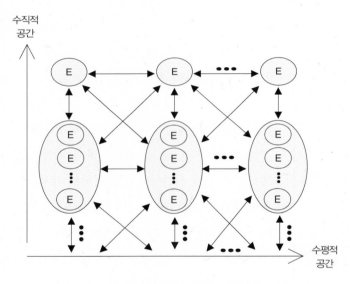

[그림 2-2] 개체 네트워크(수직적 공간-수평적 공간)

인체는 구조적인 수직적 개체에 해당한다. 인체는 여러 개의 기관계로 구성되어 있고 기관계의 하위 개체들로는 기관들이 있으며 기관의 하위 개체들로는 조직들이 있고 조직의 하위에는 수많은 세포들로 이루어져있다. 실제적으로 개체는 사람이 붙인 개념으로부터 출발한다. 개체의 개념, 즉 개체의 이름이 없는 것은 우리들의 인식, 사고, 상상, 판단, 추리, 행동 등을 이끌지 못한다. 개체의 이름은 탑-다운 혹은 다운-업 방식으로 붙여진다. 예를 들어서 하나의 개체를 분리하여 하위 개체를 만들어 내려가면 탑-다운 방식이고 이와 반대로 하나의 개체를 주변 개체들과 묶어서 상위 개체를 만들어 올라가면 이것은 다운-업 방식인 것이다.

[그림 2-3]은 개체 네트워크 모델(공간-시간)을 나타낸다. 개체 네트워크의 모든 개체들은 시간이 흐름에 따라 변화해나간다. 이러한 변화는 자연적 변화와 인공적 변화로 구분된다. 자연적 변화는 기후, 온도, 습도, 기압, 비, 바람 등으로 개체가 변모한다든지 혹은 다른 개체들과 혼합되어 다른 개체로 변화함을 뜻한다. 인공적 변화는 사람의 영향으로 발생하며 변화된 개체가 가치를 가질 때에 우리는 그것을 창의라고 부른다.

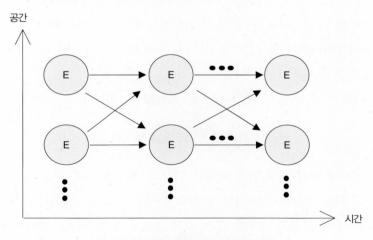

[그림 2-3] 개체 네트워크 모델(공간-시간)

2.3. 개체 발생 확률

이 세상의 모든 개체는 확률적으로 발생한다. 매일 낮과 밤이 반복되는 것이나 해가 동쪽에서 뜨는 것은 항상 발생하므로 이러한 개체 발생 확률은 P(E)=1이 된다. 그러나 자연적 개체나 인공적 개체는 반드시 발생하는 것은 아니다. 자연적 개체는 여러 가지 자연적 개체 발생과 시간의 흐름에 따라 확률적으로 발생한다. 예를 들어서 어떤 개체가 자연적으로 발생하기 위해서는 일정한 범위의 바람, 온도, 습도, 기압 등이 일정한 범위의 시간 내에 존재해야 하고 다른 실체적 개체들이 존재해 있어야 한다.

인공적 개체의 확률적 발생도 여러 가지 개체들과 시간의 확률적 함수에 근거하여 이루어진다. 예를 들어서 우리가 새로운 창의적 산물을 창출하려할 때에 단계별로 거쳐야 할 여러 가지 개체들이 발생해야 한다. 실제로 창의적 산물을 창출할 확률은 높지 않을 것이다. 창의 산물의 발생 확률을 높이려면 창의 요소들의 종류와 각각의 요소가 차지하는 확률 값 등을 알아두어야 한다. 그러나 창의 요소만을 확정하려해도 학자들마다 서로 다른데 각 요소의 확률 값을 구하는 것은 요원하기만 하다.

개체 발생 확률은 아래 식으로 표현할 수 있다.

$$P(E) = f(P(E_1, t_1), P(E_2, t_2), ..., P(E_n, t_n))$$

상기 식에서 개체 발생 확률은 각각의 개체 요소와 그에 따른 시간의 확률 값들로 이루어진 함수로 얻어질 수 있다. 그러나 실제적으로 개체 발생에 영향을 주는 개체 요소들을 찾아내는 일이 여간 어려운 일이 아닐 것이다. 더욱이 이러한 확률 값을 구하는 것은 거의 불가능에 가깝다고 말할 수 있다. 그러나 정확한 개체 요소와 그것의 확률 값 대신에 개체 발생에 크게 영향을 주는 개체 요소와 그것의 확률 값만으로도 개체 발생 확률을 짐작할 수 있을 것이므로 상기 식은 의미가 있을 것이다.

3. 창의 모형

3.1. 창의 모형 개요

창의는 시간축과 공간축에 존재하는 개체 네트워크에서 인간에게 가치 있는 새로운 개체를 창출하는 행위이다. 창의 모형이란 창의 산물의 출발 단계, 중간 단계, 완성 단계 등을 명시하여 각각의 창의 단계에서 요구되는 창의적 요소를 찾아낸 것이다. 창의 모형에서는 누가, 무엇을, 무엇 때문에, 어떻게 창의 산물을 창출하는 것인가에 관한 분석이 요구된다. 창의는 창의자의 성격이 중요한지, 동기부여가 중요한지, 환경이 중요한지 등에 관한 이론이 창의 모형이다. 본절에서는 세 가지 창의 모형, 즉 아마빌, 사이먼트, 스턴버그와 루바트의 모형을 소개한다. 마지막에 OCH 모형을 제안한다.

3.2. 아마빌의 창의 모형

(1) 아마빌의 창의 모형 구조

아마빌의 창의 모형은 다섯 단계, 즉 문제나 과제 확인 단계, 준비 단계, 반응 발생 단계, 반응 평가와 전달 단계, 결과 단계 등의 순서로 구성된다. [그림 2-4]는 아마빌의 창의 모형을 나타낸다.

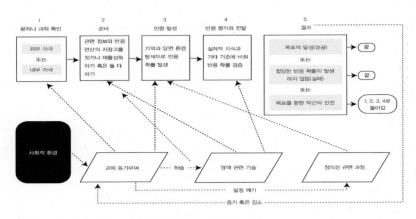

참고문헌 : 창의성, 로버트 W. 와이스버그, 김미선 역, ㈜시그마프레스

[그림 2-4] 아마빌의 창의 모형

　1단계는 어떤 사람이 매달릴 문제를 내적으로 확인하거나 어떤 문제가 바깥으로부터 제시되는 것을 말한다. 2단계는 문제를 해결하기 위해 관련된 정보를 기억 안에서 활성화 하지만 해결하지 못하고 그 문제에 적용 가능한 새로운 방법을 고안해야하는 과정을 말한다. 3단계는 기억으로부터의 정보뿐만 아니라 환경으로부터의 관련 정보까지를 활용하여 문제해결을 시도하는 과정이다. 4단계에서는 자신이 발견한 문제해결의 산물을 평가하고 다른 사람에게 전달한다. 5단계에서는 문제해결의 목표를 달성할 수도 있고 실패할 수도 있으며 또는 자신의 아이디어를 수정하기 위해 다시 앞 단계로 되돌아 갈 수도 있다.

아마빌의 창의 모형은 창의성에 미치는 사회적 환경을 강조한다. 특히 자신이 어떤 문제해결을 수행하고 싶은 마음이 생기는 내재적 동기가 창의성에 중요하다고 서술되어 있다.

(2) 창의성 요소

아마빌이 주장하는 창의성 요소에는 내재적 동기 외에도 여러 가지 다른 요소들이 포함된다. 첫 번째 창의성 요소로는 문제를 해결하는 동안 복잡성을 다루고 설정을 깨는 능력이 포함된다. '설정 (set)'이란 이전에 유용했지만 더 이상 최적이 아닐 수 있는 방식으로 행동하는 경향을 말한다. 이러한 설정 깨기에는 지각적 설정 깨기와 인지적 설정 깨기가 있다. 지각적 설정 깨기는 각 개체의 용도에 관한 고정관념으로부터 탈피하는 것이다. 지각적 설정 깨기의 예로는 커다란 백과사전을 베개로 활용하는 방안이 포함될 수 있다. 인지적 설정 깨기는 성공하지 못한 전략을 포기하고 새로운 방향에서 탐색하는 것을 말한다. 처음에 쓸모없이 보일 수도 있는 아이디어를 포함하여 여러 아이디어의 가치에 관한 판단을 보류함으로써 창의적인 접근법을 찾을 수 있는 기회를 최대화시키는 것이 창의성 육성에 도움이 된다고 한다. 상기의 창의성 요소는 새로운 아이디어를 생산하기 위해서는 과거 경험에서 탈피해야 함을 뜻한다.

두 번째 창의성 요소는 새로운 아이디어를 생산하기 위한 발견적 방법의 지식이다. 예를 들면 어떤 문제에 대해 다른 관점을 취하거나 그 문제에 대해 개방적이거나 쾌활한 태도를 택하는 것이 여기에 포함된다. 이 요소에서도 과거와의 결별을 강조하고 있다. 세 번째 창의성 요소는 창의적 생산에 이바지하는 작업 양식이다. 이러한 작업 양식에는 장시간 동안 노력을 집중하는 능력, 비생산적인 전략을 포기하고 진전이 없는 문제를 젖혀두는 능력, 어려움에 맞서는 끈기, 열심히 일하려는 자발성, 전체적으로 높은 수준의 생산성 등이 있다.

아마빌의 창의성 요소에는 성격 요인들도 포함된다. 성격 요인으로는 고도의 자기 수양, 만족을 지연하는 능력, 모호함을 견디는 능력, 좌절과 실패에 맞서는 끈기, 판단의 독립성, 고도의 자율성, 내면의 통제성(남들로부터 오는 지시를 받기보다 자기 자신의 지휘 하에 일한다.), 뛰어나고자 하는 높은 수준의 노력, 사고에서의 독립성, 사회적 승인에 의존하지 않는 특징, 자발적으로 위험을 감수하는 특징 등이 있다. 아마빌은 상기의 창의성 요소들 중에서 동기부여를 가장 큰 영향력으로 간주한다. 동기부여는 새로운 가치를 만들어내려는 내면의 욕구를 의미한다.

(3) 창의성 증진 방안

아마빌은 외재적 제약이 창의성에 부정적 영향을 미칠 수 있으므로 이러한 요인들을 최소화해야 창의성이 커질 수 있다고 말한다. 예를 들면 교사들은 교실에서 성적에 관한 이야기를 덜 해야 한다. 성적에 관해 이야기 할 때에는 그것의 유익한 측면, 즉 성적이 높은 수준으로 이어질 수 있는 정보를 제공한다는 점을 강조해야 한다.

아마빌은 창의성을 증진시키기 위해서는 외재적 동기의 영향을 줄이고 내재적 동기를 향상시켜야 한다고 주장한다. 외재적 보상을 예상하는 사람은 그것에 관한 생각으로 많은 시간을 빼앗기기 때문에 창의적 활동에 부정적인 영향을 준다는 것이다. 또한 누군가 자신의 산물을 판정할 것이라고 생각하면 그것에 신경이 쓰여 창의성이 감소될 것이라고 한다. 창의성과 관련성이 없는 발산적 사고에서는 외재적 보상이 강화를 받는다고 하는데 이는 발산적 사고가 연산적 과제이고 발견적 기반의 창의성 과제가 아니기 때문이라고 한다.

그녀는 자신의 연구결과를 통해 직업 화가들이 의뢰를 받아 생산한 작품들이 의뢰를 받지 않고 생산한 작품들보다 창의성 등급을 낮게 보인다는 사실을 발표했다. 그러나 외재적 보상이 긍정적인 효과를 미칠 수도 있다. 예를 들어 보상이 현저하지 않고 창의자가 이미 내재적 동기를 가지고 있는 상태라면 그 보상은 창의성에 긍정적이 된다. 아마빌은 이를 동기 상승작용(motivational synergy)이라고 부르는데 이와 같이 외재적 동기가 내재적 동기와 긍정적으로 결합하면 창의성을 증진시킬 수 있다.

3.3. 투자 이론의 창의 모형

(1) 투자 이론의 창의 모형 개념

스턴버그와 루바트는 주식 시장에서 투자에 성공하는 것이 싸게 사서 비싸게 팔기에 달려 있는 것처럼 창의는 다른 사람들이 거들떠보지도 않는 아이디어, 즉 싼 아이디어에 투자하여 가치 있는 창의적 산물, 즉 비싼 아이디어를 만들어내는 것이라고 주장한다. 그들은 창의적인 사람이 되려면 아직 인기 없는 아이디어에 투자하는 배포, 즉 군중을 개의치 않는 배포를 가지고 있어야 한다고 말한다.

스턴버그와 루바트는 창의적인 산물이란 새롭고 적절한 산물(상황의 요구를 만족시키는 가치 있는 산물)이라고 정의했다. 그들은 창의적 산물의 기준에 질이 높고 중요해야 한다는 점을 추가했다. 양질의 산물이란 잘 완성된 산물이며 중요한 산물이란 영향이 미치는 범위가 넓어서 더 많은 아이디어를 자극할 수 있는 산물을 뜻한다. 그들에 따르면 그러한 결과를 낼 수 있는 능력은 개발될 수 있는 기술에 해당하며 우리 모두가 그러한 기술들을 어느 정도 가지고 있으므로 우리는 모두 창의적인 능력을 키울 수 있다는 것이다.

(2) 아이디어를 싸게 사는 방법

아이디어를 싸게 사려면 무엇보다도 인기 있는 아이디어를 조심해야 한다. 모든 사람들이 관여하고 있는 아이디어를 개발하려 한다면 그것은 싸게 사는 대신에 비싸게 사게 된다는 것이다. 자기 자신의 창의성을 확립하기 위해서는 이미 이루어지고 있는 영역에서는 일하지 않아야 한다. 싼 아이디어는 인기가 없는 것인데 인기 없는 이유가 아직 아무도 발견하지 못해서가 아니라 그것이 나쁜 아이디어일 수 있기 때문에 좋은 아이디어와 나쁜 아이디어를 구별할 수 있어야 한다.

이러한 구별을 위해서는 첫째로 우리의 아이디어를 뒷받침할 증거를 찾아야 한다. 다른 사람들이 우리의 아이디어를 인정하지 않는다고 해도 우리는 그 아이디어의 우수성에 관한 증거를 찾아야 한다. 두 번째는 우리의 새로운 아이디어가 통설을 뒤엎는 것이므로 그 통설이 틀렸다는 증거를 찾아야 한다. 셋째로는 우리의 새로운 아이디어가 가지고 있는 미적 호소력을 찾아야 한다.

(3) 창의성 요소

(가) 지적 능력

스턴버그와 루바트는 창의성 요소로서 지적 능력, 즉 합성적 지능, 분석적 지능, 실용적 지능 등이 중요하다고 주장했다. 첫 번째로 합성적 지능(synthetic intelligence)은 문제를 새로운 방식으로 보거나 재정의 하는 능력에 기초한다. 이러한 재정의는 사고자의 인습을 넘어서게 해준다. 재정의에 관한 예로서 유추문제가 있다. 유추문제의 예에서는 염소가 로봇이라고 가정할 때에 병아리와 부화의 관계는 염소와 (탄생, 농장, 제작, 공장) 등의 보기 중에서 제작이 답이라는 것이다.

문제 재정의와 해결에서 특히 중요한 기술의 집합은 통찰 기술(insight skill)인데 이러한 통찰 기술은 선택적 부호화, 선택적 비교, 선택적 조합 등으로 이루어져 있다. 선택적 부호화 통찰은 문제를 풀려는 어떤 사람이 그 즉시 분명하지 않은 어떤 정보의 잠재적인 중요성을 깨달을 때 보인다. 선택적 부호화 통찰의 한 예는 백과사전을 베개로 사용할 수 있다는 것을 깨닫는 상황이다. 알렉산더 플레밍이 시험관 안에서 자라고 있던 박테리아가 곰팡이에 의해 죽는 것을 알아차리고 페니실린을 발견한 것도 선택적 부호화 통찰의 결과이다.

선택적 비교 통찰은 어떤 사람이 과거로부터 정보를 가져와서 현재 상황에서 결과를 낳을 때 일어나는데 이러한 통찰은 대개 유추 전이를 필요로 한다. 선택적 비교 통찰의 예로서는 케쿨레가 '뱀 꿈'을 꾸고서 벤젠 구조를 발견한 것이다. 케쿨레는 화학과 뱀을 한데 모아서 그 결합의 결과로 창의적 산물을 창출했다. 선택적 조합(selective combination) 통찰은 모든 사람이 이용할 수 있는 정보를 어떤 개인이 조사하는 동안에 다른 누구도 찾지 못하는 정보들 간의 조직을 발견할 때 일어난다. 선택적 조합 통찰의 예로는 다윈의 진화론 개발이 있다. 다윈이 이용할 수 있는 정보는 그 영역의 전문가라면 누구라도 이용할 수 있었지만 다윈은 퍼즐의 조각들을 어떻게 맞출지를 알 수 있었기 때문에 진화설 개발에 성공할 수 있었다.

두 번째로 분석적 지능(analytic intelligence)은 '문제 찾기'로부터 해결에 이르는 가장 넓은 범위에서의 문제해결과 관련이 있다. 분석적 지능은 그 개인이 어떤 문제에 접근하기 위한 특정 전략을 공식화하는 데뿐만 아니라 해결하는 동안 자원을 배분하는 데에도 어떤 역할을 한다. 스턴버그와 루바트는 발산적 사고가 전략을 공식화하는 데 활용될 수 있다고 말한다. 분석적 지능은 문제해결 과정에서 평가에도 관여한다. 창의자는 스스로 평가를 통해 잘못된 점을 수정한다.

세 번째로 실용적 지능(practical intelligence)는 다른 사람들이 흥미를 가질 문제를 고르는데 활용된다. 모든 창의적 노력의 성공은 그 창의자가 관련 아이디어의 가치를 다른 사람들에게 납득시키는 능력에 달려 있다. 새로운 아이디어가 받게 될 피할 수 없는 비판을 효과적으로 다루는 능력도 실용적 지능에 포함된다.

(나) 사고 유형

사고 유형은 우리가 선택하는 사고의 방식을 말한다. 사고 유형에는 입법적인 유형, 행정적인 유형, 사법적인 유형 등이 있는데 창의성을 육성하는 것은 이들 중에서 입법적인 유형이다. 행정적인 유형은 다른 사람들이 정한 규칙을 따르는 것이고 사법적인 유형은 상황에 대해 비판적인 태도를 취하는 것이지만 입법적인 유형은 자신이 선택한 새로운 방식으로 사고하기를 선호한다. 창의적 사고를 가지려는 사람은 주로 입법적인 유형이면서 그와 더불어 사법적인 성향이 있으면 유리한데 그러한 사람은 자기 자신의 아이디어를 효과적으로 비판할 것이기 때문이다.

(다) 창의적 성격

창의적인 잠재력이 있다고 해도 창의적인 작품을 실제로 생산하려면 그 잠재력의 이용 가능성을 최대화시킬 수 있는 성격 특징이 있어야 한다. 이러한 성격 특징으로는 장애물 앞에서도 기꺼이 버티는 자발성이 포함된다. 장애물은 군중의 반대나 그가 마주하고 있는 어려움 등의 외적인 것과 자기 자신의 틀에 박힌 사고방식처럼 내적인 것이 있다. 장애물 상황에서도 끈기가 긍정적인 역할을 할 수 있다.

창의적인 사람은 위험을 감수하려는 자발성뿐만 아니라 성장하려는 자발성도 보여야 한다. 창의적인 사람은 모호함을 기꺼이 견뎌내야 한다. 창의적인 사람은 경험에 대한 개방성을 가져야 하는데 이는 끊임없이 세상으로부터 정보와 자극을 구하여 그의 문제와 관련 있는 정보를 입수할 기회를 최대화해야 하기 때문이다. 끝으로 창의적 사람은 자신에 대한 확신과 소신을 주장할 용기를 가지고 있어서 기존 체제에 맞서 버틸 수 있어야 한다.

(라) 동기부여

스턴버그와 루바트는 창의성에서 내재적 동기와 외재적 동기의 역할을 제시하면서 내재적 동기를 강조한다. 그들은 외재적 동기요인이 창의적 노력에서 부정적인 역할 외에 긍정적인 역할도 할 수 있다고 주장한다.

(마) 환경

창의성에서 환경이 중요한 역할을 할 수 있는데 이는 환경이 혁신적 사고를 자극하고 격려하며 보상할 수 있고 그럼으로써 어떤 개인이 그러한 활동에 종사할 가능성을 높일 것이기 때문이다. 또한 환경은 창의적인 사람이 극복해야 하는 장애의 근원이 될 수도 있다.

3.4. 다원주의의 창의 모형

(1) 캠벨의 창의적 사고 모형

캠벨은 우리 종(種)이 발달 과정에서 엄청난 지식을 얻은 것은 이용가능한 지혜의 한계로부터 탈출한 결과라고 주장한다. 새로운 지식은 기존 지식의 한계를 넘어서야 하므로 지식에 어떤 것이 더해지는 일은 그로 인해 발생하는 결과에 관해 전혀 모르는 여러 과정들로 일어났음에 틀림없다는 것이다. 그러므로 캠벨은 인간 지식 발달에는 진정한 시행착오와 유사한 과정이 있다는 결론에 다다랐다. 이러한 과정에서 무지한 개인에게는 가능한 반응들 중에서 어느 반응을 고를 아무런 근거가 없다. 이러한 맹목적인 과정은 다윈의 자연선택 이론에 따른 진화의 기초 과정과 유사한 것으로 인식될 수 있다는 것이다.

캠벨의 창의적 과정은 3단계로 이루어져있다. 첫 번째 단계는 맹목적인 아이디어 발생 과정이다. 두 번째 단계에서는 관념적 변이가 생긴 후에 어떤 변이가 보존될 가치가 있는지 결정하는 한 벌의 기준이 만들어지는 과정이다. 그 기준을 제공하는 것은 그 사람이 마주하고 있는 문제 상황이다. 맹목적으로 생겨난 아이디어들 중에서 보존되어야 할 것은 문제를 해결하는 아이디어들인 것이다. 세 번째 단계는 선택된 아이디어들을 미래에 사용하기 위해 보유할 수 있는 기제를 두는 과정이다. 캠벨에 의하면 창의적인 사람은 그렇게 하는 데 실패하는 사람과 아무런 차이가 없다. 둘 다 맹목적으로 조합된 아이디어를 가지고 있는데 한 사람만 우연히 세상의 요구와 맞아떨어지는 무엇인가를 내놓았을 뿐이라는 것이다.

캠벨은 창의적 역량에 개인적 차이가 있다고 주장한다. 사람들 간의 중요한 차이점은 외부 세계를 표상하는 정확도와 세밀도라고 한다. 좀 더 상세한 표상은 조합 과정으로 들어갈 수 있는 정보를 더 많이 입수하게 해 줄 것이다. 조합들의 수가 많고 다양할수록 성공적인 조합의 확률은 그만큼 커진다.

(2) 사이먼튼의 창의 모형

(가) 개념

사이먼튼은 창의성에 세 가지 조건이 필요하다는 캠벨의 제안에서 출발한다. 첫째로 새로운 문제의 해결에는 무작위 돌연변이에 맞먹는 관념적 변이를 발생시킬 어떤 수단이 필요하다. 그는 이 새로운 아이디어 발생이 무의식에서 일어난다고 주장했다. 둘째 일단 생겨난 관념적 변이는 선택 과정에 들어가서 일정한 선택 기준을 만족하는 극소수만이 보존된다. 그 조합들만 의식 속에서 경험되고 다른 모든 조합들은 그냥 사라진다. 셋째 선택된 변이들은 어떤 기제에 의해 보존되었다가 재생산되어야 한다.

(나) 창의적 과정

사이먼튼에 의하면 창의적 사고의 기본 기제는 기본 정신 요소, 즉 감각, 감정, 개념, 회상 등의 우연한 치환을 필요로 한다. 치환이 우연히 발생한다는 것은 각 정신적 요소가 무수한 결정요인에 의해 유발된다는 뜻이다. 창의적인 사람은 각기 일어날 확률이 낮은 여러 반응들을 가지지만 창의적이지 않은 사람들은 어떤 상황에 대해 소수의 강력한 반응밖에 가지지 않는다.

무작위로 생겨난 조합들 중에서 어떤 것이 선택되어 보유될까에 관해 사이먼튼은 새로운 조합의 '안정성'이 그것의 보유 여부를 결정한다고 제안했다. 불안정적인 조합은 너무 빨리 사라져서 무의식 수준의 처리 위로 올라오지 못한다. 그는 '어떤 요소들은 서로에 대해 본질적인 친화성이 있어서 우연히 두 요소가 연결되면 안정한 쌍을 이룰 수 있고 요소들의 큰 덩어리들은 완전한 혼돈으로부터 자발적으로 매우 질서 있는 배열을 형성할 수 있다.'고 가정한다. 그는 때때로 두 가지 정신적 요소가 구조화되어서 우연한 치환이 지금까지 무관하던 현상들 간에서 유사성을 만들어낼 수 있다고 말한다.

(다) 창의적 역량에 관한 개인차

사이먼튼은 지식 기반이 넓은 사람일수록 조합에 투입하는 데 활용할 수 있는 요소들을 더 많이 가지고 있고 따라서 유용한 배치가 형성될 가능성을 높일 수 있다고 주장했다. 그러나 그 지식은 그 요소들의 치환을 허락하는 방식으로 조직되어 있어야 한다. 이상적인 창의적 조건은 지식이 광범위하고 그 요소들이 느슨하게만 연합되어 있어서 치환에 이용될 가능성이 더 많은 조건을 뜻한다. 이 연합의 느슨함은 인지적 요인과 성격 요인을 통해 일어날 수 있다.

사이먼튼은 환경에서 일어나는 우연한 사건들 혹은 뜻밖의 발견이 창의적 과정에 미치는 영향을 강조했다. 그에 의하면 뜻밖의 발견은 일반적인 과정이다. 혼돈스러운 조합 활동에 마음을 내주는 사람들은 예기치 않은 외부 사건들의 유입에 대해서도 감각을 좀 더 열어둘 것이다.

사이먼튼은 가장 유용한 아이디어의 조합은 멀리 떨어진 영역들로부터 온다고 제안한다. 사람들은 가능한 조합들로부터 전체 영역을 고려하지 않음으로써 중요한 통찰을 창출하는 데 실패할 수 있다. 역사로부터 겉보기에 무관한 아이디어가 창의적인 통찰에서 가장 중요한 요소를 제공하는 예를 많이 볼 수 있다. 하나의 예로서 구텐베르크의 인쇄기 발명이 있다. 구텐베르크는 와인 축제에서 본 포도 압착기로부터 넓은 면 위에 강하고 균일한 힘을 가할 수 있는 방법을 암시받아서 이동식 활자를 이용하여 용지에 글자를 인쇄하는 법을 발명했다.

사이먼튼은 개인이 통찰을 얻으려면 준비 과정이 필요하다고 말한다. 첫째 장기적인 준비로서 데이터베이스를 지어야 한다. 그는 데이터베이스의 필요성을 뒷받침하는 증거로 10년 법칙을 인용했다. 데이터베이스를 창의적인 과정의 요구대로 조직할 가능성이 가장 높은 요인들은 태생적으로 공급된다. 창의적인 사람들이 정신병 환자에게 있는 것과 유사한 사고 패턴을 보인다. 태생적 요인뿐만 아니라 경험적 요인들도 어떤 개인이 자유연상적 처리 쪽으로 기울 가능성을 높일 수 있다.

자유연상적 통찰 과정에는 먼저 예비 작업을 하는 준비 단계가 있어야 하고 거기에 막다른 골목과 좌절이 따른다. 이러한 부정적 상태는 그 사람으로 하여금 문제로부터 일탈하는 원인을 제공하고 거기서 부화 단계가 시작된다. 문제로부터 멀리 떨어지는 것은 그 사람이 각성을 낮출 활동을 수행함으로써 원격 연상의 사슬이 만들어질 수 있는 가능성을 높여준다.

3.5. OCH 창의 모형

(1) OCH 창의 모형 구조

OCH 창의 모형은 창의 과정이 단계별로 추진된다는 기본 개념으로 출발한다. OCH 창의 모형은 두 과정, 즉 창의 산출 과정과 창의 요소 과정 등으로 이루어져있다. [그림 2-5]는 OCH 창의 모형 구조를 나타낸다.

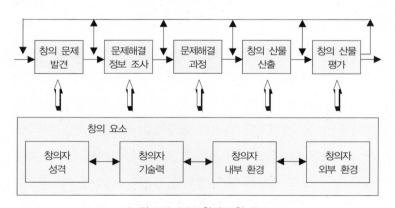

[그림 2-5] OCH 창의 모형 구조

OCH 창의 모형의 창의 산출 과정은 5단계, 즉 창의 문제 발견

단계, 문제해결 정보 조사 단계, 문제해결 과정 단계, 창의 산물 산출 단계, 창의 산물 평가 단계 등으로 이루어진다. 각 스테이지는 1단계부터 5단계 순으로 진행되는데 창의 문제마다 각 스테이지에서 머무는 시간이 다를 수 있다. 창의 문제를 발견하는 데에 오래 걸렸지만 그 뒤 단계들에서는 쉽게 처리되어 빠른 시간 내에 창의 산물을 산출하는 경우도 있을 것이며 때로는 문제해결 과정에서 커다란 어려움에 봉착되어 더 이상 진행되지 못하는 경우도 있을 것이다.

각 단계에서 수행 상의 문제점과 어려움이 발견될 때에는 그 단계를 반복하든지 혹은 이전 단계로 퇴각하는 경우도 발생한다. 최종 단계인 창의 산물 평가 단계에서는 자기 자신 혹은 다른 사람들로부터 평가를 받아서 창의의 요구조건, 즉 독창적이고 가치 있는 창의 산물로 판별 날 경우에는 창의 산출 과정이 종료된다. 그러나 창의 산물에 대한 부정적인 평가인 경우에는 실패를 인정하고 창의 산출 과정을 끝내든지 혹은 성공을 이루기 위한 목적으로 다시 이전 단계부터 반복 시작해야 한다.

OCH 창의 모형은 네 가지의 창의 요소, 즉 창의자 성격, 창의자 기술력, 창의자 내부 환경, 창의자 외부 환경 등으로 이루어진다. 창의 요소는 크게 두 종류, 즉 창의자 내부 요소와 외부 요소로 구분된다. 창의자 내부 요소에는 성격, 기술력, 내부 환경 등이 있다. 창의 요소에서도 창의 산출 과정에서처럼 스테이지를 구성하는데 창의 요소를 향상함에 있어 오래 걸리는 순으로 단계가 이루어진다. 창의 요소 과정에서 앞 단계는 뒤 단계의 플랫폼 역할을 제공한다. 창의자 성격은 창의자 기술력 향상에 기여하고 창의자 기술력이 갖춰져야 창의자 내부 환경에 영향을 미칠 수 있게 된다. 그러나 창의 요소 단계는 역순으로 영향을 미칠 수 있다. 창의자 외부 환경이 창의자 내부 환경을 바꾸어 최종적으로 창의자 성격까지 개선시킬 수도 있다는 것이다.

(2) 창의 산출 과정

(가) 창의 문제 발견 단계

창의 문제 발견 단계에서는 창의 대상을 선정하는 것을 의미한다. 창의 문제는 수동적으로 찾는 경우와 능동적으로 발견하는 경우로 구분된다. 수동적 발견은 문제를 해결하지 않으면 정상적인 생활을 보장받을 수 없다는 위기감에서 시작된다. 밀림 생활, 전쟁 포로, 재난 현장 등에서 살아남기 위한 각종 아이디어를 찾으려는 시도들은 수동적 창의 문제 발견인 것이다. 일상생활에서 실패로부터 찾아오는 갖가지 시련 혹은 생각지도 않게 부딪치는 온갖 어려움들은 수동적 창의 문제들에 해당한다.

능동적 창의 문제 발견은 자신을 발전시키려는 동기에서 출발한다. 이러한 능동적 창의 문제는 학문과 예술 분야 등뿐만 아니라 가정, 직장, 사회, 국가 등에서 요구하는 각종 새로운 아이디어를 찾으려는 시도이다. 능동적 창의 문제라고 하여 스스로 원해서 발견하는 문제들만 있는 것은 아니다. 자신의 어려움을 극복하려는 목적 대신에 자신의 발전을 꾀하는 시도가 바로 능동적 창의 문제 발견에 해당한다. 자신의 정신적 내면을 표현하려는 예술작품 활동은 대표적인 능동적 창의 문제 발견이다.

(나) 문제해결 정보 조사 단계

창의 문제를 발견하고서 이를 해결하기 위해 우리는 과거의 경험, 지식, 정보 등을 동원하는데 이러한 과정이 문제해결 정보 조사 단계에 해당한다. 일상생활에서 발견되는 문제들은 자신의 경험이나 다른 사람으로부터의 조언 등으로 충분히 해결할 수 있으나 영역 특수적인 창의 문제를 해결하기 위해서는 별도의 정보 조사가 요구된다. 과학 분야의 문제해결에서는 지금까지 연구되어왔던 각종 연구 자료를 분석하고 다른 전문가들과의 토론을 통해 문제해결에 돌입하기 위한 준비 작업에 착수한다.

논문 연구나 혹은 신제품 개발 분야에서 창의 문제를 해결하기 위해서는 기존에 발표되었던 창의 산물들의 동작을 이해하고 문제점을 분석해야 한다. 이는 독창적인 아이디어를 산출하기 위해서는 기존의 아이디어들로부터 벗어나야 하기 때문이다. 또한 기존 산물들과 비교하여 우수한 창의 산물의 가치를 추구하기 위해서도 본 과정은 반드시 필요하다.

예술 작품 분야에서는 예술가가 지금까지 작품 활동 했던 경험들을 바탕으로 새로운 문제해결 방안을 강구하는 단계이다. 문학 작가가 작품을 저작하기 위해 각종 사례 조사와 함께 독창적인 표현 글들을 준비하는 과정도 이 단계에 포함된다.

(다) 문제해결 과정 단계

문제해결 과정은 창의 문제를 풀고 창의 산물을 산출하는 본격적인 단계이다. 이 단계에서는 기존의 개체를 시간 축과 공간 축 상에서 변환시킴으로써 우리가 원하는 창의적 아이디어를 도출한다. 문제해결 과정에서는 창의 요소과정에서 창의자 기술력에 해당하는 각종 창의 방안을 적용한다. 예를 들어서 발산적 사고, 합리적 사고, 역발상 사고 등이 이러한 방안에 속한다. 문제해결 과정은 창의적 성격이 요구된다. 문제해결 과정에서 부닥치는 여러 가지 어려움을 극복하려는 의지, 끈기, 자신감 등이 요구된다.

시스템 개발 문제해결 과정에서는 사용자 요구조건 작성, 시스템 개념도 작성, 서브 시스템 설계, 유닛 설계, 유닛 개발 등이 본 과정에 속한다.

(라) 창의 산물 산출

문제해결 과정 단계를 통한 결과물이 창의 산물이다. 학문 연구 분야에서는 연구 논문이 창의 산물 산출물이 되고 예술 및 문학 분야에서는 작품이 창의 산물이 된다. 상품 개발 분야에서는 프로토타입 개발품이 산물에 해당한다. 창의 산물 산출 단계에는 자체 검토, 시험, 작품 마무리 작업 등도 필요하다. 창의 산물이 창의 문제를 해결했다는 자체 평가를 통과할 때에 다음 단계로 넘어갈 수 있다.

(마) 창의 산물 평가

창의 산물은 다른 사람들로부터의 평가를 통해 창의성, 즉 독창성과 가치를 인정받을 수 있다. 논문 연구의 경우에는 학회 발표를 통해 창의성을 평가 받으며 예술 작품의 경우에는 관람객들로부터 평가를 받는다. 창의적 산물로 평가를 받을 경우에는 문제해결의 목표를 달성하는 것이지만 창의적 산물로 평가받지 못하면 실패한 것으로 인정된다. 실패의 경우에는 창의 산물 과정을 종료할 지 혹은 앞 단계로 되돌아가서 창의 산물을 수정할 지를 결정해야 한다.

(2) 창의 요소 과정

(가) 창의자 성격 단계

창의자 성격은 그 사람의 타고난 특질로서 후천적으로 바꾸기 힘든 요소이다. 창의자 성격은 선천성과 후천성이 개인마다 서로 다른 확률 값으로 구성된다. 어느 사람은 선천성 0.6, 후천성 0.4일 수 있고 또 다른 사람에게는 선천성 0.4, 후천성 0.6인 경우가 있을 것이다. 창의자 성격이 후천적으로 결정된다는 것은 자신의 창의적 성격을 바꿀 수 있음을 의미한다.

(나) 창의자 기술력 단계

창의자 기술력은 크게 특수영역 창의 기술과 일반영역 창의 기술로 구분된다. 특수영역 창의 기술이라 함은 영역 전문 기술, 관련 기술 경험, 작품 활동 경험 등을 뜻한다. 일반영역 창의 기술로는 별도의 전문기술이 필요하지 않는 아이디어, 즉 가정, 직장, 사회, 국가 등의 업무에 관한 새로운 아이디어를 창출하는 데에 요구되는 기술을 의미한다.

(다) 창의자 내부 환경 단계

창의자 내부 환경 단계는 창의를 위한 창의자 자신의 육체적 정신적 요소 등을 갖추는 단계이다. 창의를 위해서는 체력적으로 튼튼해야 하며 정신적으로도 강해야 한다. 특히 창의 동기는 창의자 내부 환경들 중에서 중요한 요소로 여겨지고 있다. 이러한 창의 동기에는 내재적 동기와 외재적 동기로 구분된다.

(라) 창의자 외부 환경 단계

창의자 외부 환경은 창의자로 하여금 창의성을 발휘할 수 있는 분위기를 조성해주는 것을 뜻한다. 외부 환경으로는 창의 비용, 창의 인력, 창의 제도 등이 포함된다. 창의자 외부 환경은 창의자 스스로 해결할 수 없는 분야이다. 활발한 창의 활동을 지원하기 위해서는 창의자로 하여금 자유스럽게 사고하고 상상할 수 있는 체제를 제공해주어야 한다. 특히 어린이와 학생들에게는 창의가 위대한 과학자 혹은 예술가들만의 활동이 아니라 사람이라면 누구나 수행할 수 있다는 믿음을 주어야 한다. 또한 각종 창의력 증진 교육에도 심혈을 기울여야 할 것이다.

CHAPTER

03

창의 요소로서의 성격

1. 창의적 성격

1.1. 성격의 개념

성격이란 어떤 주어진 상황에서 어떠한 행동을 취할 것인가를 예상하게 해주며 다른 사람으로부터 구별되는 행동에 관련된 것이다. 고대인들은 성격을 단순한 정신적 개성으로 여겼으나 최근에는 개인의 환경에 대한 고유한 적응을 규정하는 정신물리적 조직체라고 인식되고 있다. 성격은 신체 및 정신적 제요소의 단순한 가산적 총화로서가 아니라 끊임없이 변화 발전하는 역학적 관점에서 고찰해야 할 역동적 체제인 것이다.

성격은 자신의 사고, 행동, 정서 등에서 독특한 특성을 발휘한다. 외부의 어떤 사건에 대해 긍정적 혹은 부정적으로 받아들이는데 이러한 현상도 성격에 포함된다. 자신에게 닥친 상황을 대처하는 방식도 적극적 혹은 소극적 태도로 구분되는데 이러한 사항들도 성격과 관련지어진다. 외부의 자극에 대해 감성적 혹은 무감성적으로 느끼는 차이도 자신의 성격에 근거한다. 자신의 성격은 대인관계에도 영

향을 미친다. 이와 같이 성격은 인간의 활동들에서 자신만의 독특함
을 나타내게 해준다.

성격은 유전적 요소와 환경적 요소 등으로 이루어지는데 이들 둘
중에서 어느 요소가 주요한 영향을 미치는 것인지는 학자마다 서로
다른 의견을 제시하고 있다. 성격이 유전되는 것이라면 인간의
DNA에 성격 유전자가 별도로 존재하는 것인지 아니면 어느 특정
유전자들의 영향으로 타고날 때부터 성격이 형성되는지에 관한 연
구가 필요할 것이다. 성격 유전자가 별도로 존재하지 않아도 유전이
성격이 미치는 영향은 크다고 말할 수 있다. 예를 들어서 신체가 강
한 유전자를 가지고 태어난 아이는 신체적인 자신감으로 사람들 앞
에 서슴없이 나타난다거나 적극적인 태도를 보인다거나 안정성이
있는 특성을 지니게 된다.

성격형성에서 습관이 지닌 역할이 작지 않다. 모든 행동은 한번
시행되면 일종의 소질이라고 말할 수 있는 것이 발생한다. 어떤 행
동을 하고나서 다음에 동일한 것을 행하게 되면 용이하게 할 수 있
으나 다른 것을 행하게 되면 반대로 어려워진다. 일정한 대상에 대
해 동일한 시행을 반복할 때에는 점차 그 행동이 쉬워져서 나중에는
아무런 노력을 하지 않아도 기계적으로 행하게 되는데 이것을 습관
이라고 한다. 습관은 조건반응에 의해 후천적으로 획득되는 것이다.
좋은 습관 형성은 좋은 성격을 기르고 나쁜 습관 형성은 나쁜 성격
형성의 본질이 된다.

성격은 소질적인 기질(氣質)과 생육환경(生育環境) 및 사회적 역할
등에 의해 형성된다. 열대, 한대, 섬나라, 사막 등의 지리적·풍토적
환경에서 생활하는 사람은 그 풍토 또는 엄격한 생활조건에 적합한

생활을 해야 하므로 거기에 맞는 성격이 형성된다. 육아조건에서 욕구불만 유무에 따라 원만한 성격이 형성될 수도 있고 신경질적 성격이 형성될 수도 있다. 직업생활에서도 그 직업에 알맞은 형(型)이 형성된다.

OCH 창의 모형에서 성격은 창의 요소들 중에서 변화시키기에 가장 어려운 쪽에 위치한다. 선천적으로 창의의 소질을 가지고 태어난 사람도 있을 것이지만 그러한 기회를 발휘한 적이 없게 되면 그 소질은 사라지게 된다. 예를 들어서 유전적으로 바둑의 소질을 가지고 태어난 아이라고 해도 바둑의 경험이 없는 아이는 바둑을 잘 두기는커녕 바둑 두는 법을 아예 모를 수도 있는 것이다. 따라서 창의 성격은 후천적으로도 얼마든지 득(得)할 수 있는 요소이다. 그러나 일시적인 의지만으로 창의적 성격은 형성될 수 없다. 창의적 태도에 도움이 되는 행동을 반복함으로써 창의 습관을 형성하고 이러한 습관이 창의 성격을 만들어내는 것이다.

1.2. 창의적 성격의 개념

창의적 성격은 창의성을 발현시켜 문제를 해결하는 과정에서 나타나는 성향이나 성격적인 특성으로 정의된다. 아마빌은 창의성의 요소모델에서 창의성과 관련된 기술로 창의적인 사고와 행동기술을 언급했다. 사람들이 창의적인 방법으로 과제를 수행할 때는 특별한 행동양식, 사고양식, 그리고 성격특성을 이용할 수 있다고 하면서 이러한 특성들은 자신이 가지고 있는 능력을 뛰어넘는 창의적인 수행에 기여한다고 주장했다.

김영채는 창의적인 사람은 창의적인 인성을 가지고 있는 사람을 말하며 이들은 민감하고 다소 독립적인 성격을 가지고 있을 뿐만 아니라 몇 가지의 특징적인 특성을 가지고 있다고 제시했다. 그동안의 연구결과를 살펴보면 창의적인 사람들은 유머 감각이 풍부하고 모험적이며 관심과 호기심, 개방성, 무질서, 끈기, 위험 감수, 정열 등의 성격특성을 가지고 있다고 한다.

창의적 성격은 기존의 인성교육에서 말하는 민주시민교육의 일환으로 실시되었던 도덕군자 양성이나 이타성 강조 등을 목표로 하는 인성교육이 아닌 창의성을 촉진하고 발현하는 데 도움이 되는 능력으로서의 성격을 의미하며 창의적인 인재가 갖추어야 하는 능력이다.

1.3. 예술가와 과학자의 창의적 성격

파이스트는 예술가와 과학자의 창의적 성격을 사회적 측면과 비사회적 측면으로 나누었다. 예술가들은 자신을 비예술가들과 비교하여 경험, 공상, 상상 등에 대해 더 열려있다고 평가했다. 그러나 예술가들은 사회의 규범을 덜 따랐는데 이는 그들이 충동적이고 비양심적이며 비순응적이고 독립적이었다는 의미이다. 이러한 특징들은 예술가들이 사회 규범에 의문을 제기하고 저항하는 것으로 노출된다. 예술가들은 또한 추동적이고 야심적이며 사람들에게 우호적이지도 않다. 이와 같이 예술가들이 사회성이 부족한 것은 내향적인 성격과도 연관이 있다. 또한 예술가들은 불안하고 정서적인 병에 잘 걸리는 경향이 있다. [표 3-1]은 예술가와 과학자의 창의적 성격 특징을 보여준다.

[표 3-1] 예술가와 과학자의 창의적 성격 특징

특질 범주	예술가	과학자
비사회적	경험에 대한 개방성 공상 지향의 상상력 충동성 양심의 결여 불안 정서적인 병 감정적 예민함 추동 야망	경험에 대한 개방성 사고의 유연성 추동 야망 성취
사회적	규범 의심 비순응성 독립성 적대감 냉담함 불친절함 따스함의 결여	자율성 내향성 독립성 우월감 오만 적대감 자신감

　　창의적인 과학자들은 예술가들과 마찬가지로 자신을 경험에 대해 개방적이라고 평가한다. 그들은 예술가와 마찬가지로 야심적이고 추동적이며 비창의적인 사람들보다 더 많은 것을 성취하기를 원한다. 과학자들은 오만하고 적대적이며 지배하려 들고 특히 자신감이 강하다. 그들은 예술가들과 마찬가지로 사교적이지 않고 자율적이며 냉담하고 독립적이었다. 과학자들의 성격은 새로운 아이디어에 대한 개방성과 사회성의 부족뿐만 아니라 추동과 야망에 있어서도 예술가들과 전체적으로 유사하다. 자신이 다른 사람들보다 앞서가는 것을 즐긴다고 보고하는 과학자들은 자신이 도전과 어려운 과제를 즐기는 것으로 동기부여 된다고 보고하는 과학자들보다 질이 떨어진 연구결과를 내놓았다.

1.4. 파이스트의 과학적 명성 모형

  파이스트는 성격 특징과 창의적 과정의 관계에 관한 연구를 수행
했다. 그는 캘리포니아 지역의 일류 대학 교정에서 100여명의 과학
연구자들과 면담을 했고 그들이 작성한 성격 설문지를 취합했다. 파
이스트는 연구에 참가한 각 과학자들에게 자기 분야에 속한 다른 과
학자들의 성과에 관한 역사적 중요성과 창의성에 따라 등급을 메겨
달라고 요구했다. 이와 더불어 두 가지 객관적인 창의적 생산성 척
도, 즉 ① 그 사람이 발표한 논문의 평수, ② 다른 사람들이 그 사람
의 성과를 인용한 횟수 등을 사용했다.

  상기의 연구 결과들이 [그림 3-1]과 같이 요약된다. 과학자마다 역
사적 중요성과 창의성에 부여한 등급이 매우 유사했으므로 두 가지
등급을 합쳐서 그 사람의 명성으로 표기했다. 명성에서의 높은 등급
은 높은 생산성을 포함한 몇 가지 다른 요인들과 관계가 있었다. 과
학자들의 생산성은 그들의 성격과 두 가지 측면에서 관계가 있다.
첫째로 가장 생산적인 과학자들은 오만한 작업 유형으로 분류되었
는데 그들은 허영심과 경쟁심이 강했고 다른 사람이 자신의 목표를
정해주기를 원하지 않았다. 생산성은 과학자 자신의 내적 동기부여
와도 관계가 있었다. 더 생산적인 과학자일수록 외적 보상(명성, 돈,
상금 등)때문이 아니라 일에서 느끼는 즐거움 때문에 일을 한다는
것이다. 두 번째로는 저명한 과학자들이 더 적대적이라는 평가를 받
았다.

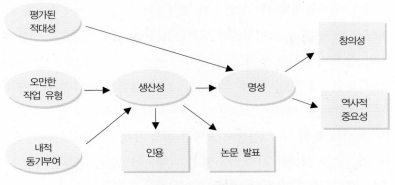

[그림 3-1] 파이스트의 과학적 명성 모형

파이스트의 모형에서는 과학에서의 명성과 관계되는 요인으로 ① 생산적임, ② 본질적으로 동기부여 되어있음, ③ 경쟁적임, ④ 자기 자신의 목표를 설정함 등을 선정했다. 그러나 성격이 과학적 명성에 영향을 미쳤는지는 정확하지 않다. 즉 성격이 과학적 명성에 영향을 미친 것이 아니라 오히려 과학적 명성으로 인해 그러한 성격을 갖게 되었을 수도 있는 것이다.

2. 성격과 창의의 관계

2.1. 성격과 창의간의 가능한 관계

성격 특징과 창의적 성취 사이에 인과적 관계가 있다고 가정하는 데에는 어려움이 존재한다. 파이스트의 연구 결과는 성격과 창의 간에 상관관계가 있다는 것을 보여주었지만 인과관계를 나타낼 수는 없었다. 상관관계에서는 변인 X가 변인 Y와 함께 간다는 것이다. 과학에서 더 높은 수준의 창의적 성취는 일정한 성격 특징들과 연합되지만 창의와 성격의 두 변인들 중에서 어떤 것이 원인이고 어떤 것이 결과인지를 알 수 없게 되어있다. 예를 들어서 창의적 과학자들이 유명하게 된 까닭이 오만한 작업 유형 때문이라고 결론을 내렸지만 그 반대 결론, 즉 그들에게 오만한 작업 유형이 생긴 까닭은 그들이 스스로를 성공한 사람으로 보았기 때문이었다는 결론을 내리는 것도 합리적으로 보일 수 있다는 것이다.

명성과 성격 특징은 둘 다 제3의 변인으로부터 온 결과로서 직접적으로는 전혀 관계가 없을 수도 있다. 예를 들면 어린 시절의 어떤 경험들은 누군가의 성격과 그의 창의적 능력 둘 다에 독립적으로 영향을 미칠 수 있다. 이러한 경우 성격과 명성 간에는 직접적인 연관성이 없고 어린 시절의 경험이 둘 다에 영향을 미쳐서 상관관계가 일어날 수 있는 것이다. 성격 특징과 창의적 성취 사이에서 상관관계가 [그림 3-2]에 나타난 세 가지 중 한 가지로 나타날 수 있다.

A. 성격이 창의성에 영향을 준다
   오만한 작업 유형 ⇒ 창의성과 명성

B. 창의적이라는 것이 성격에 영향을 준다
   창의성과 명성 ⇒ 오만한 작업 유형

C. 어떤 다른 요인이 창의성과 성격 둘 다에 영향을 주고, 둘은 직접적으로 관계가 없다

어린 시절 경험들

오만한 작업 유형   창의성과 명성

[그림 3-2] 성격과 창의성 간의 가능한 관계

창의적인 과학자들이 적대적으로 보인다는 것도 세 가지의 원인이 있을 수 있다. 첫째 적대적이라는 요소가 누군가를 저명하게 만들 수 있다는 것으로 성격 요인이 명성의 원인이라는 의미이다. 둘째로 저명하다는 것이 누군가를 적대성으로 유도할 수 있다. 예를 들어서 유명한 과학자들은 다른 사람들이 자신의 성과를 비판하면 이에 대해 적대적 감정을 가질 수 있을 것이다. 셋째로 적대성과 명성 사이에는 아무런 인과적 관계가 없다는 것이다. 일생의 초기에 어떤 외상을 겪은 사람들이 커서 적대적인 동시에 창의적이 되는 경향이 있을 수 있다.

2.2. 성격과 창의간의 관계 분석

파이스트의 연구 결과로는 성격과 창의 간의 관계가 인과관계라는 것을 증명할 수 없다. 두 변인들 간의 인과적 연결고리를 확립하려면 첫째로 두 변인들이 함께 가는 상관관계가 있어야 한다. 둘째로 원인이 결과에 시간적으로 선행해야 한다. 셋째로 A가 B의 원인이라는 결론을 내리려면 B의 다른 가능한 원인들을 모두 배제할 수 있어야 한다.

성격 특징과 창의적 성취가 인과관계임을 증명하기 위해서는 첫 번째로 이들 둘이 상관관계여야 한다. 상관관계에서는 결과가 있는 곳에서 원인이 발견되어야만 한다. 파이스트의 연구결과에서는 창의적 성취를 달성한 과학자들이 그와 관련된 성격 특징을 가지고 있음을 보여주었다. 즉 성격 특징과 창의적 성취는 상관관계를 가진다. 따라서 인과적 관계를 증명하기 위한 필요조건인 상관관계가 성격 특징과 창의적 성취 사이에 존재함을 알 수 있다.

두 번째로 성격 특징과 창의적 성취가 인과관계라는 가정을 증명하기 위해서는 성격 특징이 창의적 성취보다 먼저 일어난다는 것을 보여줘야 한다. 어떤 성격 특징이 창의적 성취를 결정하는 데 원인적 역할을 했음을 보여주려면 그 개인이 그 분야에 들어서기 전에 그 성격 특징이 먼저 자리를 잡고 있었음을 보여 주어야 한다. 즉 종단적 연구를 실시하여 오랜 시간에 걸쳐 변인들 간의 관계를 조사해야만 한다. 그러나 파이스트 연구에서는 종단적 연구가 적용되지 않았으므로 창의적인 개인들이 성공을 얻기 전에 그 성격 특징들이 이미 존재했다는 결론을 내릴 수 없다. 성격 측정 결과는 이미 성숙한 과학자들로부터, 즉 그들이 명성을 획득한 뒤에 얻어졌다. 그러므로 오만한 작업 유형이 그들이 가진 명성의 원인이나 결과인지 아니면 둘 다 어떤 다른 원인의 결과인지를 알지 못한다.

세 번째로 성격 특징이 창의적 성취의 원인이라는 결론을 내리려면 창의적 성취에 관한 다른 가능한 원인들을 모두 배제할 수 있어야 한다. 창의적 성취의 원인으로 성격 특징이 유일해야만 한다. 예를 들어서 창의적인 성인이 어릴 때 적대적이었음이 발견되었다고 해도 그것이 성인 창의성의 원인이라는 것을 의미하지는 않는다. 어쩌면 어린 시절의 외상이 그 사람을 어릴 때에는 적대적으로 나타나고 커서는 창의적으로 만들었을지도 모른다.

그루버는 창의적인 사람이 각자 독특하며 창의적인 성격을 묘사하는 단일한 성격 구성이나 그러한 구성들의 집합과 같은 것은 없다고 주장했다. 창의적인 사람의 성격들이 창의적인 사람 자신들만큼 다양하지는 않겠지만 성격 특징과 창의적 성취 간의 단수한 관계를 찾기란 쉽지는 않을 것이다.

3. 창의적 성격의 이론

렌줄리(Renzulli)와 하트만(Hartman)은 창의적 성격의 구성요소들로 호기심, 독창성, 모험심, 위험감수, 상상력, 유머, 심미안, 과제집착력 등을 제시했다. 오가노빅(Oganovic)은 다양한 경험, 새로운 문제와 도전 필요, 원기왕성, 의지, 욕망, 성실, 독립성, 자기충족적, 참을성 등을 말했다. 토랜스는 창의적 성격 구성요소에 대해 변화에 대한 개방적 사고, 판단에서의 독창성, 자신이 하고 있는 일에 대한 몰두와 전념, 사물을 당연한 것으로 받아들이지 않음, 낙관적인 태도, 모험심 등을 말했다.

테일러는 자발성, 자신감, 모험심, 인내력, 정서적인 민감성, 활동적이고 지속적인 근면성, 자발성 등을 말했다. 바론(Barron)은 자발성, 도전성, 독립적인 판단력, 문제에 대한 민감성, 호기심, 근면성, 개방성, 무질서를 수용하는 태도 등을 제시했다. 무스타카스(Moustakas)는 일관성, 자기수용적, 자아실현 등을 말했으며 매키넌(Mackinnon)은 독창적, 독자적, 개방성, 직관적, 활동적, 정열적, 지속적, 자기중심적, 강한 감각 등을 제시했다. 하주연은 모험심, 인내와 끈질김, 호기심과 탐구심, 개방성, 자기존중감, 독자성 또는 독립성, 유머 감각 등을 말했다.

지금까지 학자들로부터 제시되어온 창의적 성격의 구성요소는 [표 3-2]와 같다.

[표 3-2] 창의적 성격의 구성 요소

이론가	구성요소	
Martindale과 Dailey(1989)	• 판단의 독립성 • 복잡성에의 끌림 • 모험 감수	• 자기확신 • 미적 지향성
Daniels(1998)	• 독립적 • 정열 • 호기심 • 지각적이고 예술적 • 혼자 있는 시간을 오래 갖기	• 위험 감내 • 끈기 • 유머 • 상상력 • 개방적, 복잡성에 끌리는 경향
Gelade(2002)	• 외향성 • 민감성 • 비동조성	• 개방성 • 호기심
Sterberg와 Lubart(1991)	• 모호함을 견디어냄 • 새로운 경험에 대한 개방성 • 자신에 대한 확신과 용기	• 끈기 • 위험 감수
Davis(1999)	• 기준의 규범에서 벗어나기 • 개방적 • 실험태도 • 위험 감수 • 높은 에너지 • 리더십	• 독립적이고 뚜렷한 신념 • 호기심 • 유머감각 • 애매모호함에 대한 인내 • 끈기 • 적절한 지능
김종안(1998)	• 인내/적절성 • 호기심 • 독립성	• 개방성 • 유머 • 비순응성
하주현(1999)	• 호기심 • 상상력 • 유머	• 자기확신 • 인내/집착

4. 창의자의 성격 특징

4.1. 독창적이고자 하는 욕구

조이는 다르고자 하는 욕구(need to be different)가 사람마다 서로 다르며 이 성격 특징이 창의적 상황뿐만 아니라 모든 상황에서 그들의 행동에 영향을 미친다고 주장했다. 조이는 가정된 욕구를 측정하기 위해 여러 쌍의 서술어들로 구성된 어떤 척도를 개발했는데 그것의 일부가 [표 3-3]에 보인다. 개인들은 각 쌍을 자신에게 적용할 때 두 서술어가 가능하다는 가정 하에서 자신이 더 가치를 둘 묘사를 선택하라는 요구를 받는다. 다르고자 하는 욕구는 경험에 대한 개방성이라는 성격 특징과도 긍정적인 상관관계가 있는 것으로 발견되었다.

[표 3-3] 다르고자 하는 욕구의 척도

각 쌍에서 당신이 더 높이 평가하는 단어를 고르시오. 즉, 각 쌍에서 당신을 더 가깝게 수식하는 단어를 고르시오.	
1. 생산적이다	창의적이다*
2. 야심적이다	독창적이다*
3. 부적합하다*	재미없다
4. 붙임성이 있다	독립적이다*
5. 개인적이다*	협조적이다
6. 일관성이 없다*	상상력이 없다
7. 재미있다*	책임감이 강하다
8. 순응하지 않는다*	훈련이 잘 되어 있다

주: 별표가 있는 항목이 다르고자 하는 욕구를 나타냄.

다르고자 하는 욕구는 발산적 사고와도 상관관계가 있다. 그렇다면 발산적 사고와 창의성은 서로 관련성이 있는 것일까? 발산적 사고는 창의적 사고 과정의 한 요소일까라는 의문이 생긴다. 만일 발산적 사고가 창의적 과정의 한 요소가 아니라면 발산적 사고와 창의적 성취가 둘 다 공통된 원인의 결과일 가능성이 제기된다. 다르고자 하는 욕구가 강한 사람은 발산적 사고 검사를 받는 동안 새로운 반응을 보이는 경향도 있고 일생의 과업에서 창의적 성취를 이루는 경향도 있겠지만 이들 둘은 인과관계를 갖지는 않는다. 발산적 사고에서 높은 점수를 받는 것이 직접적으로 창의적 성취에 영향을 주는 것은 아니라는 것이다.

4.2. 경험에 대한 개방성

지금까지는 성격과 창의성 간에 밀접한 관계가 있다는 관점이 약하게 뒷받침되어왔으나 최근의 연구에서는 성격이 창의적 과정과 관계가 있다는 것을 제시하고 있다. 특히 경험에 대한 개방성이 창의성과 관련이 있는 것으로 분석된다. [표 3-4]의 성격의 5요인 모형에서는 이러한 내용을 보여주고 있다.

[표 3-4] 성격의 5요인 모형

특질	관련 항목의 예
신경증 +	불안하다. 방어적이다. 우울하다. 감정적이다. 흥분하기 쉽다. 죄의식을 잘 느낀다. 위태롭다. 걱정스럽다
신경증 -	적응되어 있다. 평온하다. 순응한다. 좋은 인상. 죄의식에 시달리지 않는다. 안정하다
외향성 + 외향성 -	성취욕이 강하다. 활동적이다. 수다스럽다. 나가길 좋아한다. 사교적이다
경험에 대한 개방성 +	독창적이다. 호기심이 많다. 좋은 아이디어가 잘 떠오른다
경험에 대한 개방성 -	예술적 관심이 거의 없다
친화성 +	도움이 되길 좋아한다. 친절하다
친화성 -	다른 사람들에게서 결점을 찾는다
성실성 +	일을 철저하게 한다. 인내심이 있다
성실성 -	부주의할 수 있다

주: '+'는 고득점자들의 긍정적인 응답을 한 항목을 가리키고, '-'는 그들이 각 척도 상에서 낮은 빈도로 체크한 항목들을 가리킨다.

경험에 대해 열려 있는 사람은 자신을 묘사하는 항목으로 '독창적이다, 좋은 아이디어가 떠오른다, 호기심이 많다.' 등과 같은 사항들을 체크하는 경향이 있는 반면 '예술적 관심이 거의 없다.'와 같은 항목은 평균보다 체크하는 빈도가 낮다. 이는 경험에 대한 개방성의 성격 특질을 갖는 사람은 독창적인 아이디어를 생산하려는 창의력을 가지고 있다는 것을 알 수 있다.

코스타(Costa)와 맥크레(McCrae)는 경험의 유형에 따라 몇 가지 종류로 구분했다.

- 공상(fantasy)에 대한 개방성 : 기꺼이 자신의 내면세계를 탐험하고 마음이 방황하도록 내버려두려는 의향을 가리킨다.
- 미학(aesthetics)에 대한 개방성 : 예술적 표현에 대한 이해를 가리킨다.
- 느낌(feeling)에 대한 개방성 : 긍정적이든 부정적이든 자신의 감정을 기꺼이 인정하려는 의향이 포함된다.
- 활동(action)에 대한 개방성 : 기꺼이 새로운 활동을 시도하려는 의향을 가리킨다.
- 아이디어(idea)에 대한 개방성 : 지적 호기심과 기꺼이 새로운 아이디어를 고려하려는 의향이다.
- 가치(value)에 대한 개방성 : 자신의 삶에 바탕이 되는 기본 가치를 기꺼이 반성하려는 의향을 가리킨다.

창의적인 사람들이 새로운 아이디어를 낼 수 있는 까닭은 창의적이지 않는 사람들과는 달리 아이디어들 사이에 어떤 연관을 짓기 때문이라고 한다. 또한 창의적인 사람은 여러 아이디어에 걸쳐서 좀 더 넓게 주의를 분산시킬 수 있어서 기억 속에서 더 많은 아이디어가 동시에 활성화될 수 있다고 가정되어왔다. 이 활성화의 분산은 지금까지 무관하던 두 아이디어들이 접촉하여 새로운 합성이 이루어질 가능성을 높인다.

창의적인 사람들은 외부 자극을 다룰 때에도 좀 더 주의를 넓게 분산시킬 수 있기 때문에 더 넓은 범위의 자극에 민감할 것으로 가정되어왔다. 이 광범위한 감수성 덕분에 그 사람이 주어진 시간에 무슨 생각을 하고 있든지 광범위한 외부 자극이 자신의 생각과 접촉할 수 있음에 따라 아이디어들의 새로운 조합이 개발될 기회가 많아질 것이다. 창의적이지 않은 사고자는 주의의 초점이 좁아서 잠재적으로 연관된 사건을 알아보지 못할 것이다.

잠재적 억제(latent inhibition)는 이전에 한 상황에서 무시된 어떤 자극이 새로운 상황에서 관련되는 때에 일어난다. 그 자극에 대한 반응을 학습하는 것은 이전에 무시되지 않았던 자극에 대한 반응을 학습하는 것보다 시간이 오래 걸린다. 과거의 어떤 자극이 진행 중인 우리의 활동과 무관하다면 우리의 처리 체계는 그것에 주의를 덜 배분하도록 구성된다. 잠재적 억제와 창의성 간의 관계는 창의적인 사람들이 외부 자극에 좀 더 열려 있다는 가설이 있다. 창의적인 사람들은 덜 창의적인 사람들보다 잠재적 억제를 보일 가능성이 낮다. 창의적인 사람들은 이전에 무시된 자극에 대해서도 이전에 무시되지 않고 다시 등장하는 자극에 대해서만큼 빨리 반응을 학습한다.

4.3. 정신병적 성향

아이젠크는 창의적인 사람들이 공격적이고 감정적으로 차가우며 자기중심적이고 비정하며 충동적이고 반사회적이며 감정이입이 없다고 주장했다. 이러한 성격 특징의 기초는 정신병적 경향성이라는 특질, 즉 스트레스가 높은 상황에 노출된 결과로서 정신병이 발생하는 유전적 성향이다. 정신병적 경향성이 높은 사람은 정신병 환자가 아니며 관찰자에게 괴짜라는 인상을 주지만 정상 범위 내의 행동을 취한다. 아이젠크의 이론에 의하면 정신병적 경향성이 그 사람에게 정신병이 발생할 소지를 심어줄 뿐만 아니라 창의성의 기초를 제공하기도 한다는 것이다.

창의적인 사람들이 종종 내향성이나 감정적 냉담함과 같이 정신병적 경향성을 연상시키는 성격 특징들을 보인다고 한다. 아이젠크는 정신병에서 보이는 사고 특징들 중 하나인 과도하게 포괄적인, 즉 암시적인(allusive) 사고가 창의적인 사고의 기초라고 제안한다. 그는 또 주의적 결함과 잠재적 억제의 부재가 정신병뿐만 아니라 창의성에서 보이는 사고의 특징이라고 가정한다.

5. 창의적 성격의 구성요소에 관한 일반 특성

학자들이 주장하는 창의적 성격이 아니라 일반적으로 제시되고 있는 창의적 성격의 구성요소들이 있다. 창의적 성격의 구성요소는 성공 요소와 유사하게 긍정적이고 낙관적이며 방해요소를 제거할 수 있는 용기 등이 요구되고 있다.

- 대인관계 : 구성원 간의 공동의 목표 달성을 위해 자기 역할에 충실하고 협조적으로 행동하며 사람들과 잘 어울리고 인기와 유머 감각이 높은 것을 말한다. 대인관계가 좋은 사람은 상대방의 행동을 해석하여 대응할 수 있는 능력을 가진다.
- 리더십 : 자신의 생각과 감정을 구성원 간에 잘 전달하며 조직의 구성원들에게 책임과 권한을 적절하게 분산시키고 다양한 의견을 반영할 수 있는 조정자 역할을 말한다.
- 정서지능 : 자신의 감정과 타인의 감정을 파악하여 문제를 해결하기 위한 최선의 선택을 할 수 있도록 가늠하는 능력이다.
- 과흥분성 : 신경근육계의 고조화된 흥분성과 에너지 과잉을 드러내는 특징을 가지고 있으며 신경체계에서 평균 이상의 반응에 기초하여 내적·외적 자극을 경험하는 능력을 말한다.
- 과제집착력 : 과제를 수행하는 도중에 주위의 사물이나 상황에 의해 영향을 받지 않고 문제가 해결되지 않아도 쉽게 포기하지 않고 끈기 있게 지속하는 힘을 말한다.
- 의욕과 열정 : 무엇을 하고자 하는 의욕이 다른 사람보다 강하며 내적인 동기유발이 잘 되어 자신에게 흥미 있는 일을 할 때 장시간 몰입하여 열정적으로 활동하는 것을 말한다.
- 도전감 : 창의적 성격 소유자는 자신의 아이디어에 완전히 몰입하여 그 일을 끝마칠 때까지 중단하지 않고 지속적으로 도전한다.
- 성취동기 : 도전적이고 힘든 문제를 달성해 가는 과정에서 만족을 얻으려는 기대를 뜻한다. 성취동기가 높은 사람들은 당장의

작은 보상보다는 큰 보상을 추구하고 도전적인 목표를 추구하며 현실적으로 성취되도록 노력한다.

- 자기효능감 : 개인이 스스로 상황을 극복할 수 있고 자신에게 주어진 과제를 성공적으로 수행할 수 있다는 신념이나 기대이다. 자기효능감이 높은 사람들은 자신의 행동을 조절하고 통제할 수 있으며 목표를 성취하기 위해 자신의 행동을 지배하고 계획하는 능력이 뛰어나다.

- 모험심 : 모험심이 많은 사람들은 실패확률이 높지만 모험을 하지 않을 경우 성공할 수 없기 때문에 안전함을 추구하기보다는 자신의 성공을 위해 기꺼이 높은 수준의 모험을 즐긴다.

- 유머 : 유머는 사회적 상호작용에서는 물론 예술, 창의적 작문 영역에서도 등장한다.

- 무질서 선호 : 창의적인 사람들은 규칙적인 것보다는 복잡함과 비대칭을 더 선호한다. 창의성 수준이 높은 사람들은 무질서 속에서 질서를 찾는 도전을 즐긴다. 창의적인 사람들의 특성 중 하나는 애매모호함에 대한 인내심을 가지고 있다.

- 인내력 : 창의적인 사람들은 자신의 목적을 향해 스스로에게 지시적이고 엄청난 인내심으로 자신의 일에 열정을 쏟아 붓는 에너지를 가지고 있다.

- 만족감 지연 : 노력을 기울이는 데 따르는 스트레스를 쾌히 견뎌낼 수 있고 장기간에 걸친 만족감 지연은 창의적 산물에 높은 기여를 한다. 창의적인 사람은 특별한 보상 없이도 수년간을 프로젝트에 몰두한다. 어떤 사람은 중요한 물건을 구입하기 위해 돈을 저축한다.

- 용기 : 창의적인 사람들의 성공에서 가장 기본적인 특성은 용기이다. 자신의 일을 사랑하는 것은 성공을 위한 보증수표와도 같다.
- 자신감 : 창의적인 사람들은 자신감이 높다. 이들은 변화를 추구하고 특이하며 전통에 도전하고 규칙을 바꿀 수 있는 능력이 있다고 생각한다. 내적 통제와 책임감이 강한 사람은 스스로 높은 목표를 설정하여 이루려고 노력한다.
- 호기심 : 창의적인 사람들은 어린아이와 같은 호기심과 궁금증을 가지고 있다. 이들은 자신을 둘러싸고 있는 세상을 알고 싶어 하는 강한 호기심을 갖는다. 호기심은 흔히 폭넓은 관심과 특별한 취미를 갖게 하고 다양한 수집을 하게 한다.
- 이상주의와 반성적 사고 : 창의적인 사람들은 자신의 역할과 인생의 목적에 대해 많은 생각을 한다. 이들은 이상주의와 개인주의적 성향을 강하게 가지고 있어서 보수집단을 심하게 비판하며 고등학교나 대학을 중퇴하는 경우도 많다.
- 고독 : 창의적인 사람들은 개인적인 시간을 갖고자 한다. 고독에 대한 욕구는 반성적 사고와 관련이 있다.
- 완벽주의 : 창의적인 사람들은 완벽주의 성격을 가지고 있다. 합리적인 판단에 의한 수월성 추구와 완벽성은 어려운 일에 봉착했을 때 대안을 탐색하는 방법을 찾고 수준 높은 성취를 위해 노력하도록 이끈다.

인간의 지능

1. 인간의 인지

1.1. 뇌의 구조

인간의 뇌는 약 천억 개의 뉴런으로 구성되어 있는데 각 뉴런은 소형 컴퓨터 정도의 처리 용량을 가진다. 뇌는 인지 기능의 중추적 역할을 담당한다. 뇌는 두개강 속에 들어 있으며 대뇌, 간뇌, 중뇌, 교, 연수, 소뇌 등으로 구성되어있다. [그림 4-1]은 뇌의 구조를 나타낸다.

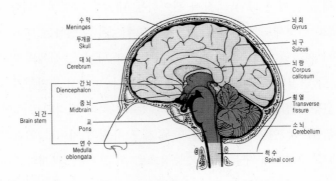

참고문헌 : 인간과 성공. 오창환 저, 한국학술정보(주)

[그림 4-1] 뇌의 구조

대뇌는 뇌 전체 중량의 약 80%를 차지하며 신체의 운동과 감각뿐만 아니라 희로애락의 정서 감정을 주관하고 학습과 기억, 언어활동, 사색 및 창조적 정신기능 등 고등한 정신활동이 이루어지는 곳이다. 간뇌는 대뇌와 중뇌 사이에 위치하고 대뇌에 의해 덮여 있으며 이곳의 시상하부는 자율신경계의 조절, 정서반응과 행동 조절, 체온 조절, 수분의 균형과 갈증 조절, 수면과 각성 주기 조절, 내분비계의 기능 조절 등을 담당한다.

중뇌는 여러 전도로의 통로와 중계소 기능을 담당하며 시각 및 청각의 반사중추, 안구운동과 동공수축의 운동중추 등을 가진다. 교는 중뇌와 연수 사이에 볼록하게 튀어나온 부위로서 표면은 가로로 달리는 많은 신경섬유로 구성되어 있고 대뇌와 소뇌를 연결하는 신경로 기능을 갖는다. 연수는 뇌의 종단부로서 척수와 연결되어 있는 작은 신경조직으로서 망상체가 발달되어 있으며 생명유지에 필수적인 심장·호흡 및 소화 등에 관한 중요한 반사중추들을 가지고 있다. 소뇌는 교와 연수의 뒤쪽에 위치하며 근육의 긴장 등에 관여한다. 소뇌는 신체 운동의 권고와 조정에 관여하는 대뇌의 자문기구이다.

대뇌는 신경세포의 집합체로 고차원적 기능을 수행하는 대뇌 피질로 둘러 싸여있다. 대뇌 피질은 좌우 반구로 나뉜다. 신체의 우측은 좌반구와 연결되고 좌측은 우반구와 연결된다. 따라서 좌반구가 오른손의 운동 조절과 감각을 맡으며 좌측 눈으로부터 입력되는 시야 정보는 우반구와 연결된다. 브로드만은 세포 유형의 차이로 인간의 뇌 피질에서 확실하게 구분되고 기능적으로 서로 다른 52개의 영역을 찾았다. 이러한 영역들은 주요 주름 층, 즉 뇌구로 나뉜다. 대뇌는 뚜렷한 뇌구에 의해 4개의 엽, 즉 전두엽, 두정엽, 후두엽, 측두엽 등으로 구분된다. [그림 4-2]는 대뇌반구의 주요 구성을 보여준다.

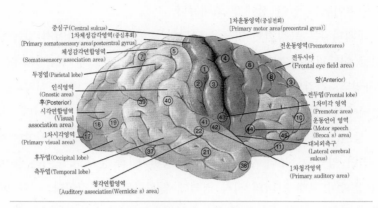

참고문헌 : 인체해부학, 신문균 외 공저, 현문사

[그림 4-2] 대뇌반구의 주요 구성

　전두엽은 대뇌의 앞부분으로서 두 가지 주요 기능을 담당한다. 전두엽의 뒷부분은 주로 운동 기능에 관여한다. 전전두엽으로 불리는 앞부분은 계획 세우기와 같은 고차적인 심리과정을 조절한다. 인간의 전전두엽은 다른 포유류보다 눈에 띄게 크다. 두정엽은 공간 처리와 신체 표상을 포함하는 지각 기능을 맡고 있다. 후두엽은 1차 시각 영역을 포함한다. 측두엽은 후두엽에서 정보를 받아 물체를 재인하는 기능을 수행한다. 또한 측두엽에는 1차 청각 영역이 있으며 언어 처리에 관여하는 베르니케 영역을 가진다. 해마는 측두엽 안에 위치하여 [그림 4-2]에는 보이지 않지만 기억력에 특히 중요하다.

　뇌의 두 반구는 서로 다른 유형의 처리를 목적으로 전문화되어 있다고 알려져 있다. 일반적으로 좌반구는 언어와 분석 처리를 담당하고 우반구는 지각과 공간 처리와 관련된다. 뇌의 좌측에는 언어에 중요한 브로카 영역과 베르니케 영역이 있는데 이 영역이 손상되면 실어증이라는 언어 장애가 초래된다.

대뇌피질은 특징적인 기능을 담당하는 부분들로 나뉘어져 있는데 이를 대뇌피질의 기능적 국재라고 부른다. 대뇌피질의 기능영역에는 1차영역, 감각영역, 연합영역, 운동영역 등이 있다. 여러 대뇌피질 영역에서 정보 처리는 지형학적 체제화라는 방식으로 구성된다. 예를 들면 피질 뒤쪽에 있는 시각 영역에서 인접한 영역들은 시야에서 인접한 영역들로부터 시각 정보를 표상한다. 즉 눈으로 보이는 물체의 윤곽이 그대로 뇌의 시각 영역에 활성화된다는 것이다. 이와 비슷한 체제화의 원리가 중심구를 따라 위치한 운동 피질과 체감각 피질 상에 적용된다. 예를 들어 손에 해당하는 영역과 인접한 영역에는 팔뚝, 손목, 손가락 등의 영역들이 위치하고 다리에 해당하는 영역에는 발과 발가락 영역이 인접해있다.

1.2. 인지 기능

인간을 동물과 뚜렷하게 구분해주는 것은 인간이 탁월한 사고 과정을 가진다는 점이다. 종전의 인공지능(AI)은 전문가 지식을 컴퓨터의 데이터베이스에 저장함으로써 인간의 지능을 가지려 시도했지만 최근의 인공지능에서는 인간의 사고가 어떻게 기능하는지에 주의를 기울임으로써 획기적인 발전을 거듭하고 있다. 인간의 창의는 천재의 지적 능력으로부터 나오는 것이 아니라 인간의 평범한 인지 기능에서 출발한다.

인간의 뇌는 크게 인지 기능과 정서 기능으로 이루어져있다. 외부 정보를 인식하고 저장하며 이를 바탕으로 사고, 판단, 상상, 문제해결 등을 담당하는 것이 인지이다. 정서 기능은 인간의 마음에 해당하는 것으로서 기쁨, 슬픔, 공포, 분노, 혐오, 흥미 등의 요소를 가진다. 정서의 원인으로는 크게 생물학적 요인과 인지적 요인으로 구분된다. 이와 같이 인지는 정서와 밀접하게 연관되어 인간의 모든 행동을 좌우한다. 창의적 사고는 인지 기능에 해당하지만 정서적 환경이 갖추어져있지 않으면 훌륭한 창의적 산물을 산출할 수 없음은 당연하다. 인간의 인지 기능에는 지각, 주의, 심상, 지식 표상, 기억, 문제해결 등이 있다.

(1) 지각

인간의 감각은 신체 외부 정보를 오감 기관, 즉 눈, 귀, 코, 혀, 피부 등의 수용기를 통해 받아들이고 이러한 정보들을 신경섬유를 거쳐서 뇌의 감각기에 전달하는 과정을 뜻한다. 지각은 오감의 감각기관으로부터 입력되는 정보를 처리하는 과정이다. 재인(recognition)은 어떤 개체를 의미를 갖는 특정 범주로 배정하는 능력을 뜻한다. 실인증 환자는 물체의 부분들을 볼 수는 있지만 전체 물건을 재인하지 못한다. 예를 들어서 실인증 환자에게 장갑을 보여주고 무엇이냐고 물으면 '무엇인가를 담는 물건으로서 크기가 다른 다섯 가지 동전들을 담는 주머니 같은 것'이라고 대답한다.

(2) 주의

주의는 동시에 가능한 몇몇 물체 가운데 어느 하나를, 또는 연속된 생각 가운데 어느 하나를 분명하고 생생한 형태로 의식하는 것이다. 감각 정보들은 주의를 주지 않으면 처리되지 않음이 밝혀졌다. 예를 들어서 칵테일 파티에서 대화를 나누고 있는 사람의 말을 들을 수 있는 것은 다른 사람들의 말에는 주의를 기울이지 않고 대화 상대자의 말에만 주의를 주기 때문인 것이다.

인간의 뇌는 지각 체계, 운동 체계, 중앙 인지 등을 병렬적으로 처리하는 체계들로 구성되는데 어느 체계에서도 동시에 두 가지 일을 처리하는 것이 어렵게 되는 병목 현상이 발생한다. 병목 현상이 발생하면 한 가지 처리에 초점을 맞춰야 한다. 예를 들어서 운전과 핸드폰 통화를 동시에 수행하면 병목 현상이 발생하므로 교통사고 위험이 높아지기 때문에 운전 혹은 핸드폰 통화 중에서 한 가지에만 주의를 기울여야 교통사고를 예방할 수 있게 된다.

(3) 심상

심상은 외부의 지각 정보 없이 지각과 비슷한 정보를 처리하는 것을 말한다. 예를 들어서 사람들은 자신의 집에 창문이 모두 몇 개 있느냐라는 질문을 받으면 머릿속으로 자신의 집을 떠올리며 창문을 센다. 어느 노래 가사에서 특정한 단어가 몇 번 나오느냐는 질문에는 노래를 부르는 것과 같은 심상을 만들어낸다. 실험 참여자들에게 자신들이 살고 있는 동네의 길을 찾는 상상을 하라고 주문을 하면 두정엽, 후두엽, 측두엽에서 활성화가 관찰되는데 이는 실제로 처리할 때 활성화 되는 영역과 동일하다고 한다.

심상에는 시각 심상과 언어 심상이 있다. 시각 심상에 관한 실험에서 여러 형태의 도형을 보여준 후 다른 그림들 중에서 처음에 보여준 그림의 도형을 찾으라고 하면 원래 그림과 동일한 위치에 배치된 도형을 제일 빨리 찾게 되는데 이는 심상이 공간 정보를 보존하기 때문이다. 도형 자리에 도형이 아니라 글자를 배치하고서 동일하게 실험하면 글자의 공간적 위치보다는 글자의 순서적 배치가 선형일 때에 참여자들의 판단이 더 빠른데 이는 언어 심상에서는 글자의 공간적 배치보다는 단어의 선형적 순서가 더 중요시됨을 보여주는 것이다.

일반적으로 실제의 자극보다 심상을 처리하기가 더 어렵다. 사람들은 거의 대부분 심상보다는 실제의 그림을 처리하려 한다. 예를 들면 테트리스 게임을 하는 사람들은 블록을 마음속에서 회전시키기보다는 스크린 상에서 회전시킴으로써 적절한 방향을 찾고자 한다.

(4) 지식 표상

지식 표상은 인간의 뇌 속에 지식을 저장하고 저장된 지식을 떠올리는 것을 말한다. 심상은 마음속으로 떠올려지는 어떠한 장면인데 반해 지식 표상은 떠올려지는 과거의 정보 형태이다. 우리들은 시간이 지남에 따라 과거 경험의 정보들 중에서 일부가 손상됨을 알 수 있는데 이때에 우리들은 의미 있는 내용만을 떠올리고 중요하지 않은 세부 내용들은 망각하게 된다.

사람들은 어떤 그림을 볼 때에 구체적인 세부 사항을 기억하지 않고 그림의 의미를 기억하는데 이와 같은 의미를 범주 정보라고 한다. 범주 정보는 개념 지식에 해당한다. 사람들은 세상을 자신이 알고 있는 범주에 의해 경험할 수밖에 없다. 자신의 지식 범주를 벗어나면 알지 못한다. 예를 들어서 바다에 살고 덩치가 크며 공기로 호흡하는 동물에 대해 이야기를 듣는다면 우리들은 고래를 생각하게 된다. 고래를 생각하면 그 동물이 물을 뿜으며 숨을 쉴 것이고 바닷물 표면을 오르락내리락 하며 움직인다는 것을 예측할 수 있게 된다. 범주들은 이런 예측력을 가지므로 우리들이 정보를 표상하고 소통하는 데에 커다란 경제성을 제공한다.

그러나 범주적 지각은 고정관념을 유도하기도 한다. 예를 들어서 어느 학생이 여자라고 하면 그 학생은 수학 점수가 좋지 않을 것이라는 고정관념에 빠질 우려가 있다. 창의적 사고에서는 고정관념으로부터 탈피해야 한다. 과거의 지식을 활용하는 것이 창의적 활동에 도움이 되긴 하지만 과거의 지식에 갇혀있는 고정관념으로는 사고의 유연성이 부족하게 되어 새롭고 가치 있는 창의적 산물을 산출할 수 없게 된다.

개념 지식을 표상하기 위한 표기 방법으로 의미 망조직(semantic network)과 도식(schema) 등이 제안되었다. 망조직 표상은 언어에서의 명제 지식뿐만 아니라 개념 지식을 약호화 하는 데에도 사용된다. 의미 망조직은 트리(tree) 구조를 갖는다. 예를 들어서 사람들이 까마귀와 타조는 새 범주로 기억하고 고등어와 갈치는 생선 범주로 기억한다.

도식 표기 방법은 컴퓨터의 데이터베이스에서 유래된 개념이다. 도식에서는 개념을 표상함에 있어 속성(attribute)을 사용하고 속성 내의 정보는 값(value)을 가진다. 예를 들어서 집의 속성으로는 일반화 위계, 부분, 재료, 기능, 형태, 크기 등이 있다. 여기에서 일반화 위계는 의미 망조직에서 상위 수준을 지칭하는 것과 유사하다. 도식의 특성 중 하나는 속성들이 기정치를 갖는다는 것이다. 예를 들어서 운동화가 진열되어 있지 않은 스포츠 상품 가게를 들린 사람이 가게를 나와서는 운동화가 당연히 있었겠지 하고 생각하는데 이는 그 가게에 대한 기정치를 갖기 때문인 것이다.

(5) 기억

인간의 뉴런들은 뇌 전체에 걸쳐서 경험에 따라 변화하는데 이러한 신경 가소성이 기억의 기초가 된다. 뇌 전체가 기억과 관련이 있지만 그 중에서 두 부위, 즉 해마와 전전두 부위가 중요한 역할을 한다. 해마는 새 기억의 저장에 중요한 역할을 담당하고 전전두 부위는 새 기억의 약호화와 저장 기억의 인출 모두와 밀접하게 연관되어 있다. 언어 재료는 거의 좌반구와 연관이 있고 그림 재료는 우반구와 연관성이 많다.

(가) 감각 기억

감각 기억에는 시감각 기억과 청감각 기억이 있다. 매우 짧은 시간 동안에 눈으로 본 시각 정보는 시감각 저장소에 저장된다. 시감각 저장소는 1차 시각 피질에 위치한다. 에코 기억이라고 불리는 최단기 청각 기억은 청감각 저장소에 저장된다. 어떤 소리를 제시한 후 다른 소리를 제시할 때에 그 소리가 다르다는 것을 감지할 수 있느냐는 실험에서 두 소리 간격이 10초 미만일 때에 기억할 수 있음이 실험에서 밝혀졌다. 청감각 저장소는 1차 청각 피질에 위치한다. 이상과 같이 기초 지각을 담당하는 피질 부위들은 후속 처리를 위해 감각 정보를 단기간 표상한다.

(나) 단기 기억

외부로부터 들어온 정보는 일시적으로 감각 기억에 잠시 머물다가 주의를 받지 못하면 사라져 버린다. 주의를 받은 정보는 중간 단계의 단기 기억으로 들어가서 암송되어야만 비교적 영구적인 장기 기억으로 들어간다. 단기 기억으로 저장될 수 있는 정보의 용량을 기억폭이라고 하는데 기억폭은 즉각적으로 반복할 수 있는 정보의 수이다. 사람은 일곱 개나 여덟 개의 숫자에 해당하는 기억폭을 가진다. 사람들이 정보를 단기 기억에 오래도록 저장할 수 없는 것은 새로운 정보들이 항상 들어오고 있고 옛 정보는 한정된 용량의 단기 기억으로부터 밀려나가기 때문이다.

(다) 작업 기억

작업 기억은 과제를 수행하는 데에 필요한 정보를 유지하는 기능을 담당한다. 예를 들어서 23x47 계산을 암산으로 하려면 이 문제를 시각 심상으로 만들고 23x7의 계산을 통해 얻은 161을 암송하게 되는데 이러한 작업은 작업 기억에서 진행되는 것이다. 우리가 작업 기억에 지나치게 많은 항목을 저장하려고 하면 첫 번째 항목을 다시 암송하기 위해 되돌아올 때에 그 항목은 이미 쇠잔해 버려 재암송이 어려워지게 된다.

(라) 장기 기억

장기 기억은 수개월에서 길게는 평생 동안 의식 속에서 유지되는 기억을 말한다. 장기 기억은 아주 큰 저장 용량을 가지고 있는데 실제로 그 크기가 무한정하다는 주장이 있다. 이는 사람이 죽을 때까지 아무리 많은 기억으로 자신의 뇌를 채운다고 해도 다 채울 수 없다는 것을 의미한다. 사람이 자신의 정보를 기억해 내지 못하는 것은 그 정보가 장기기억에서 사라졌기 때문이 아니라 그 기억이 어디에 있는지 찾아내지 못했거나 또는 기억을 재생해 내는 데 실패했기 때문이다. 일시적으로 그 기억을 찾아내지 못했다 하더라도 나중에 어떤 계기나 실마리를 통해 기억해낼 수 있는데 이러한 기억이 장기 기억인 것이다.

기억을 향상시키기 위한 학습 처리 방법으로는 의미 연상어와 각운 연상어 등을 활용하는 기법이 있다. 의미 연상어는 해바라기-꽃의 쌍과 같이 의미가 연관되어 있는 것이고 각운 연상어는 부산-군산의 쌍처럼 음이 연관되어 있는 것인데 실험에 의하면 각운 연상어보다 의미 연상어를 더 의미 있게 처리하는 경향이 있다고 한다.

기억을 잘 하기 위한 또 다른 방법으로 정교화 처리가 있다. 정교화 처리는 기억해야 할 항목에 관련되는 추가 정보를 만드는 것이다. 예를 들어서 '의사는 변호사를 싫어했다.'라는 문장과 '의사는 부정 소송 때문에 변호사를 싫어했다.'라는 문장을 보여 준 후에 의사는 누구를 싫어했냐고 질문하면 두 번째 문장을 읽은 참여자들이 더 잘 기억한다는 것이다.

기억에 영향을 주는 것은 학습 재료의 처리 수준이고 학습 의도는 기억에 영향을 주지 않는다고 하지만 사람들은 자신에게 중요한 사건들을 더 잘 기억하는데 이러한 기억을 자기 스스로 기억에서 영원히 불태운다는 의미로 섬광 기억이라고 한다. 어떤 정보를 TV를 통해 경험한 사람들은 그 정보를 현장에서 경험한 사람들보다 장기 기억에 오류가 발생하는데 이는 TV를 통해 본 사람은 그 정보가 정말로 섬광 기억으로 저장되지 않기 때문이다.

(6) 문제해결

인간은 다른 어느 종보다 새로운 문제를 해결하는 능력이 탁월하며 이러한 능력은 전전두 피질의 진화에 의한 것이다. 문제해결은 보통 다양한 문제 상태로 구성된 문제 공간의 검색으로 설명된다. 여기에서 상태라는 것은 문제의 해결 정도를 나타내는데 문제해결자가 처음 당면하는 상황을 초기 상태, 목표로 가고 있는 도중의 상황을 중간 상태, 목표를 목표 상태라고 한다. 문제해결자가 획득할 수 있는 여러 상태를 문제 공간 또는 상태 공간이라고 한다. 문제의 해결은 문제해결자가 상태의 미로 속에서 적절한 통로를 찾는 과정을 통해 이루어진다.

(가) 문제해결 조작자

조작자(operator)는 어떤 문제 상태를 다른 문제 상태로 바꾸는 행위를 뜻한다. 문제해결은 조작자들을 연속적으로 적용해 나감으로써 달성된다. 새로운 문제해결 조작자들을 획득하는 데에는 세 가지 방법, 즉 새 조작자들을 발견하는 방법, 새 조작자들에 관한 말을 듣는 방법, 다른 사람이 새 조작자들을 사용하는 것을 관찰하는 방법 등이 있다. 새 문제해결 조작자들을 학습하는 가장 효율적인 방법은 그 조작자들에 관해 듣는 방법이지만 조작자들을 사용하는 것을 보는 것이 더 효과적인 경우도 자주 있다.

유추는 어떤 문제해결에 사용된 조작자들을 선택하여 다른 문제의 해결에 사상하는 과정이다. 예를 들어서 이미 풀어 본 수학문제의 해결방법을 새로운 수학 문제해결에 적용할 수 있는데 이것도 유추의 하나이다. 유추 문제를 해결할 수 있는 능력은 인간에게 고유하다. 원숭이와 같은 하등 영장류에게는 유추 문제를 해결할 능력이 전혀 없지만 침팬지에게는 유추 능력이 다소 있다고 한다.

(나) 조작자의 선정

인간이 조작자들을 선정할 때에 세 가지 기준, 즉 후진 회피, 차이 감소, 수단-목표 분석 등이 있다. 후진 회피는 문제해결자가 이전 조작자들의 효과를 무효화하는 어떠한 조작자들도 취하지 않는 것을 말한다. 문제해결을 위해서는 한 단계 물러나야 하는 경우도 많이 존재한다.

차이 감소는 현재 상태와 목표 상태의 차이를 가장 크게 줄이는 비반복적 조작자를 택하는 경향을 의미한다. 차이 감소법을 때로는 언덕 오르기라고 하는데 만일 목표가 지면에서 가장 높은 지점이라고 할 때에 항상 위로 올라가기만 하면 목표에 도달할 수 있을 것 같아도 실제로는 목표보다 낮은 어떤 언덕의 꼭대기에 도달할 수도 있는 것이다.

수단-목표 분석에서는 어떤 조작자가 즉각적으로 적용될 수 없어도 그것을 포기하지 않는다. 수단은 일시적으로 목표가 된다. 문제해결자는 심사숙고하여 실제의 목표를 무시하고 수단을 가능하게 하는 목표에 집중한다. 수단-목표 분석의 특징은 큰 목표를 여러 개의 하위 목표들로 나누는 것인데 이들 중에서 조작자 하위 목표라는 것은 조작자의 적용을 막고 있는 차이를 제거하는 것을 목표로 하는 하위 목표를 말한다.

(다) 문제 표상

문제 표상을 부적절하게 하면 문제해결에 실패한다. 예를 들어서 예제 문제 풀이를 배우고서 연습 문제를 풀 때에 예제 문제 풀이를 연습 문제 풀이에 적용 가능한지 혹은 적용 불가능한지를 가늠해야 하며 만일 적용 불가능하면 이들 두 문제 사이에 어느 점이 다른지를 정확하게 표상할 줄 알아야 한다.

문제해결에서 때로는 주변 물체들을 새롭게 표상할 줄 알아야 한다. 예를 들어서 펜치를 다른 기능, 즉 그릇 뚜껑을 누르는 데에도 사용할 줄 알아야 한다. 이러한 방법을 생각할 줄 모르는 현상을 기능적 고착이라고 하는데 이는 사물을 관습적 기능에 따라 표상하는 법으로 굳어져서 새 기능을 표상하지 못하는 것을 뜻한다.

(라) 갖춤새 효과

갖춤새 효과는 문제를 푸는 사람들이 각자의 경험에 따라 문제해결에서 특정 조작자들을 선호하는 편파성을 뜻한다. 예를 들어서 10개의 문제가 주어질 때에 5개의 문제 푸는 방식이 동일하다면 나머지 5개를 풀 때에도 기존의 방식대로 풀려한다. 그러나 사실은 다른 방식으로 풀면 더 쉽게 풀 수 있는 방법이 있는 데에도 기존의 방식을 고집하는 경우가 많다.

(마) 부화 효과(incubation effect)

사람들은 흔히 어떤 문제를 여러 번 시도하여 풀려 했지만 실패를 거듭하여 그 문제를 몇 시간, 며칠, 또는 몇 주 동안 제쳐두었다가 다시 풀면 해결책을 곧 발견할 수 있는데 이를 부화 효과라고 부른다. 문제를 처음 푸는 동안에 사람들은 문제를 몇 가지 방법으로 생각하고 특정 지식 구조들을 마음에 둠으로써 스스로 갖춤새를 만든다. 이러한 초기의 갖춤새가 적절하면 문제가 풀리겠지만 적절하지 못하면 부적절한 절차에 고착된다. 부화 효과는 사람들이 부적절한 문제해결 방식들을 망각하기 때문에 발생하는 것이다. 대부분의 사람들은 어떤 문제를 가지고 오랫동안 씨름하다가 그 문제를 갑자기 해결한 후 '아하'라고 외치는데 이것을 통찰이라고 한다.

2. 지능 이론

2.1. 갈톤(Galton)의 지능 이론

갈톤은 찰스 다윈의 생물진화 연구에 자극을 받아 유전적 지능 연구를 통해 인간 능력을 측정할 수 있다고 제안했다. 그는 인간의 능력이 인간 행동에 적용된다고 믿었으며 지적 수준을 높은 수준과 낮은 수준으로 구분함으로써 개인차, 다양성, 분포도 등을 알고자 했다. 그는 정보가 감각기관을 통해서 전달된다고 믿었으며 감각적 지각능력이 뛰어난 사람이 정보를 더 많이 얻고 식별능력도 높기 때문에 이들의 지능은 더 높을 가능성이 크다고 보았다.

미국의 심리학자인 카텔(Cattell)은 갈톤이 사용한 지능검사에서 점수가 높은 사람의 학업성적을 조사했는데 지능점수와 학업성적과는 관련이 없다는 것이 밝혀짐으로써 감각식별능력과 지각의 속도에 따라 지적 행동이 달라진다는 갈톤의 이론이 뒷받침되지 못한 결과를 낳았다. 갈톤의 지능 검사는 감각기능을 중심으로 구성되어있는데 사물의 근소한 차이나 무게의 변별, 소리나 색깔, 냄새, 촉감, 길이 등에서의 변별에 관한 정도를 측정했다.

갈톤은 지능 연구에 통계학을 응용했다. 지능이 유전이라고 주장할 만한 근거는 충분하지 못했지만 지능 연구에 수학을 적용하고 선천적 능력을 [그림 4-3]과 같이 표준편차의 법칙에 따라 등급을 정할 수 있다고 주장했다.

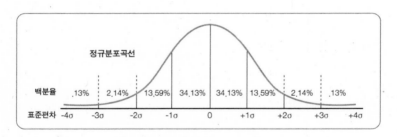

[그림 4-3] 지능의 표준편차에 따른 정규분포

2.2. 비네트(Binet)의 지능 이론

비네트는 지능의 근본을 실생활과 관련된 판단력이라고 생각했다. 그는 이해하고 추리하는 것을 지능이라고 주장하며 갈톤의 감각기능 능력과는 다른 관점으로 지능을 설명했다. 1904년 프랑스 정부가 비네트에게 보충수업을 필요로 하는 아동을 가려낼 검사를 요청한 것이 1905년 최초의 지능검사의 기초가 되었다. 그 당시의 사람들은 IQ 점수를 지식의 양이나 지능을 측정하는 유일한 것으로 생각했지만 비네트는 지능이 고정된 것이 아니며 유전으로 볼 수 없기 때문에 교육을 통해 정신능력을 끌어올릴 수 있다고 주장했다.

비네트의 지능 개념에는 실생활 능력들이 포함되었으며 판단력, 적응능력, 추론능력 등을 핵심으로 지능검사를 개발했다. 그는 지적인 사고를 필요로 하는 학습능력을 지능으로 보았고 사고를 방향, 적용, 비판의 3가지 요소로 설명하였다. '방향'은 무엇을 어떻게 해야 하는가, '적용'은 과제를 실행함에 있어 어떻게 전략을 세우고 과제를 수행하는가, '비판'은 생각과 행동을 평가하는 것으로 설명하고 있다. 비네트의 지능이론은 오늘날의 지능이론과 큰 차이가 없는 것으로 보인다.

2.3. 스피어맨(Spearman)의 2요인 지능 이론

1904년에 스피어맨은 영국의 사립학교에 다니는 학생들의 과목성적들 사이의 상관관계표 조사를 통해 여러 과목에 적용되는 공통으로 들어가는 단일한 요인이 있음을 발견했는데 이 요인을 '일반지능(g : general intelligence)' 또는 'g'라고 지칭했다. 그에 따르면 어떤 과목의 활동이나 성적은 다른 과목에 비해 g에 훨씬 가깝다. 예를 들면 고전과목의 성취도는 g와 높은 상관관계가 있지만 무게를 구별하는 과제는 그렇지 않다.

스피어맨의 2요인 지능이론에서는 지능을 모든 과제에서 요구되는 일반지능과 특수한 영역의 과제 해결에 작용하는 특수 지능

(s : specific intelligence)으로 설명하였다. 그는 상관계수를 바탕으로 지능을 설명하는 요인들을 추출하기 위해 요인분석(factor analysis)을 사용했다. 지능연구의 요인분석 과정은 여러 가지 능력검사를 실시하고 상관관계를 결정한 후 분석결과를 몇 가지 요인으로 단순화한 것이다.

그는 지적인 과제를 수행함에 있어 일반요인과 특수요인이 요구되고 특수요인들 사이에 공통적인 수, 속도, 언어, 상상, 주의 등의 '5요인'을 추출하여 이를 군집요인(group factor)으로 설명했다. 그는 지능검사의 개인차를 결정하는 요인은 'g'라고 주장했다. [그림 4-4]는 상기의 2요인과 군집요인의 관계를 나타낸다.

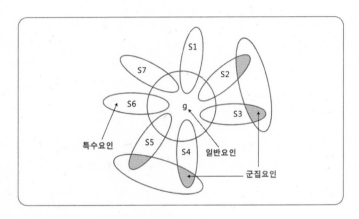

참고문헌 : 지능과 창의성의 프레임, 이신동 외 공저, 양서원

[그림 4-4] 스피어맨의 지능 2요인과 군집요인

2.4. 써스톤(Thurstone)의 7가지 기본정신능력

써스톤은 요인분석을 지지하였지만 지능의 핵심요인보다는 각각의

독특한 정신능력을 규정하려 했다. 그는 이러한 기본정신능력을 규정하기 위해 다양한 지능검사를 실시했고 요인분석을 적용하여 기본정신능력의 요인을 7가지로 보았다. 그는 자신의 7가지 기본정신능력이론이 지능을 하나의 요인으로 보는 이론보다 지능을 더 잘 설명할수 있다고 주장했다. 그는 대학생을 대상으로 56가지에 이르는 다양한종합지능 검사를 실시하여 10개의 독립적인 군집요인을 추출하고 단순회전 요인모형을 사용하여 7개의 군집요인을 제안했다. 그는 7개의군집요인을 지능을 설명하는 7가지 기본정신능력, 즉 언어이해, 언어유창성, 기억, 귀납적 추론, 공간적 시각화, 수, 지각 속도를 제시했다.

써스톤의 7가지 기본정신능력은 [표 4-1]과 같다.

[표 4-1] 써스톤의 7가지 기본정신능력

요 인	내 용
1. 언어이해 (verbal comprehension)	어휘검사로 측정할 수 있으며 언어적 자료나 정보를 이해하는 능력으로 어휘나 문장의 이해능력이다.
2. 언어유창성 (verbal fluency)	시간제한 검사로 측정할 수 있으며 어휘의 표현능력으로 언어를 빠르게 만들어 내거나 짧은 시간에 하나의 철자로 시작되는 단어를 생각하는 능력이다.
3. 기억 (memory)	회상검사로 측정할 수 있으며 글, 단어, 숫자, 상징 등의 물건을 기억하는 능력이다.
4. 귀납적 추론 (inductive reasoning)	비유, 수열 완성 과제 등의 검사로 추론과 유추능력으로 구체적 예에서 일반적 아이디어를 추리하는 능력이다.
5. 공간적 시각화 (spatial visualization)	사물의 그림 위치 바꿈 등의 과제로 측정할 수 있으며 물체의 회전, 형태의 시각화, 기하학적 사물을 조작하는 능력이다.
6. 수 (number)	계산이나 수학적 문제해결 검사로 측정할 수 있으며 빨리 계산하거나 수학적 이해능력이다.
7. 지각 속도 (perceptual speed)	그림 속의 작은 차이점들을 인식하는 과제로 측정할 수 있으며 인지 속도로 글, 숫자, 상징 부호를 신속하게 인지하는 능력이다.

2.5. 길포드(Guiford)의 지능구조모형

길포드는 지능에 대한 초기 모형에서 종래의 1차원적 일반지능
이론을 비판하고 지능을 위계모형론의 관점에서 설명했다. 그는 지
능을 기억력(memory)과 사고력(thinking)으로 분류하였다. 사고력을
다시 인지적 사고력(cognition thinking), 생산적 사고력(production
thinking), 평가적 사고력(evaluation thinking) 등으로 나누었으며 생
산적 사고력을 확산적 사고력과 수렴적 사고력으로 구분하였다.

그는 써스톤의 다요인론 관점으로부터 영향을 받아 [그림 4-5]와
같이 다면적 구조모형을 수립하였다. 그는 지능에는 내용(content) 측
면, 정신작용(operation) 측면, 결과(product) 측면이 존재하며 내용
측면은 다시 네 개로, 정신작용 측면은 다섯 개로, 결과 측면은 여섯
개로 분할하여 120(4x5x6)개의 세분화된 지능구조모형을 제안했다.

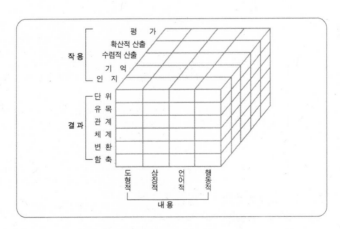

참고문헌 : 지능과 창의성의 프레임, 이신동 외 공저, 양서원

[그림 4-5] 길포드의 초기 지능구조모형(SOI : Structure Of Intellect model)

길포드는 인지과제를 수행하는 것은 본질적으로 하나의 결과를 얻기 위한 어떤 특수한 내용에 대한 정신적 작용을 의미한다고 주장했다.

(1) 내용

길포드는 내용을 유기체가 식별할 수 있는 정보의 광범위한 집합이나 형태로 정의했다. 그는 내용의 범주를 도형적, 상징적(의미를 갖지 않는 문자나 숫자), 언어적, 행동적(인식과 태도, 요구, 분위기, 사고, 감정, 의도에 대한 인간의 상호 행동 상태를 포함) 내용으로 개념화했다. 그는 자신의 추후 모델에서 도형적 내용을 시각적과 청각적 내용으로 확장시켰다.

(2) 작용

길포드는 지능의 작용 측면을 인지 작용, 기억 작용, 수렴적 산출, 확산적 산출, 평가 작용으로 구분했다. 인지 작용은 운동감각적, 시각적 또는 청각적 형태의 다양한 정보를 발견하고 지각하는 것을 뜻한다. 기억작용은 상기 또는 회상이 요구될 때 유용하게 사용할 수 있는 정보를 저장하거나 보유하는 것을 말한다. 길포드는 추후의 지능모델에서 기억을 기억부호화와 기억보존으로 세분했다. 이전 모델의 기억은 기억부호화 능력으로 바뀌었고 여기에 기억보존 능력이 추가된 것이다. 수렴적 산출은 하나의 옳은 답에 집중해야 하는 일련의 능력들을 말한다. 확산적 산출은 창의력, 문제해결력, 계획 등에 관한 연구를 반영하는 지능요인으로서 종래의 지능 이론에서는 간과되었던 요인이다. 평가 작용은 의사결정을 수행하거나 이해된 자료에 대한 판단준거를 세우는 것을 말하는 것으로 확산적 사고와 함께 기존의 전통적인 지능검사에서 간과된 능력이다.

(3) 결과

내용 정보를 조직화한 것이 인지과정의 산출물이다. 결과는 내용에 작용하여 산출되는 지식 또는 정보의 형태를 말한다. 결과의 범주는 단위, 유목, 관계, 체계, 변환, 함축 등이다. 단위(unit)는 다른 것으로부터 분리되어 나타나는 지식 또는 정보를 나타내며 예를 들어 근면, 성실, 가치 등과 같은 명사의 낱말을 뜻한다. 유목(분류, class) 결과는 공통적인 성질을 모아서 분류시킨 집합 개념으로서 예를 들어 '장미, 개나리, 국화는 꽃이다.'가 있다. 관계(relation) 결과는 둘 이상의 정보나 지식 사이의 상호관련을 인지하는 것으로 유추, 수열, 도형 계열의 경향성을 보이는 것이다. 예를 들어서 'A가 커지면 B도 커진다.'가 여기에 속한다.

체계(system) 결과는 상호 관련되거나 상호작용하는 여러 부분의 복합적인 조직, 지식 항목들의 조직적 및 체계적 집합과 결합을 뜻하며 예로서 방정식과 수학 문제 등이 있다. 변환(transformation) 결과는 지식이나 정보를 다른 형태 또는 다른 상태로 변형, 재구조화, 재표현하는 것을 뜻한다. 함축(implication)은 주어진 정보 또는 존재하는 지식에서 함축적으로 기대되고 도출되며 예견되는 것을 말하는데 예로서 '콩밥 먹으러 갔다.'는 '교도소에 수감되었다.'를 함축하는 말이다.

길포드의 SOI모형은 여러 가지 장점을 가지고 있지만 심각한 비판의 대상이 되기도 한다. 첫째로 실제로 인간 능력에 이렇게 다양한 요인이 존재하는가에 대해 의문을 갖는다. 써스톤의 지능이론에서 7개로 확인된 인간 정신능력이 이렇게 많은 요인으로 확대된 것이 실제로 인간의 정신능력의 복잡성을 제대로 나타낸 것인지 알 수 없다는 것이다. 또한 각각의 정신요인이 실제로 독립하여 존재한다는 뚜렷한 근거도 발견할 수 없다. 둘째로 인간의 정신능력 요인 추출방법이 객관적인가하는 의문이다. SOI 모형은 길포도의 주관적인 판단의 기초에서 제시된 요인이기 때문에 객관적으로 받아들이기 어렵다는 주장이 제기되어 왔다.

그러나 길포드의 SOI 모형은 인간의 다양한 정신능력 요인들을 제시했을 뿐만 아니라 많은 지능이론 발전에도 공헌했다. 창의력을 지능의 요인으로 포함시켜서 지능검사 제작 영역을 확대시켰고 다양한 정신능력 요인들을 제시함으로써 특정한 직업과 관계되는 직업적성을 측정하는 도구 개발에 기여했다. 지능의 개념을 확산적 산출과 행동적 내용까지 포함시킴으로써 지능의 개념을 확장·발전시켰다.

2.6. 카텔(Cattell)의 유동적·결정적 지능

카텔은 요인분석기법을 통해 지능의 구성요인으로 유동적 지능(fluid intelligence)과 결정적 지능(crystallized intelligence)을 추출했다. 유동적 지능은 개인이 이전에 전혀 경험하지 못한 문제를 해결하기 위해 응용될 수 있는 일반적인 정신능력을 말한다. 결정적 지능은 특수한 분야에서 습득한 지각 기술의 관련성의 총합으로서 교육, 경험, 환경, 문화 등을 통해 습득되는 능력이다. 카텔의 유동적-

결정적 지능이론은 그의 제자인 혼(Horn)에 의해 보완되었다.

(1) 유동적 지능

혼은 유동적 지능의 기초로 앤러지 기능(anlage function)이란 용어를 사용하고 있는데 이 기능은 인간을 활동할 수 있게 하는 가장 기본적인 생리적 기능으로서 지각, 파지, 표현의 신체적 능력을 말한다. 앤러지 기능의 개인차는 유전으로 결정되지만 대뇌손상에 의해서도 영향을 받는다고 한다. 혼은 유동적 지능에 인지 속도, 주의, 집중력, 신중함 등의 능력을 포함시켰으며 이 지능은 상징적, 도형적 과제인 비언어적, 탈문화적 정신능력에서 잘 드러난다고 했다. 유동적 지능은 유전적 요인에 의해서 형성되는 지적 능력으로서 신체발달 및 뇌신경의 성장과 발달에 비례한다고 한다.

(2) 결정적 지능

결정적 지능은 문화를 가장 잘 나타내 주는 가치이며 그 문화를 유지하는데 필수적인 능력의 총체이고 가정, 학교, 사회, 환경의 질의 영향을 받는다. 따라서 결정적 지능은 넓은 지식, 세련된 교양, 경험, 문화 등으로부터 전수된 지능으로 볼 수 있으며 연령, 교육수준과 정적 상관관계를 갖는다. 결정적 지능은 이미 획득한 지식과 일반 이해를 조작하는 능력으로서 추리력과 관련 추출을 요구하는 과제를 통해 측정할 수 있다. 성인기 이후에 지능이 쇠퇴하는 현상은 주로 속도 요인에 기인한다고 보기 때문에 결정적 지능 검사는 시간제한이 없는 역량검사가 보다 적절하다.

(3) 유동적 지능과 결정적 지능의 관계

카텔과 혼은 아동기와 청소년기의 유동적 지능의 획득이 결정적 지능발달에 필요조건은 되지만 충분조건은 되지 못한다고 가정했다. 즉, 결정적 지능은 사회화와 문화 학습의 결과가 노출된 것일 뿐만 아니라 유동적 지능이 필요조건이라는 것이다. 따라서 결정적 지능이 높기 위해서는 유동적 지능이 높아야 하는 것이다.

아동기에는 유동적 지능과 결정적 지능의 상관이 .50~.60이지만 성인기가 되면서 이들 간의 상관관계는 감소하는 경향이 있다고 한다. 아동기에는 유동적 지능의 획득이 결정적 지능을 발달시키는 필수조건이 된다. 그러나 성인기에 접어들어 연령이 증가하면서 생리적인 능력이 감퇴하여 유동적 지능은 감퇴하지만 경험의 증가로 결정적 지능은 증가하는 현상이 발생한다. 카텔은 이러한 현상을 투자이론(investment theory)라고 명명했다.

3. 성공지능

3.1. 성공지능의 개념

성공지능(successful intelligence) 이론은 학교 교육과정에서 학습능력과 관련된 전통적 지능 개념이 비활성 지능이라고 비판하면서 그동안 IQ에서 제외되었던 창의적 영역과 실천적 영역을 지능에 포함 확대하여 완성한 이론이다. 성공지능 이론에서는 개인의 삶의 기준,

사회문화적 맥락 속에서 성공을 얻어낼 수 있는 능력을 취급한다.

성공지능은 스턴버그(Sternberg)가 처음으로 사용한 용어로서 그의 삼원지능이론을 발전시킨 것이다. 성공지능은 자신이 정의한 성공기준에 따라 자신의 사회문화적 상황 속에서 자신의 강점을 활용하고 약점을 수정·보완하여 인생에서 성공을 거두는 능력을 의미한다. 이를 위해서는 환경을 선택·적응·조성하고, 분석적 능력, 창의적 능력, 실용적 능력을 조합하여 사용해야 한다.

성공지능이론의 관점은 오늘날 학교, 대학교, 직장 등에서 절실히 요구되는 새로운 지능관이다. 이러한 새로운 지능관은 IQ가 낮은 사람들의 부정적인 자기충족예언을 예방하고 일부 지능검사를 맹신하는 사람들의 태도를 일소시키며 광범위하게 실생활에 응용할 수 있을 뿐만 아니라 분석적, 창의적, 실용적 측면에서 풍성한 결실을 가져다 줄 수 있을 것이다.

3.2. 성공지능의 구성요소

스턴버그는 삼원지능이론의 구성요소인 요소 하위요인, 경험 하위요인, 맥락 하위요인을 각각 분석적 지능, 창의적 지능, 실용적 지능으로 발전시켰다.

(1) 분석적 지능

분석적 지능은 개인의 삶에서 유용한 선택사항을 분석하고 평가하는 데 요구되는 능력으로서 개인의 분석력, 논리력, 추리력 정도를 의미한다. 이 지능은 종래 지능검사가 측정해 온 g요인과 가장 크게 관련되는 것으로 학업 적성 또는 IQ 개념과 가장 유사하다. 실생활에서의 문제해결에 별로 도움이 되지 않는 비활성 지능이며 인생에서 성공을 거두는 데에는 창의적 지능과 실용적 지능이 더 크게 기여한다.

(2) 창의적 지능

창의적 지능은 개인의 창의적 사고력의 우수성 정도를 나타내는 것으로서 우선적으로 문제를 해결하는 데 요구되는 능력이다. 스턴버그는 이 능력이 종래의 IQ와 최소한 어느 정도 구분되는 능력이며 어느 정도 영역-특수적인 것으로 간주한다. 즉, 한 영역에서의 창의성이 다른 영역에서의 창의성을 암시하지는 않는다는 것이다. 창의적 지능은 문제해결 과정에서의 지적인 측면과 정의적인 측면의 활동을 가능하게 한다. 지적인 측면의 활동은 문제의 재정의, 가치 있는 문제를 해결할 수 있다는 확신, 자신의 아이디어를 설득하는 활동 등을 포함한다. 정의적 측면의 활동은 자기효능감 획득, 인내를 통한 장애 극복, 모호함을 견디고 지속적인 성장 추구, 자신과 자신의 일에 대한 관점 계발 등의 활동을 포함한다.

(3) 실용적 지능

실용적 지능은 개인이 일상생활에서 발휘하는 적응력 정도를 나타내는 것으로서 문제해결안을 실행하여 효과적인 것으로 만드는 데 요구되는 능력이다. 이 지능은 환경 이해를 통해 획득한 지식을 자신의 목표를 달성하는 데 활용하고 실세계 맥락에 적용하는 능력이다. 실용적 지능이 높은 사람은 암묵적 지식, 즉 타인의 도움 없이 스스로 획득하는 지식을 습득하여 실제 생활에 적용한다.

3.3. 분석적 지능, 창의적 지능, 실용적 지능의 관계 모형

성공지능은 분석적, 창의적, 실용적 지능이라는 세 측면이 균형을
이룰 때 가장 효과적이다. 성공지능이 높은 사람은 단지 능력을 가
지고 있는 것만이 아니라 그 능력을 적절히 활용하는 시기와 방법을
항상 생각한다. 성공지능은 학교에서나 직장에서나 자신의 장점을
최대한 활용하고 단점은 보완하면서 자기의 능력을 최대한 발휘하
므로 이러한 일련의 과정을 통해 자연스럽게 분석적, 창의적, 실용
적 지능을 골고루 사용하게 된다. [그림 4-6]은 스턴버그의 성공지능
관계 모형을 나타낸다.

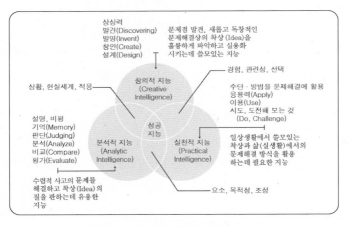

[그림 4-6] 스턴버그의 성공지능 관계모형

3.4. 성공지능 향상 전략

지능은 유전과 환경의 영향을 동시에 받는다. 스턴버그는 성공지능 개념은 종래의 지능 개념에서 유전이 크게 강조되는 점과는 대조적으로 유전과 환경 간의 상호작용성을 강조한다. 지능은 변화 가능하다. 개인의 지능은 하나의 수치로 고정되어 평생 그대로 남는 것이 아니다. 지능은 증가할 수 있고 감소할 수도 있다. 성공지능은 개인의 노력으로 얼마든지 능력을 향상시킬 수 있는 것이다.

(1) 분석적 사고 향상 전략

분석적 사고 향상 전력으로는 다음과 같은 사항이 있다.

- 문제 확인하기 : 문제가 있다는 것을 인지하고 무엇이 문제인지 정의하는 것이 필요하다. 문제를 정의하는 능력은 학업적인 상황뿐만 아니라 일상적인 상황에서도 중요하다.
- 자원 배분하기 : 모든 과제는 그 프로젝트를 해결할 때 사용할 수 있는 자원이 제한적이므로 시간, 노력, 기타 자원들을 어떻게 배분할 것인가를 결정한다.
- 정보표상과 조직화하기 : 다른 사람들이 이해할 수 있는 방법으로 정보를 표현하고 조직화해야 한다. 전문가는 정보를 표현하고 조직화하기 위해 문제해결의 초기 단계에 많은 시간을 배분하고 후반부에는 비교적 짧은 시간을 사용한다.
- 전략 세우기 : 비효율적인 문제해결 순서는 시간과 노력을 낭비하므로 문제해결을 위한 적절한 전략을 세워야 한다.
- 문제해결 전략 점검하기 : 문제를 해결하는 과정에서 이미 해결

한 문제를 되돌아보고 자신이 어떻게 문제를 해결하는가를 이해하며 문제를 해결하기 위해 무엇을 해결해야 하는지 확인한다.

- 해결책 평가하기 : 문제해결에 대한 비판적인 분석이 포함되어야 하고 피드백에 대한 민감성과 피드백을 행동으로 옮길 수 있는 능력이 요구된다.

(2) 창의적 사고 향상 전략

창의적 사고 향상 전력으로는 다음과 같은 사항이 있다.

- 문제 재정의 하기 : 문제를 인지하고 문제의 해결책을 찾는 과정이다.
- if에 대한 질문과 분석 : 스스로 가정을 질문하고 다른 사람들에게 이 가정을 질문하도록 유도한다.
- 창의적인 아이디어 설득하기
- 아이디어 고안하기
- 지식의 두 가지 측면 인지하기 : 기본 지식 없이는 창의적으로 될 수 없지만 반면에 지식 그 자체가 사고를 제한할 수 있다.
- 장애 확인하고 극복하기 : 많은 저항에 부딪힐 때 쉽게 포기하지 않는다. 창의적 사고의 가치는 쉽게 드러나지 않으며 일반대중에게 인정받기까지는 많은 시간이 필요하다.
- 적절한 위험 감수하기
- 모호성 견디기
- 자기 효능감 확립하기 : 자신이 하고 있는 작업의 중요성을 믿는 것이 중요하다.

- 진정한 흥미 갖기
- 만족 지연시키기
- 창의성 보여주기

(3) 실용적 사고 향상 전략

실용적 사고 향상 전력으로는 다음과 같은 사항이 있다.

- 동기부여 하기
- 충동 조절하기
- 인내력과 인내력을 통제할 능력 갖기
- 적절한 능력 사용하기
- 계획에 따라 행동하기
- 결과물을 산출하기 위한 방향 설정하기
- 과제 완수하기
- 전념하기
- 위험 감수하기
- 뒤로 미루지 않기
- 책임져야 되는 것과 그렇지 않은 것을 구분하기 : 비난이나 책임에 대한 잘못된 귀인은 개인의 지적 자아실현을 심각하게 방해하고 자기증진의 기회를 차단한다.
- 자기 동정 다루기
- 독립하기
- 개인적인 문제 다루기 : 개인적인 문제에 빠지지 않고 이런 문제가 일의 능률을 떨어뜨리지 않도록 주의하는 것이 중요하다.

- 집중하기
- 자신에 대한 과소-과대평가 하지 않고 합리적으로 일 처리
- 우선권 부여하기
- 분석적, 창의적, 실제적 사고 기술의 균형 유지하기
- 자기신뢰 발달시키기

4. 다중지능

4.1. 다중지능의 개념

가드너(Gardner)는 언어능력과 수학능력 중심의 전통적인 지능에 관한 개념을 바탕으로 지능을 측정하는 것은 인간의 인지능력만을 강조하는 것이라고 말했다. 이러한 종류의 측정은 우리가 살아가는 현실에서 요구되며 가치 있게 여겨지는 인간의 다양한 능력을 평가하는 데 무리가 있다고 주장하면서 다중지능이론 개념을 제시했다.

다중지능은 3가지의 광범위한 범주에서 개념화되었다. 첫째 범주는 '대상 관련' 지능으로서 이는 개인이 처한 환경이라는 대상에 의해 조정되고 통제된다. 여기에 속한 지능으로는 시각-공간 지능, 논리-수학지능, 운동지능, 자연탐구지능이 있다. 둘째 범주는 물리적인 대상에 의해 조정되지 않는 '대상과 관계없는' 지능이다. 여기에 해당하는 지능으로는 언어지능과 음악지능이 있다. 셋째 범주는 '사람 관련' 지능으로 사회와 균형을 맞추는 강력한 도구로서 작용하는 개인내적지능, 대인관계지능 등이 있다.

4.2. 다중지능의 구성요소

가드너(Gardner)는 다중지능의 구성요소를 언어지능, 논리-수학지능, 시각-공간지능, 신체-운동지능, 음악지능, 대인관계지능, 개인내적지능, 자연탐구지능 등의 8개로 제안했다.

(1) 언어지능

언어지능은 말로 표현하는 능력이나 글을 쓰는 능력과 관련이 있으며 단어의 의미나 소리, 리듬에 대한 감수성, 언어기능에 대한 민감성 등에 대한 높은 능력을 의미한다. 이 지능이 높은 사람은 언어와 글을 통해 잘 학습하고 읽기, 말하기, 쓰기를 즐기며 게임, 퍼즐, 그리고 창의적인 활동을 할 때에도 언어를 사용하는 것을 즐긴다. 이러한 언어지능이 뛰어난 사람들로는 작가, 시인, 저널리스트, 연설가, 뉴스진행자, 통역사 등이 있다.

(2) 논리-수학지능

논리-수학지능은 숫자를 효과적으로 사용하며 추론에 우수하고 문제를 해결하는 과정에서 근거와 원리를 잘 발견하는 능력을 의미한다. 이 지능이 높은 사람들은 계산과 정량화, 명제와 가설을 생각하고 복잡한 수학적 기능을 수행하는 데 우월하며 문제해결, 실험, 논리적 게임, 퍼즐과 같은 논리적 혹은 수학적 활동들을 통한 학습능력이 우수하다. 그들은 숫자와 패턴을 사용하는 것을 즐긴다. 이러한 논리-수학지능이 뛰어난 사람들로는 과학자, 회계사, 컴퓨터 공학자, 법학자, 엔지니어, 통계전문가 등이 있다.

(3) 시각-공간지능

시각-공간지능은 시각적 또는 공간적 세계를 정확하게 지각하고 이런 지각력을 변형시키고 아이디어를 시각화하거나 그림으로 나타내는 능력을 의미한다. 이 지능은 서로 관련된 여러 가지 기술을 포함하는데 개인의 내부 또는 외부에 존재하는 이미지의 복제, 이미지 조작, 공간추론, 사고의 이미지화, 시각적 식별 능력, 인지 능력 및 투영하는 기술들이 포함된다. 이 지능이 높은 사람들은 공간적 매체를 통해 쉽게 이해하며 학습한다. 또한 이들은 시각적으로 학습하고 의사소통하는 것을 즐기며 퍼즐, 지도, 디자인, 3D모형, 그래픽 만들기를 좋아한다. 이러한 시각-공간지능이 뛰어난 사람들로는 미술가, 사진작가, 건축가, 디자이너, 미술비평가, 조종사, 항해사 등이 있다.

(4) 신체-운동지능

신체-운동지능은 완벽한 신체적인 수행을 위해 몸과 마음을 결합하는 능력을 의미한다. 문제해결을 위해 신체 전부나 손과 같은 일부분을 사용하는 능력이다. 신체-운동지능이 높은 사람은 자신의 생각이나 느낌을 머리보다는 몸 전체로 표현하고 손을 사용하여 사물을 만들어 내고 변형시키는 데 우수하다. 이런 사람들은 춤, 만들기, 마임, 운동 등과 같이 신체를 사용하거나 움직임을 포함한 활동을 통해 가장 잘 학습한다. 이 지능이 뛰어난 사람들로는 운동선수, 무용수, 외과의사, 공예가, 조각가 등이 있다.

(5) 음악지능

음악지능은 음의 리듬, 음높이, 음색에 대해 민감한 능력과 음악에 대한 전반적이고 직관적인 이해와 함께 분석적이고 기능적인 능력을 의미한다. 음악지능이 높은 사람은 자신의 생각이나 느낌을 창의적인 멜로디나 리듬으로 표현하고 악기 소리에 민감하여 그 소리에 대한 특징을 쉽게 간파하며 악기 연주를 다른 사람에 비해 수월하게 배우는 능력이 우수하다. 또한 이런 사람들은 리듬과 멜로디, 두드리기, 노래와 음악을 듣는 것 등을 활용한 학습에 탁월성을 보인다. 이 지능이 뛰어난 사람들로는 가수, 연주자, 음향기사, 악기제작자, 지휘자, 성악가 등이 있다.

(6) 대인관계지능

대인관계지능은 타인을 이해하고 타인과 효과적인 상호작용을 하는 능력을 의미한다. 대인관계지능이 높은 사람은 타인의 감정, 정서 및 기분, 의도, 동기 등을 잘 이해하고 집단의 사람들이 자신을 잘 따르도록 이끄는 능력, 다른 사람들을 잘 이해하고 대인관계의 문제에 대해 잘 해결할 수 있는 능력을 갖춰 여러 사람과 일할 수 있는 능력이 우수하다. 또한 이런 사람들은 다른 사람들과의 상호작용을 통해 잘 학습하고 협동학습 활동을 선호한다. 사회적·정치적 이슈에 대한 다양한 견해를 고려한다. 이러한 대인관계지능이 뛰어난 사람들로는 교사, 카운슬러, 관리자, 정치인, 사회사업가 등이 있다.

(7) 개인내적지능

개인내적지능은 자신에 대한 정확한 지각과 자신의 인생을 조절하는 지식을 사용할 수 있는 능력을 의미한다. 개인내적지능이 높은 사람은 자기 자신을 잘 관리하고, 자신의 강점 및 약점에 대해 잘 파악하고 있으며 자신의 감정에 충실하다. 또한 자아존중감이 높으며 자신의 사고를 평가하고 타인과의 관계에서 자신을 이해하고 사고와 추리능력이 우수하다. 이들은 자신에 대한 이해가 높고 독립적, 자기성찰적, 초인지적 과제를 수행하는 것을 즐기며 자신만의 목표를 정해 자신에 맞는 속도로 작업하는 것을 선호한다. 개인내적지능이 우수한 사람들은 철학적인 사고를 즐기고 다른 사람들과 어울리기보다는 혼자만의 시간을 즐기며 이 시간을 의미 있고 중요하게 생각하는 경향을 보인다. 이러한 개인내적지능이 뛰어난 사람들로는 신학자, 심리학자, 철학자 등이 있다.

(8) 자연탐구지능

가드너는 자연탐구지능을 논리-수학 지능 및 시각-공간지능의 일부로 다루었다. 그러나 그가 제안한 지능을 확인하는 준거에 기초할 때 자연탐구지능도 별개의 지능으로 인정받을 필요가 있다고 판단했다. 자연탐구지능은 자연의 패턴을 관찰하여 대상을 정의하고 분류하며 자연과 인공적인 체계를 이해하는 능력을 의미한다. 자연탐구지능이 높은 사람은 환경과 자연의 패턴에 대한 이해가 높다. 이런 사람들은 자연과 환경적 소재나 개념과 관련있는 실외 활동을 통해 학습하는 것에 우수하다. 이 능력이 뛰어난 사람들로는 수의사, 정원사, 원예사, 동물학자 등이 있다.

5. 정서지능

5.1. 정서지능의 개념

1980년대 후반에 심리학자, 진화생물학자, 정신의학자, 컴퓨터 과학자들은 인간이 지닌 역량 중에서 상당 부분이 정서를 판별하고 이해하는 것과 관련되어 있음을 발견했다. 1990년도에 살로베이(Salovey)와 메이어(Mayer)는 정서지능(emotional intelligence : EI)을 개념화시켰다. 정서지능은 정서를 감지하고 통제하며 평가하는 능력을 의미하는데 이는 정서에 대한 지각, 동화, 표현, 조절, 관리 등과 연관이 있다.

살로베이와 메이어의 정서지능에 대한 정의는 다음과 같다.

① 정서를 정확하게 지각하고 평가하며 표현하는 능력
② 정서에 접근하고 사고를 촉진시키는 능력
③ 정서와 정서적 지식을 이해하는 능력
④ 정서적 그리고 지적 발달을 촉진하기 위해 정서를 반영적으로 조절하는 능력

메이어와 그의 동료들은 정서지능의 개념을 능력모형과 혼합모형으로 구분하였다. 능력모형은 정서지능을 정서적 정보를 지각하고 이해하는 지적 능력으로 간주하는 보다 제한적인 입장이다. 혼합모형은 정서지능이 한 개인의 성향이나 동기화와 같은 IQ로 측정될 수 없는 성공과 관련된 거의 모든 것을 포함한다는 포괄적인 관점이며 정서기능을 다른 재능이나 성격특성들과 결합시킨 정의에 기반하고 있다.

5.2. 능력모형의 정서지능

살로베이와 메이어는 정서지능을 자신과 타인의 정서를 지각하고 표현하는 능력, 자신과 타인의 정서를 조절하는 능력, 정서를 활용하는 능력 등의 3가지 구성 영역과 각 영역의 하위에 위치하는 10가지 요소들로 구분했다. 이후 그들은 정서지능을 지능으로 볼 수 있는지가 불분명하다는 논란이 제기되자 지능의 개념을 보다 강조하여 새로운 모형을 제시했다. 이 새로운 모형에서는 4가지 영역들과 4가지 수준 및 하위요소들을 제시했다.

(1) 영역 1 : 정서의 지각, 평가 및 표현

영역 1은 가장 하위 수준으로 개인이 자신과 타인의 정서를 얼마나 정확히 지각하고 평가하며 표현하는가에 관한 것이다. 정서를 잘 지각하는 것은 언어적인 방법뿐만 아니라 표정, 신체감각, 몸짓, 목소리, 음악, 미술 등의 비언어적인 방법들을 통해서도 이루어진다. 그러므로 자신과 타인의 정서를 우수하게 지각, 평가, 표현한다는 것은 감정이입을 통해 이타적인 행동을 촉진시키고 타인에게 정확하게 반응하도록 돕는다. 이 영역은 대인관계에 영향을 주어 사회적으로 보다 잘 적응하게 한다.

(2) 영역 2 : 정서에 대한 접근과 사고의 촉진

영역 2는 정서가 사고에 미치는 영향을 말한다. 다양한 개인의 기분과 정서가 인지적인 처리과정과 인지능력 작용에 영향을 줄 수 있다. 이 영역은 정서정보를 이용하는 사고의 우선순위를 정하고 정서를 이용하여 판단과 기억을 하고 정서를 이용하여 다양한 관점을 획득하며 정서를 이용하여 문제해결을 촉진하는 등의 네 가지 요인을 포함하고 있다.

첫째 요인인 정서정보를 이용하여 사고의 우선순위를 정한다. 예를 들어 인간은 태어나면서부터 자신에게 일어나는 갈등을 해결하기 위한 방법의 하나로 울음이라는 신호를 보낸다. 둘째 요인인 정서를 이용한 판단과 기억을 하는 것은 의도적으로 유도한 정서가 인지적 작용을 촉진한다. 예를 들어 과거에 실패했던 경험이 있는 사람은 그 시절의 좋지 않은 기억을 의도적으로 떠올리며 성공을 위한 노력에 매진할 수 있다.

셋째 요인인 정서를 이용하여 다양한 관점을 획득하는 것은 기분전환을 통해 고정관념에서 벗어나 정서에 대한 다양한 관점을 이해하는 것을 의미한다. 예를 들어 부정적인 기분을 긍정적인 기분으로 전환시키면 앞으로 좋은 일들이 벌어질 것이라고 믿게 되는 것이다. 넷째 요인인 정서를 이용하여 문제해결을 촉진하는 것은 자신에게 주어진 문제를 해결하는 데 있어 가장 적절한 정서를 이끌어 내어 이를 잘 활용하는 것을 의미한다. 문제 상황에 처한 개인은 정서를 이용하여 다양한 시각을 획득하고 긍정적인 정서에서는 보다 창조적인 사고를 도출해 낼 수 있다.

(3) 영역 3 : 정서와 정서적 지식에 대한 이해

영역 3은 정서와 정서적 지식을 이해하고 이를 활용하는 능력과 연관이 있다. 이 영역은 미묘한 정서 간의 관계를 이해하고 정서 속에 담긴 의미를 해석하며 복잡하고 복합적인 감정을 이해하고 정서들 간의 전환을 이해하는 네 가지 요인을 포함하고 있다.

첫째 요인인 미묘한 정서 간의 관계를 이해하는 것은 개인이 성장함에 따라 정서를 지각하게 되고 그 정서를 명명할 수 있게 되며 다양한 정서의 공통점과 차이점을 인식하는 것을 뜻한다. 예를 들어 분노와 관련된 정서로는 격분, 귀찮음, 짜증이 있음을 알게 되는 것이다. 둘째 요인인 정서 속에 담긴 의미를 해석하는 것은 정서의 원인과 결과를 파악하는 능력이다. 셋째 요인은 복잡하고 복합적인 감정을 이해하는 능력이다. 예를 들어 사랑하는 감정과 증오하는 감정을 동시에 느낄 때 이러한 복합적인 감정을 이해할 수 있는 능력을 의미한다. 넷째 요인은 정서들 간의 전환을 이해하고 추론하는 것으로 분노라는 감정이 만족감으로 전환되거나 질투가 확대되어 증오가 될 수 있는 것을 인식하는 능력이다. 자신이 인식하는 정서가 일정 시간이 경과한 후에 어떤 정서로 전환할 것인지를 추론하여 긍정적인 결과로 마무리 지어야 한다.

(4) 영역 4 : 정서적, 지적 발달 촉진을 위한 반영적 정서 조절

영역 4는 가장 상위 범주에 해당하며 지적 성장을 위한 정서적인 반영적 메타 조절 능력이라고 할 수 있다. 이 영역은 네 요인을 포함하고 있다. 첫째 요인인 정적·부적 정서들을 모두 수용하는 것은 정서가 긍정적인지 부정적인지에 관계없이 정서를 받아들이고 표현하며 필요에 따라 억제할 수 있는 능력이다. 둘째 요인은 자신의 정서에 초연하고 반영적인 시각에서 조망하는 능력이다. 자신의 정서를 표현해야 할 때와 그렇지 않아야 할 때를 정확하게 판단하여 행동한다면 보다 이성적인 행동을 이끌 수 있고 학습에 의해 자신의 감정과 행동을 분리할 수 있게 되어 보다 성숙한 자아로 발전시킬 수 있다.

셋째 요인은 자신과 타인의 관계 속에서 정서를 반영적으로 조망하는 것으로 자신의 정서 상태를 사회문화적인 기준에서 평가해 보고 자신의 정서가 타인에게 어떠한 영향을 미칠 것인지를 평가하는 능력을 의미한다. 넷째 요인은 자신과 타인의 정서를 조절하는 것으로 이는 가장 고차원적인 영역이다. 자신과 타인의 정서를 이해할 때에는 정서를 그대로 이해하는 것이 중요하며 정서의 이해를 통해 부정적인 정서는 완화시키고 긍정적인 정서는 증진시켜서 정서를 조절하는 것을 의미한다.

5.3. 혼합모형의 정서지능

혼합모형의 관점에서 본 정서지능은 다른 재능이나 성격특성들까지 포함하는 포괄적인 의미이다. 골먼(Goleman)은 정서와 연관된 능력으로 정의되었던 정서지능의 개념을 동기부여, 대인관계 등과 같은 성격특성과 혼합시켜 대중화시켰다. 그는 IQ 검사나 다른 검사들로는 설명되지 않는 성공과 관련된 다양한 양상의 약 80% 정도를 정서지능으로 설명할 수 있다고 주장했다.

골먼이 제시한 다섯 가지 하위요인으로는 자기인식, 자기조절, 동기부여, 감정이입, 대인관계 등이 있다. 첫 번째 하위요인인 자기인식은 자신의 감정을 인식하는 것을 나타낸다. 자신이 느끼는 정서를 빠르게 인식하고 감지하는 능력으로서 정서지능의 초석이 된다. 두 번째 하위요인인 자기조절은 인식된 자신의 정서를 적절하게 처리하고 변화시킬 수 있는 능력을 의미한다. 자신이 원하는 일이 근심, 불안, 두려움, 분노 등과 같은 부정적인 감정에 방해받지 않도록 자신의 감정이 균형을 이루도록 하는 능력이다.

세 번째 하위요인인 동기부여는 어려움을 인내하고 자신의 성취를 위해 노력할 수 있는 능력으로서 만족지연과 낙천주의를 의미한다. 네 번째 하위요인인 감정이입은 타인이 느끼는 정서를 자신의 정서처럼 공감하고 타인의 정서를 간파하는 능력을 의미한다. 자신의 감정상태를 최대한 편안한 상태로 조절하여 타인의 감정을 이해하는 것이다. 다섯 번째 하위요인인 대인관계는 자신이 인식한 타인의 정서에 맞게 자신의 정서를 적절하게 대처할 수 있는 능력이며 이에 맞는 정서표현을 수행하는 것을 뜻한다.

골먼의 정저지능에 대한 정의는 매우 광범위하여 IQ를 제외한 지능의 모든 요소를 정서지능과 연관 지어 설명하고 있다. 혼합모형 관점에서의 정서지능은 인간의 성격특성과 관련된 여러 가지 측면을 포함하고 있다는 점에서 가정, 학교, 사회에서의 성공을 예측해 줄 수 있는 변수로 많은 사람의 관심을 받게 되었다. 그러나 구성요소의 산출원리와 개념의 조작적 정의에 대한 설명이 명확하지 않고 정서지능과 성격특성을 구별할 수 있는 근거를 제시하지 못한다는 비판을 받아오고 있다.

문제해결

1. 평범한 사고와 창의적 사고

1.1. 평범한 사고의 인지적 요소

인간은 의식이 있는 상태에서는 무엇인가를 사고(thinking)한다. 사고라는 행위에는 여러 가지 동작이 포함되지만 그중 일부는 아래와 같다.

- 무엇인가를 기억하기
- 기억에 의존하여 목격한 사건을 상상하기
- 상상과 기억에 의존하여 어떤 일을 어떻게 실행할지 계획하기
- 상상에 의존하여 어떤 행동의 결과를 예측하기
- 상상과 판단에 의존하여 어떤 행동의 결과가 인정될 수 있을지 판단하기
- 상상과 판단에 의존하여 두 가지 대안 가운데 어떤 것을 택할지 결심하기
- 연역적 추리를 통해 일어난 사건들의 결론을 결정하기

- 특정한 경험의 집합 속에서 귀납적 추리를 통해 일반적인 패턴
  을 지각하기
- 언어적 메시지를 이해하기
- 두 진술이 서로 모순됨을 깨닫기
- 사진이나 도표를 해석하기
- 차가 고장이 나서 내일 회의에 어떻게 갈까에 관해 생각하는 경
  우 이 사고는 문제해결을 의미한다. 거기에는 계획을 짜고 구체
  적인 사건을 상상하는 일이 포함된다. 누군가 소득공제 신고서
  를 작성하고 있다면 그의 사고에는 읽기, 이해하기, 지시 따르
  기 등을 비롯하여 논리적으로 추리해서 결론을 끌어내기가 포
  함될 것이다.

1.2. 창의적 사고의 인지적 요소

창의적 사고는 평범한 사고로부터 크게 벗어나지 않는 인지적 요
소를 가지고 있다. 예를 들어서 창의성에서 논리적 추리, 즉 귀납과
연역 둘 다를 비롯해 기억이 중요하다. 그리고 잠재적인 오류를 예
측하고 수정하는 것을 포함한 계획(planning)이 포함된다. 언어적 정
보와 비언어적 정보를 이해하는 것도 요구된다.

이중나선과 <게르니카>는 둘 다 초기의 작업을 발판으로 했기 때
문에 당연히 창의자들의 기억에 의존했다. 이중나선의 발견에서는
왓슨과 크릭이 서로 다른 크기의 염기들이 지주 사이에 쉽게 들어맞
지 않는 것을 보고는 그들의 처음 모형에서 염기들이 바깥쪽에 있을
것이라고 결정했다. 그들은 프랭클린의 정보를 이용하여 두 개의 지

주가 포함될 것임을 추론할 수 있었다.

피카소가 <게르니카>에 관한 작업을 시작하면서 구성 스케치들을 사용했다는 것은 그가 계획을 했다는 증거로 해석할 수 있다. 이와 같이 창의적 사고에서도 기본적인 인지적 요소가 활용됨을 알 수 있다.

1.3. 평범한 사고와 창의적 사고의 특징

일반적으로 평범한 사고는 아래와 같은 특징을 가진다.

- 우리의 사고는 한 사고로부터 다른 사고로 이어지거나 다른 사고와 관계가 있는 구조(structure)를 가진다.
- 평범한 사고는 과거와의 연속성(continuity)을 가진다.
- 평범한 사고는 지식과 개념으로부터 출발하는 하향 처리(top-down processing)로 수행된다.
- 평범한 사고는 주위의 사건에 민감하게 영향을 받는다.

(1) 평범한 사고와 창의적 사고의 구조

'왜 그렇게 생각하느냐?'라는 질문을 통해 그 사고로 이어지는 경로나 흐름을 추적할 수 있는데 이러한 추적이 가능한 것은 평범한 사고가 여러 면에서 구조화되어 있기 때문이다. 우리의 사고는 때때로 우리가 겪은 과거 사건들에 관한 연상의 끈을 통해 연결되어 있다. 시간적으로 가깝게 발생한 사건들은 더욱 견고하게 연결된다. 홉스는 하나의 사고가 다른 하나의 사고로 이어지는 것은 그 사고에 해당하는 사건들이 함께 경험되기 때문이라고 주장한다.

한 사고가 다른 사고에 뒤따르는 경향은 이 둘 사이에 유사성 (similarity)이 있기 때문이다. 야구 경기장에 가 있을 때에 이전의 야구 경기들이 생각날 수 있는 것처럼 어떤 주위의 사건이 우리로 하여금 과거로부터의 유사한 사건을 상기시킬 수 있다. 유사성의 경우 우리는 시간과 공간을 가로질러 사건들 간을 연결한다.

창의적 사고에서도 유사성의 구조를 가지고 있다. 왓슨과 크릭이 DNA 구조 연구에서 폴링의 나선 관점을 채택한 부분적인 이유는 알파케라틴과 DNA 간의 유사한 관계 때문이었다. 둘 다 반복되는 단위로 구성된 커다란 유기분자인 것이다.

세상에는 어느 한 생각이 어디에서 왔다고 이야기할 수 없는 상황들이 존재한다. 무엇보다도 통찰의 도약이나 '아하!' 경험을 통해 문제를 해결할 때 우리는 그 생각이 어디에서 왔는지 이야기할 수 없게 된다.

(2) 과거와의 연속성

평범한 사고는 경험과의 연결고리가 강하다. 우리는 평범한 사고 활동 중에 끊임없이 과거를 참조하고 또 이용하고 있다. 요리하는 사람은 무슨 요리를 해야 할 지를 결정해야 하고 요리 재료를 생각해야 하며 맛을 내는 과거의 비법 등을 기억해내야 한다. 반복되는 요리가 비록 창의적 사고에 해당되지 않지만 과거에 의존하여 요리 계획을 수립해야 하는 것이다.

창의적 사고에서도 과거와의 연속성이 존재한다. 창의적 작업에서는 과거가 혁신을 위한 기반 역할을 하기 때문에 선례가 있어야 한다. 예를 들어 왓슨과 크릭이 폴링의 아이디어 중 몇 가지를 채택했다. <게르니카>에서도 고야의 <전쟁의 참상>을 비롯하여 피카소 자신의 <미노타우로마키>를 포함한 많은 선례와 연관성이 있다.

평범한 사고에서 우리는 우리가 아는 것을 훨씬 뛰어넘는 대단한 도약은 전혀 볼 수 없다. 창의적 사고에서도 과거에 대한 유사한 의존성이 보여야 한다. 창의적인 작품은 전에 이루어진 것을 넘어 점진적으로 이동한 결과로서 발달해야 한다.

창의적인 분야에서도 평범한 분야에서와 마찬가지로 학습 곡선이 존재한다. 자동차 정비공이 경험이 쌓일수록 수리에 능숙해지는 것처럼 창의적인 분야에서 일하는 사람들도 시간이 지나면서 그들이 하는 일에 능숙해지기 마련이다. 독창적인 아이디어를 개발하는 사람은 시간이 흐르면서 독창성이 더욱 발전한다. 그 사람은 시간이 흐름에 따라 더 많은 작품을 생산하고 독창성이 증가하는 작품을 만들어낸다.

(3) 상향 처리와 하향 처리

인간의 사고방식은 [그림 5-1]에서와 같이 크게 두 가지, 즉 상향 처리(bottom-up processing)와 하향 처리(top-down processing)로 구분된다. 상향처리에서는 사고의 대상을 주위 환경으로부터 얻는다. 예를 들어서 어떤 사람이 친숙한 얼굴을 맞이하는 자극을 받으면 그 사람은 상대방의 얼굴에 주의를 기울이게 됨에 따라 그 자극이 시각계를 거쳐서 이전 만남이 저장되어 있는 그 사람의 기억 부위에 도달한다. 이 시점에서 그 입력 정보는 기억 속의 어떤 기록과 일치하고 그 결과 그것이 인식됨과 동시에 그 사람은 '철수가 보인다.'와 같은 무엇인가를 입으로 말하게 된다. 상향 처리에서는 정보의 흐름이 도표의 바닥에서 출발하여 체계를 뚫고 '올라가서' 마침내 관련 정보가 발견되고 자극이 인식된다. 오늘 철수를 보고 있는 행위 역시 기억 안에 새로운 정보로 추가된다.

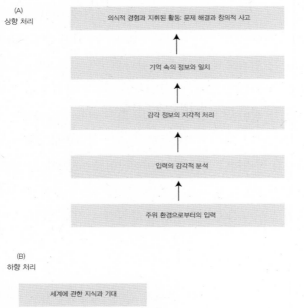

(A) 상향 처리

의식적 경험과 지휘된 활동: 문제 해결과 창의적 사고

↑

기억 속의 정보와 일치

↑

감각 정보의 지각적 처리

↑

입력의 감각적 분석

↑

주위 환경으로부터의 입력

(B) 하향 처리

세계에 관한 지식과 기대

↓

감각 정보의 지각적 처리 → 의식적 경험과 지휘된 활동: 문제 해결과 창의적 사고

↑

입력의 감각적 분석

↑

주위 환경으로부터의 입력

[그림 5-1] 상향 처리와 하향 처리

하향처리에서는 우리가 알고 있는 지식을 바탕으로 사고를 추진

한다. 우리가 어떤 서류를 어디에 두었는지 잊어버리면 그 서류를 두었을지도 모르는 곳은 물론 그것을 최근에 어디에 두었는지에 관한 지식을 바탕으로 주변을 탐색한다. 만일 우리가 어떤 서류를 어쨌는지 도무지 생각이 나지 않는 경우는 서류에 관한 지식이 없는 것과 마찬가지이며 이때에는 그 서류를 찾기 위해 마치 어린아이처럼 사방팔방을 뒤질 것이다. 이와 같이 지식을 바탕으로 각종 인지 기능을 처리하는 하향 처리를 개념주도적 처리라고도 부른다.

그러나 사람의 사고에서는 실제적으로 상향 처리 혹은 하향 처리만으로 진행되지 않는다. 우리가 상향 처리함에 있어서 이미 기억되어 있는 정보 혹은 지식이 언제든지 적극적인 역할을 하기 때문에 상향 흐름은 불완전하다. 외부로부터 입력된 하나의 사건을 인식하는 과정은 이미 기억 속에 저장되어서 이용 가능한 그 사건에 관한 정보에 의해 영향을 받는다. [그림 5-1]에서와 같이 상향 처리에서 체계의 꼭대기에 있는 정보가 이전의 정보 흐름을 뚫고 '내려가서' 그 과정에 영향을 미치기 때문에 하향 처리라 부를 수 있다. 이와 같이 인간의 사고방식은 상향과 하향의 협의로 이루어진다.

우리는 낯선 사건들보다 친숙한 사건들을 더 쉽게 처리할 수 있다. 우리는 어떤 상황에 대해 많이 알수록 그 상황에서 정보를 더 잘 얻을 수 있다. 우리는 우선 그 상황으로부터 더 많은 정보를 추출할 수 있을 뿐만 아니라 그 상황 안의 사건들에 더 효과적으로 주의를 기울여서 발생하는 일을 더 잘 추적할 수 있다. 많이 아는 사람은 나중에 그 상황으로부터 사건들을 회상하는 일도 더 잘할 수 있다. 그러므로 하향 처리는 정보에 주의를 기울이고 상황으로부터 정보를 추출하고 그 정보를 회상하는 데 있어서 어떤 역할을 하게 된다.

창의적 사고에서도 하향 처리가 중요하다. 이러한 증거로 효과적인 문제해결과 창의적 사고는 일반적으로 지식과 과거 경험에 깊이 의존한다는 증거가 있다. 이중나선의 발견에서는 DNA가 나선이라고 최초로 결정한 것이 뒤따르는 모든 작업을 지휘했다. 피카소의 <게르니케>에서도 그가 먼저 전체적인 구조를 선택한 다음에 세부 사항을 풀어갔을 것이다.

(4) 창의적 사고의 민감성

평범한 사고는 주위의 사건에 민감하다. 이러한 민감함은 종종 사고와 행동의 방향을 바꾸어 놓는다. 예를 들어서 우리의 자동차가 고장이 날 경우에 어떻게 회사에 출근할 수 있을 지를 궁리해야 한다. 이때 직장 동료가 같은 동네에 살고 있으면 그 사람의 차를 타고 출근하는 방법을 생각하게 된다. 외부 사건은 우리에게 우리가 사고하고 행동하는 방식을 바꿀 수 있는 정보를 제공할 수도 있다.

창의적 사고에서도 외부 사건에 민감하다. DNA 구조 발견에서 프랭클린의 연구 데이터는 왓슨과 크릭의 연구 방향을 결정하게 만들었다. 피카소의 사례에서는 마을의 폭격이 <게르니카>를 그리도록 자극했다.

2. 문제해결 개요

우리는 일상생활을 살면서 어려움을 느끼거나 장애를 만나게 되면 우선 문제(problem)가 발생했다고 생각한다. 문제에 대한 가장 기본적인 정의는 원하는 목표와는 다른 현재 상황 때문에 불편하고 답답하며 고통스러운 딜레마 또는 어려움을 의미하고 학문적으로는 기존 이론이나 현상과의 불일치, 모순 등을 뜻한다.

문제해결이란 문제해결자가 도달해야 하는 목표와 현재 상태의 차이를 인식하고 그 차이를 유발시키는 장애물을 해소시키는 활동이며 문제해결력은 이러한 차이를 신속하고 효과적으로 해소시킬 수 있는 지적이고 창의적인 능력이라고 정의할 수 있다. 사람들은 계획한 목표를 이루지 못하였거나 못할 것으로 생각될 때 또는 현재와 목표 간의 차이를 인식하게 될 때 문제가 있음을 지각한다.

메이어(Mayer)는 주어진 상황을 문제해결의 목표 상황으로 전환해 가는 인지과정을 문제해결이라고 정의했다. 문제가 일어났을 때 문제해결자는 목적을 달성하기 위한 확실한 방법이 없더라도 명확한 목표를 가져야 하며 문제의 주어진 상황, 목표, 허락할 수 있는 여건들을 고려하며 원하는 방향으로 상황을 전환하고 문제를 해결할 수 있는 방향으로 상황을 적용하고 계획해 가야 한다는 것이다.

판즈(Parnes)는 문제해결을 일상생활 속에서 장애나 어려움을 감지하여 그 문제에 관한 다양한 해결책을 선택하는 인지과정으로 보았다. 다양한 해결책을 끌어내기 위해서는 지적 요인의 유창성뿐만 아니라 문제해결 과정에서 직면하는 좌절이나 어려움을 끝까지 극복할 수 있는 동기적 요인이 필요하다고 주장했다.

[그림 5-2]는 문제해결 과정을 나타낸다. 현재 상황이 우리가 원하는 상황이 아닌데 좀 더 만족스러운 상황으로 바꿀 방법을 당장 알지 못할 때 우리는 문제를 가지고 있다고 말한다. 불만족스러운 상황은 문제 상태(problem state)라고 부른다. 이러한 문제 상태를 바꿔

서 우리가 가기를 원하는 상황을 목표 상태(goal state)라고 한다. 문제해결이라 함은 문제 상태를 목표 상태로 변형시키는 방법을 고안하는 것이다.

우리가 문제를 해결하기 위해 시도하는 활동을 조작자(operator) 혹은 조치(move)라고 한다. 조치나 조작자는 현재의 상황이나 상태를 다른 상태로 변화시킨다. 어떤 문제를 해결함에 있어 한 번의 조작자를 실행했는데 문제해결에 도달할 수 없다면 우리는 중간 상태(intermediate state)에 도달하게 된다. 따라서 대부분의 문제는 하나의 문제 상태, 하나의 목표 상태, 하나 이상의 중간 상태가 포함된다. 예를 들어서 누군가에게 전화를 걸려는데 전화번호를 모르는 경우에 '전화번호를 검색한다.'라는 조작자를 적용하면 현재 상태(전화번호를 모름)가 새로운 상태(전화번호를 앎)로 바뀐다. 모든 문제는 어떤 맥락 안에서 제기되는데 이러한 맥락을 과제 환경(task environment)이라고 한다.

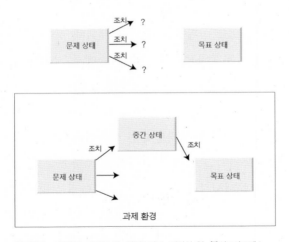

참고문헌 : 창의성, 로버트 W. 와이스버그, 김미선 역, ㈜시그마프레스

[그림 5-2] 문제해결 과정

뉴웰과 사이먼은 인간을 컴퓨터와 유사한 정보처리 시스템(information processing system)으로 간주하여 인간의 인지를 이해하는 데 컴퓨터 기능의 이해를 활용해야한다고 주장한다. 또한 그들은 창의적 사고는 문제해결과 연관이 있다고 말한다.

[그림 5-3]은 문제해결의 예로서 하노이의 탑 문제를 나타낸다.

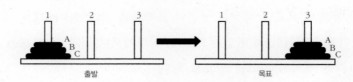

출발   목표

문제의 목표는 말뚝 1로부터 말뚝 3까지 세 개의 원반을 전부 옮겨서 C가 바닥에, B가 중간에, A가 꼭대기에 오도록 하는 것이다. 원반은 한 번에 한 장만 옮길 수 있고, 그 위에 다른 원반을 실어서는 안 되며, 작은 원반 위에 더 큰 원반을 얹어서도 안 된다.

참고문헌 : 창의성, 로버트 W. 와이스버그, 김미선 역, ㈜시그마프레스

[그림 5-3] 하노이의 탑 문제

어떤 문제를 해결하려면 우리는 문제 상태를 목표 상태로 바꾸는 일련의 조작자를 적용할 수 있어야 한다. 그러한 일련의 조작자들이 그 문제의 해답인 것이다. 하나의 조작자를 주어진 상황에 적용할 수 있으려면 제약(constraint)을 충족시켜야 한다. 예를 들어 하노이의 탑 문제에서 원반 세 개를 말뚝 1에서 말뚝 3으로 옮기려면 말뚝 1에서 A와 B를 다른 말뚝으로 옮겨놓을 수 있어야 한다. 어떤 문제 상황에서는 그 문제 상태에 조작을 직접 가하는 것을 방해하는 장애(obstacle)가 있을 수 있다. 예를 들어서 컴퓨터에 저장되어 있는 문서를 프린트하려는데 프린터의 잉크가 바닥나 있다는 것을 깨달을

때에 프린트 조작의 장애를 만나는 셈이다.

3. 문제해결과 창의적 사고

문제해결의 중요한 특징은 상황이 새로워야 할 뿐만 아니라 당사자가 문제를 목표로 바꾸는 일련의 조작자를 고안해야 한다는 점이다. 이전에 경험한 적이 없는 새로운 상황에서 우리가 그 문제를 해결하려면 창의적 사고를 필요로 한다.

문제해결에서 이루어지는 혁신은 그 정도에 따라 단계를 구성한다. 예를 들어서 우리가 두 자리 숫자 두 개를 곱하는 문제를 대하면 우리는 기본적인 산수 지식으로 그 문제를 쉽게 풀 수 있는데 이러한 단계는 가장 아래 단계의 창의적 사고에 해당한다. 만일 대수에 속하는 새로운 문제를 받는다면 이것은 새로운 방정식을 세워야하고 곱하기 예보다 더 많은 것을 요구할 것이므로 사고 혁신이 약간 더 수반된다. 만일 수학자가 어떤 종류의 문제를 풀기 위한 새로운 방법을 고안한다면 이것은 더욱 더 많은 혁신을 볼 수 있다. 대수를 발명하는 것은 우리가 배웠던 대수를 사용하여 새로운 문제를 푸는 것보다 더 혁신적인 것이다.

문제해결은 창의적 사고의 한 예이다. 예를 들어서 왓슨과 크릭은 당시에 X선 연구와 기타 조사로부터 그 분자에 관해 알려진 것과 모순되지 않는 DNA의 분자 구조를 고안하는 문제를 마주쳤다고 말할 수 있다. 다윈은 종의 진화 방식을 설명해내는 문제에 마주쳤던 것이다. 에디슨은 어둠을 밝히는 데 사용될 수 있는 전구를 개발하는 문제에 마주쳤다. 시인의 경우에도 사랑하는 연인과의 이별을 어떤 식으로 묘사해서 감동적인 시를 쓰려고 할 수 있을 것이다. 소설가 역시 인상적인 줄거리를 만들거나 그 줄거리에 맞으면서도 현실주의를 전달할 대화를 창작하려는 문제에 마주칠 수 있을 것이다.

화가는 인상적인 초상화가 나올 수 있도록 그 사람의 모습을 캔버스에 표현하는 방식을 결정하는 문제에 마주치게 된다. 피카소는 게르니카 마을이 폭격되었다는 사실을 알게 된 후 그 사건에 관한 자신의 느낌을 적절하게 표현할 수 있을 그림을 창작하는 문제에 마주쳤다고 말할 수 있다.

4. 문제해결을 위한 이해와 탐색의 과정

4.1. 이해와 문제 표상

어떤 문제를 마주친 사람은 그가 어떤 과제 환경에 놓여 있는 것이다. 어떤 사람이 어떤 문제를 풀려 하면 이해(understanding)의 과정이 작동하기 시작한다. 그 사람은 그 문제에 관한 지시 사항을 해석함으로써 그 문제를 다루기 시작할 수 있다. 따라서 과제 환경은 이해 과정을 통해 문제의 내적 표상으로 변형된다. 이러한 내적 표상에는 이용 가능한 대상들과 지시사항의 해석, 목표의 표상 등을 포함하여 그 사람이 실시한 문제 상황의 최초 분석이 포함된다.

문제해결자의 표상은 문제 출제자의 표상과 큰 차이가 있을 수 있다. 예를 들어서 '고객이 매장 관리자에게 인상된 고기 값에 관해 이야기 했다.'라는 문장을 암기하라는 지시를 받은 실험 참여자들은 '고객이 매장 관리자에게 인상된 고기 값에 관해 불평했다.'라고 잘못 기억하는 경향이 있다는 것이다. 이러한 실수의 원인은 참여자들이 제시된 문장을 암기할 때에 그것을 이해하는 과정에서 명시적으로 제시된 것보다 더 많은 정보를 포함하는 의미의 표상이 생겼기 때문이다. 참여자들은 제시된 문장을 이해함에 있어 어떤 고객이 관리자에게 인상된 고기 값에 대해 불평을 할 것처럼 생각했던 것이다. 그 문장을 읽고 있는 사람은 문장에서 명시적으로 제시된 것에 정보를 추가한다. 이러한 실수는 우리가 언어적 메시지를 마주할 때 일어나는 해석과 이해의 과정을 보여준다.

문제출제자가 방정식 문제를 제시했는데 대수를 모르는 문제해결자는 이를 어떻게 풀어야 할지 막막할 것이다. 이와 같이 문제 출제자가 인식하는 문제 표상과 참여자가 세운 문제 표상 간에 상당한 차이를 일으킬 수 있다. 문제 출제자는 참여자가 문제를 해결할 때 주어진 어떤 대상을 사용할 것이 틀림없다고 믿고 있는데 그 대상을 사용하지 않으면 깜짝 놀랄 수 있다. 그러나 문제해결자는 그 사물을 문제해결에 이용 가능한 것으로 포함시키지 않아서 그것을 사용하려하지 않았을 수 있다.

문제출제자는 어떤 조작이 명백하고 잠재적으로 유용하다고 생각하는데 참여자가 문제를 풀면서 그 조작을 실행하지 않을 때에도 문제 출제자는 깜짝 놀랄 것이다. 성냥개비 산수 문제에서는 대수식과는 달리 각 변에서 연산이 다르게 실행될 수 있으므로 누구든지 평범한 산수와 대수에 관해 자신이 아는 것을 넘어서야만 한다. 대수에서는 문제를 풀 때 연산기호(+, -, /, x)를 바꾸지 않지만 성냥개비 산수에서는 누구든지 때때로 바꾼다. 결론적으로 누군가 어떤 문제에 접근하는 방식을 이해하려면 그가 세운 문제의 표상을 이해해야만 한다.

우리는 문제해결을 위해 세운 내적 표상을 바탕으로 하여 다음으로 문제 공간을 세울 수 있다. 문제 공간이라 함은 문제를 해결하려고 노력하면서 시도할 수 있을 가능한 조치들의 집합이다. 문제 공간을 세운 사람은 지시사항과 문제가 제시된 맥락의 해석을 바탕으로 해결 과정을 시작하는데 이는 해답으로 이어지는 길을 닦기 위해 그 공간을 탐색하는 것과 유사하다.

문제를 풀려고 노력하면서 탐험할 수도 있는 모든 연결고리를 포함하는 문제 공간과 실제로 탐험하는 연결고리는 구분해야만 한다. 우리는 문제 공간을 선택적으로 탐색한다. 탐색 실행을 통제하는 데 사용되는 그 방법들은 인간의 문제해결을 이해하는 데 있어서 매우 중요하다. 예를 들어서 바둑을 둘 때에 비어 있는 곳이면 어디든지 둘 수 있지만 실제로 두는 곳은 바둑에서 이길 가능성이 높은 곳만을 선택적으로 두는 것이다.

4.2. 잘 정의된 문제와 빈약하게 정의된 문제

우리가 대하는 문제는 크게 두 가지, 즉 잘 정의된 문제(well-defined problem)와 빈약하게 정의된 문제(ill-defined problem)로 구분된다. 잘 정의된 문제에서는 하노이의 탑에서와 같이 초기 상태가 문제 안에 제시되고 목표 상태도 정확하게 기술되며 조치와 그것을 적용하는 조건도 상세히 기술된다. 이러한 문제를 풀기 위해서는 단순히 문제 상태를 목표 상태로 변형시킬 일련의 적법한 조치들을 찾기만 하면 된다. 잘 정의된 문제는 마치 시험지의 수학 방정식 문제처럼 어떤 수학적 지식을 활용해야 풀 수 있는 문제인지 알고 어떤 공식을 어떤 절차로 써서 해결해야 하는지의 과정을 명확히 제시할 수 있다. 즉 잘 정의된 문제는 일반적 지식이나 조작을 필요로 하는 문제이다.

잘 정의된 문제 중에서 틱택토(tic-tac-toe) 게임은 목표 상태가 하나밖에 없는 하노이의 탑과는 달리 여러 개의 구체적인 해답을 가진다. 3 x 3의 틱택토 게임에서는 세 개의 X나 O를 가로로 혹은 세로로 혹은 대각선으로 나란히 채우면 이길 수 있기 때문에 8가지의 구체적인 해답이 있는 셈이다.

빈약하게 정의된 문제에서는 문제 요소들 중 최소한 한 요소 이상이 상세히 기술되어 있지 않다. 상담자를 찾아온 내담자가 자신은 불행하고 자신의 인생을 바꾸고 싶다며 불평을 늘어놓는다고 하면 실제로 그는 정확히 무엇이 자신을 괴롭히고 있는지에 관해 분명히 알지 못한다. 그 내담자는 그저 자신이 행복하지 않다는 것을 알 뿐이다. 그의 문제 상태는 정확하게 상술되지 않는다. 그의 목표 상태도 역시 상술되지 않는다. 또한 이 사람의 인생을 바꾸기 위해 그가 어떤 조작을 해 볼 수 있는지도 분명하지 않다.

우리가 일상생활에서 만나는 대부분의 문제는 빈약하게 정의된 문제로 이러한 문제를 어떻게 잘 정의된 문제로 다시 만들어 해결할 수 있는가는 일상생활에서의 적응에 중요한 의미를 가진다. 문제를 해결하기 위해서는 우선 문제발견 과정이 반드시 선행되어야 한다.

문제발견은 문제를 해결하기 위해 도달해야 할 목표와 현재 상태의 차이를 발견하는 것으로 빈약하게 정의된 문제는 문제가 암시적이거나 잠재되어 있어서 문재해결자가 자신의 자원을 사용하여 문제를 찾고 문제해결활동을 스스로 구조화해야 한다.

잘 정의된 문제라고 하여 어떤 식으로든 빈약하게 정의된 문제보다 더 좋은 문제도 아니고 풀기가 더 쉬운 문제도 아니다. 이들 둘 사이의 구분은 단순히 우리가 그 문제해결을 시작하기 전에 우리에게 얼마나 많은 정보가 주어지는가를 말해 줄 뿐이다. 빈약하게 정의된 문제는 문제해결자가 어떤 빠진 요소들을 상술한 후에야 해답이 생길 수 있다.

4.3. 문제 발견

왓슨과 크릭이 DNA의 구조를 결정하려고 노력하는 동안 그들은 빈약하게 정의된 문제를 마주하고 있었다. 그들은 DNA가 나선일 것이라고 가정했지만 아직도 결정해야 할 추가적인 구조 요인들이 많이 남아 있었다. 마찬가지로 피카소도 게르니카 마을의 폭격에 응해서 그림을 그리고자 마음먹었을 때 스스로 빈약하게 정의된 문제를 설정했다. 빈약하게 정의된 문제의 한 예로서 어떤 가상의 화가가 단지 작업을 하고 싶다는 마음만으로 무엇을 그릴지 생각 없이 이젤로 가능 경우이다. 이 가상의 화가가 마주한 상황을 문제 발견(problem finding)이라고 부른다.

게젤과 칙센트미하이는 정물화를 그리고 있는 미술학도들을 관찰했다. 각 학생은 특정한 사물들을 골라서 자신이 원하는 방식으로 배열한 후에 그것을 그렸다. 더 높은 등급의 그림을 생산한 부류는 어떤 사물을 고르고 그것을 어떻게 배치할 것인가를 결정하는 데 오랜 시간을 들였는데 게젤과 칙센트미하이는 이러한 준비 작업을 문제 발견이라고 불렀다. 그들은 훌륭한 학생 화가는 문제 발견에 있어 더 많은 능력을 가진다고 단정했다.

상기와 같은 문제 발견의 상황은 빈약하게 정의된 문제에 해당한다. 그 학생들이 그리고 싶은 배열을 결정하는 것은 빈약하게 정의된 문제해결에 해당하고 또한 그것을 마음에 드는 방식으로 그림 안에 표현하는 것도 역시 빈약하게 정의된 문제에 해당하는 것이다.

4.4. 문제 공간 탐색

잘 정의된 문제를 해결하는 것은 문제 상태로부터 목표 상태로 이끌어 줄 일련의 조치를 발견하는 것이다. 그러한 문제를 해결하기 위한 한 예로서 문제 공간의 도표를 그려보는 것이다. [그림 5-4]는 세 원반 하노이 탑 문제에서의 문제 공간을 나타낸다.

문제해결자는 초기 상태인 상태 1을 두 가지의 상태, 즉 상태 2와 상태 3으로 변화시킬 수 있다. 상태 2에서는 세 가지 조치, 즉 상태 1로 되돌아가기, 상태 3으로 가기, 상태 4로 가기 등이 고려된다. 최종적으로 상태 20에 다다르면 그 상태는 지문에서 예시한 목표에 해당한다. 어떤 상태로부터도 항상 가능한 해답 경로가 있으므로 단순히 작업을 충분히 오래 계속하기만 하면 우리는 결국 그 문제를 풀 수 있다.

참고문헌 : 창의성, 로버트 W. 와이스버그, 김미선 역, ㈜시그마프레스

[그림 5-4] 세 원반 하노이 탑 문제의 문제 공간

　　문제해결자는 초기 상태인 상태 1을 두 가지의 상태, 즉 상태 2와 상태 3으로 변화시킬 수 있다. 상태 2에서는 세 가지 조치, 즉 상태 1로 되돌아가기, 상태 3으로 가기, 상태 4로 가기 등이 고려된다. 최종적으로 상태 20에 다다르면 그 상태는 지문에서 예시한 목표에 해당한다. 어떤 상태로부터도 항상 가능한 해답 경로가 있으므로 단순히 작업을 충분히 오래 계속하기만 하면 우리는 결국 그 문제를 풀 수 있다.

　　그러나 우리가 마주하는 많은 문제들은 한 사람이 남김없이 모든 조치들을 탐색하기에는 문제 공간이 너무 크다. 문제 공간이 너무 큰 경우에는 외부의 도움 없이 가능한 모든 경로를 계속해서 추적할 수 없게 된다. 얼핏 보기에 매우 간단한 잘 정의된 문제도 평범한 사람이 문제 공간을 남김없이 탐색하는 방법으로는 해결할 수 없다.

4.5. 문제 공간 탐색을 위한 발견적 방법

문제 공간이 너무 큰 경우에는 감당할 수 있는 크기로 축소시킬 필요가 있는데 이때 발견적 방법(heuristics)이 사용된다. 발견적 방법은 경험 법칙(rule of thumb)으로서 문제 공간을 축소시킬 수 있게 해 준다. 발견적 방법은 우리의 문제에 대한 해답을 보장하지는 않지만 해답을 내놓는 데 도움이 된다.

사람들은 문제해결을 위해 수많은 서로 다른 유형의 발견적 방법들을 발견해왔다. 첫 번째 발견적 방법은 현재의 상태를 목표 상태와 좀 더 닮아 보이도록 바꾸어 보는 것인데 우리는 이것을 언덕 오르기(hill climbing)라고 부른다. 우리가 산에 오를 때 짙은 안개로 목표 봉우리가 안 보일 때에 우리가 이용할 수 있는 단순한 전략이 있다. 우리의 방향 감각을 이용하여 가능한 여러 길을 실제로 가보고 더 높은 곳으로 이어지는 방향으로 가는 것이다. 이 방법을 사용하면 우리는 최소한 대략적으로 옳은 방향으로 나아가게 된다. 언덕 오르기 전략은 어떤 순간에든 우리가 우리의 현재 상태로부터 먼 곳으로 인도하는 여러 가능한 조치들을 시도하는 방식이다.

그러나 언덕 오르기 전략에는 국소 최대치(local maximum)에 도달하는 문제가 있다. 올라가기만 하는 경우에는 산의 꼭대기가 아니라 그 보다 낮은 봉우리까지밖에 도달할 수 없다는 것이다. 우리가 출발했던 곳보다 목표에 가깝고 우리가 거쳐 올라온 영역에서 가장 높은 곳이지만 궁극적인 목표가 아닌 상태에 도달한 것이다. 목표 봉우리에 오르려면 그 언덕에서 내려가야 한다. 그러나 안개 때문에 우리는 그것을 알 수 없다. 그러므로 우리는 앞을 내다보는 능력이 제한되어 있을 때에는 언덕 오르기가 유용할 수 있지만 궁극적인 목표가 아닌 국소 최대치에 도달할 우려가 언제든지 존재한다.

두 번째 발견적 방법으로는 목표로부터 초기 상태로 가는 후진 작업(working backward)이 있다. 이 방법을 사용하는 이유는 어떤 시점에 고려해야 하는 가능한 조치의 수를 제한할 수 있기 때문이다. 하노이 탑 문제를 생각해 보자. 문제 시작에서 말뚝 A의 꼭대기에 놓여 있는 작은 고리는 목표 말뚝 C로 가야할까 아니면 중간 말뚝 B로 가야할까? 목표로부터 거꾸로 작업해서 우리는 해답에서 큰 고리가 목표 말뚝의 바닥에 있어야 하므로 목표 말뚝은 우선 비워져야 한다는 것을 깨닫는다. 말뚝 A의 큰 고리 위에 고리가 없으면서 말뚝 C가 비어 있으려면 다른 두 고리는 말뚝 B에 있어야 한다. 그 두 고리가 말뚝 B에 있으려면 중간 크기의 고리가 그 말뚝의 바닥에 있어야만 한다는 뜻이다. 중간 크기의 고리가 말뚝 B의 바닥에 있으려면 가장 작은 고리는 말뚝 B에 있을 수 없다. 이러한 점들을 고려하면 가장 작은 고리는 목표 말뚝에 있어야만 한다.

세 번째 발견적 방법으로는 수단-목표 분석(means-end analysis)이 있다. 이 방법은 경험적 방법으로서 매 시점에 문제해결자는 무엇이 되어져야(어떤 목표가 달성되어야 함) 하고 무엇을 해야 하는지(그것을 일으키기 위한 수단)를 결정한다. 이 방법에서는 목표 상태와 현재 상태를 비교하여 둘 간의 차이를 조사한다. 다음으로 그 차이들 중 가장 중요한 것을 줄여줄 조작자를 찾으려 시도한다. 이 방법은 어떤 문제를 더 작은 하위 문제들로 쪼개고 그것들 각각을 차례로 해결하여 궁극적으로 종합적인 문제의 해답으로 가는 과정을 수반한다.

수단-목표 분석의 예로 어떤 사람이 아들을 어린이집에 데려다 주는 문제가 있다. 그 사람이 가지고 있는 것과 그가 원하는 것 간의 차이는 무엇일까? 거리의 차이이다. 무엇이 거리를 바꿀 수 있을까? 그의 자동차이다. 그런데 그의 자동차는 고장이 났다. 그 자동차를 수리하려면 어떻게 해야 할까? 배터리를 교체해야 한다. 배터리는 어디에서 교체할 수 있을까? 자동차 정비소이다. 이와 같이 어떤 문제를 더 작은 하위 문제들로 나누어서 각각의 문제를 해결함으로써 최종의 목적지로 향하는 과정이 수단-목표 분석이다.

네 번째 발견적 방법으로 계획하기(planning)이 있다. 이 방법에서는 상상을 이용하여 마음속으로 해답을 실행함으로써 예상되는 결과를 미리 결정하고 그에 따라 그 조치를 실행해야 할지를 결정한다. 세 원반 하노이 탑을 풀려는 사람은 마음속으로 가능한 조치들의 최소한 일부를 시행해서 어떤 조치가 가장 좋은 지를 알아낼 수 있다. 그러나 일곱 원반 하노이 탑 문제에서는 문제 공간의 크기가 빠르게 커지므로 계획을 실행하기 전에 처음부터 끝까지 생각해 보기 위해서는 대용량의 작업기억이 요구된다. 인간의 작업기억은 용량이 한정되어 있으므로 연필과 종이와 같은 외부 도움 없이 실행할 수 있는 계획하기의 복잡성에는 한계가 있기 마련이다. 일곱 원반 하노이 탑만큼 복잡한 문제를 풀기 위해서는 작업기억이 덜 요구되는 수단-목표 분석, 언덕오르기, 후진작업 등의 발견적 방법을 사용해야 한다.

다섯 번째 발견적 방법으로 알고리즘(algorithm)이 있다. 알고리즘은 일종의 규칙이다. 초등학생들이 덧셈 문제를 풀 수 있는 것은 그들이 그러한 알고리즘을 배웠기 때문이다. 어떤 문제를 해결할 때에 그 문제에 적용할 수 있는 알고리즘이 있는가를 검토해볼 필요가 있다. 그러나 인간이 마주하는 대부분의 문제들은 알고리즘의 적용을 통해 풀 수 없는 것이 사실이다.

4.6. 문제해결에서의 약한 발견적 방법

문제 안에 주어진 정보를 사용하고 다른 것은 거의 사용하지 않는 발견적 방법들을 문제해결의 약한 방법(weal method)이라고 부른다. 이 방법은 매우 일반적으로 응용할 수 있지만 그러한 일반성 때문에 어떤 문제를 해결하는 데 유용한 구체적인 정보를 많이 제공하지는 않는다. 약한 발견적 방법의 예로서 하노이의 탑 문제가 있는데 이 문제는 저지식 문제(knowledge-lean problem)에 해당한다. 그 문제를 푸는 데에는 어떤 특별한 지식이 필요하지 않다. 그 특별한 문제를 풀어 본 경험 말고는 어떤 것이 도움이 될지 알 수 없다.

약한 발견적 방법은 응용성이 넓다. 예를 들어서 왓슨과 크릭이 DNA가 나선이라는 가정을 채택하기로 결정했을 때 목표로부터의 후진 작업이라는 발견적 방법을 사용했다. 나선을 한정하는 모든 요소를 측정할 수 없었음에도 불구하고 그들은 그러한 결정을 내림으로써 일정한 단편적 증거에 집중하고 다른 것들은 무시함에 따라 그들의 문제 공간을 더 작게 만들 수 있었다.

피카소가 <미노타우로마키>를 <게르니카>의 바탕 구조로 사용한 것도 목표로부터 후진 작업을 한 것이다. 피카소는 이미 이용 가능한 구조를 사용한 덕분으로 자신의 과제에 한정성을 제공하면서 출발할 수 있었다. 이와 같은 조치가 피카소의 문제를 완전히 해결해

주지는 않았지만 피카소는 그 덕분에 작업을 시작할 수 있었다. 이
와 같이 약한 발견적 방법은 창의적 사고와 중요하게관련성이 존재
함을 알 수 있다.

5. 창의적 문제해결

내들러(Nadler)는 'creative'를 새로운 방법을 찾는 사람과 관련된
것, 'problem'을 어떤 도전에 직면해 있거나 혹은 기회가 되는 상황
들, 그리고 'solving'은 문제에 만족할 만한 대답을 찾는 방법으로 개
인이 환경을 조절하거나 적응하는 것으로 정의했다. 오스본과 길포
드를 비롯한 여러 학자들은 창의적 문제해결은 누구나 가지고 있는
보편적인 특성으로 일반적 사고기법 교육이나 훈련을 통해 개발될
수 있다고 했다. 한국교육개발원도 이전의 창의성, 문제해결 연구를
종합하여 창의적 문제해결이란 '문제해결 과정에 다양한 요인이 복
합적이며 역동적으로 상호작용하여 문제해결에 유용하며 독창적인
산출물 또는 해결책을 만들어 내는 것'으로 정의했다.

이전에 창의성과 문제해결 연구는 서로 다른 영역으로 분리되어
연구되었으나 최근에는 창의성과 문제해결이 매우 밀접한 관련을
갖는다는 관점이 지지받고 있다. 창의성 연구자들은 문제해결을 창
의성을 발현하기 위한 수행과정 중 하나로 보면서 창의적인 행동과
수행은 문제해결만을 위해 시도하는 것은 아니라고 주장한다. 반면
에 문제해결을 연구하는 학자들은 창의성을 문제해결의 특별한 과

정으로 보았다. 대표적으로 토랜스는 창의성이란 곤란한 문제를 인식하고 그것을 해결하기 위해 아이디어를 내고 가설을 세우고 검증하며 그 결과를 전달하는 문제해결 과정의 일부라 했다.

트레핑거(Treffinger)는 창의적 문제해결과정에서 '문제해결의 수행'을 평가하는 방안을 제시하면서 문제해결에 참여하는 동안 학습자가 수행해야 하는 항목 12가지를 다음과 같이 제시했다.

- 문제해결을 위해 많은 기회 찾기
- 문제 확인
- 문제해결을 위한 근원이 되는 자료 고려
- 상황을 명확하게 하기 위한 주 자료 설정
- 해결책에 따른 하위 문제 고려
- 개방적인 문제 선택
- 아이디어 생성
- 유망한 가능성 선택
- 적절한 전략이나 도구 결정
- 아이디어 평가를 위한 적절한 방법이나 도구 적용
- 성공을 위한 가능한 조력자나 저항자 고려
- 행동 실현을 위한 적절한 단계 발달 등

여러 학자의 이론을 종합해 보면 문제해결을 위한 항목으로는 문제를 해결하기 위한 문제의 재정의, 해결책을 끌어내기 위한 자료수집 및 수집된 자료 분석, 해결책에 따른 하위문제 고려, 아이디어 생성, 적절한 전략이나 도구를 결정하고 가능한 조력자나 저항자 고려,

해결책을 행동으로 옮기기 위해 적절한 단계를 발달시키는 문제해결 수행능력 혹은 적절하고 논리적이며 예측력 있고 신기하며 기발한 해결책을 끌어낼 수 있는 역량을 의미한다.

6. 창의적 문제해결 모형

6.1. 듀이(Dewey)의 문제해결 모형

듀이는 그의 저서 '사고하는 방법'에서 과학자들이 문제에 접근하는 방법을 기초로 창의적 수업모형을 [그림 5-5]와 같이 제안했다.

[그림 5-5] 듀이의 창의적 수업모형

- 1단계(문제 의식) : 막연한 곤란을 느끼고 문제를 의식하는 단계로서 문제를 보는 시각, 즉 문제에 대한 민감성이 강조된다.
- 2단계(문제 파악) : 곤란한 문제의 성질을 알고 문제의 본질을 명확히 하는 단계이다.
- 3단계(가설 설정) : 문제해결에 대한 아이디어나 예상을 가지고 가설을 형성하는 단계이다.

- 4단계(가설 검증) : 추리작용에 의하여 가설이 검증되는 단계로 해결안을 적용했을 때 그 결과가 어떻게 될 것인가를 검토하는 단계이다.
- 5단계(해결 수락 및 수정) : 가설 검증과 결과에 따라 특정 해결안을 수락 또는 거부하는 단계이다.

6.2. 창의적 문제해결 모형(CPS : Creative Problem Solving)

1953년 오스본이 최초로 창의적 문제해결모형을 제시한 이래 놀러(Noller), 판즈(Parnes), 토랜스(Torrance), 맥키논(Mackinnon)과 길포드(Guilford) 등 많은 학자들이 50년 동안 여러 아이디어를 심화시키고 경험과 연구를 제시하여 CPS 모형을 발전시켜왔다.

오스본-판즈(Osborn-Parnes)의 CPS모형은 '사실 발견(fact finding)', '문제 발견(problem finding)', '아이디어 발견(idea finding)', '해결 발견(solution finding)', '수용 발견(acceptance finding)' 등으로 구분되고 각각의 단계에서는 아이디어 산출을 위한 확산적 사고 단계와 가장 적합한 아이디어를 선택하는 수렴적 사고 단계의 반복을 거쳐 창의적으로 문제를 해결하도록 제시하였다. [그림 5-6]은 오스본-판즈의 CPS모형을 나타낸다.

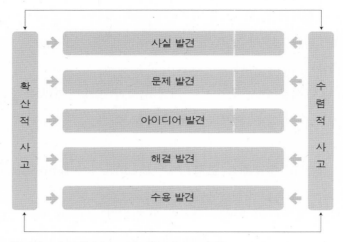

참고문헌 : 지능과 창의성의 프레임, 이신동 외 공저, 양서원

[그림 5-6] 오스본-판즈의 CPS 모형

- 사실 발견 : 문제를 파악하기 위해 정보를 수집하고 분석하는 단계로 신중하고 객관적이며 정확한 역할이 필요하고 문제상황에 대한 사실을 탐구해야 한다. 6하 원칙에 따라 그 상황에 대해 스스로 질문을 던져 이해하는 활동이다.
- 문제 발견 : 다양한 관점으로부터 가능한 문제를 탐색하여 문제를 정의하는 단계로서 해결을 하고자 하는 학습문제나 구체적인 영역을 가능한 깊이 생각하여 중요한 문제로 범위를 좁혀 간결하게 진술한다. 따라서 '내가 어떻게 하면 무엇을 할 수 있을까'라는 문구를 사용하여 구체적으로 자신에게 질문한다. 문제 진술은 부정적인 표현이나 사고를 억제하는 진술을 지양하고 확산적 사고를 통해 새로운 아이디어를 발견할 가능성이 있도록 표현되어야 한다.

- 아이디어 발견 : 문제발견 단계에서 제시된 다양한 진술문에서 최종적으로 진술된 문제를 해결할 아이디어를 생각해 내는 단계로서 일단 적합하고 작업 가능한 문제를 정리하여 문자화한 후에 가능한 많은 아이디어를 산출해야 한다. 가능한 많은 아이디어 산출을 위한 방법으로 브레인스토밍을 활용하여 후반부에는 다시 수렴적 사고를 통해 문제해결에 최선이라고 생각되는 아이디어를 선택하여 목록화 한다.

- 해결 발견 : 산출된 여러 가지 아이디어를 어떤 기준에 근거하여 평가하고 최선의 아이디어를 선정하는 단계로 실천 가능성, 성공 가능성이 높은 아이디어를 고를 수 있도록 아이디어 비교 기준을 다량으로 제시하여 최선의 기준으로 최선의 아이디어를 선정해야 한다. 단순히 한 가지 아이디어만을 선택하고 나머지를 버리는 것이 아니라 문제해결에 가장 가능성이 있다고 생각되는 아이디어를 찾는 것이다.

- 수용 발견 : 선택된 아이디어를 실천에 옮길 행동계획을 세우는 단계이다. 행동으로 옮기는 데 있어 영향을 미치는 요인들을 확인해야 하며 이들 중 방해가 되는 요인과 제한점을 확인하고 그것을 극복할 수 있는 방법을 구안해야 한다.

6.3. 트레핑거(Treffinger)의 창의적 문제해결 모형

CPS는 1953년 오스본이 최초로 7단계 모형을 제시한 이래 지속적으로 발전되고 있으며 현재는 트레핑거와 이삭센(Isaksen)이 여러 번 수정을 거쳐 제시한 4개의 구성요소와 8개의 구체적인 단계로

버전 6.1까지 발전되었다.

4개의 구성요소는 '도전 이해하기(understanding the challenge)', '아이디어 생성하기(generating ideas)', '실행 준비하기(preparing for approach)', '접근방법 계획하기(planning your approach)'로 구분되며 자세한 모형은 [그림 5-7]과 같다.

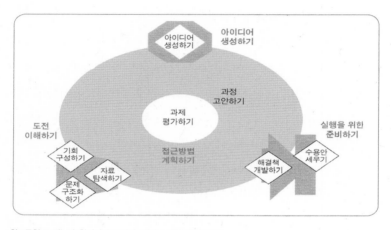

참고문헌 : 지능과 창의성의 프레임, 이신동 외 공저, 양서원

[그림 5-7] 트레핑거의 CPS Version 6.1

- 1 단계(도전 이해하기) : 이 단계는 '기회 구성하기', '자료 탐색하기', '문제 구조화하기' 등의 3개 하위단계로 이루어져 있다.
  - 기회 구성하기 : 폭넓고 간결하고 유익한 기회나 목적을 진술하는 단계로 가능한 기회나 도전을 고려하고 추구해야 할 목표를 발견하게 된다.
  - 자료 탐색하기 : 문제해결에 요구되는 다양한 자료를 검토하고

과제나 상황의 가장 중요한 요소에 초점을 맞추는 과정이다.

- 문제 구조화하기 : 주어진 문제상황에 대해 다양하고 독특한 질문을 생성한다. 부정적인 생각보다는 '어떻게 하면 우리가 해결할 수 있을까?'와 같은 식의 긍정적인 생각에 초점을 맞추어 문제해결에 대한 동기나 흥미를 형성하는 단계이다.

● 2단계(아이디어 생성하기) : 이 단계는 다양하고 창의적인 아이디어를 생성하는 데 목적이 있다. 이 과정은 과제를 해결하기 위해서 생각을 확장하여 고정관념을 깨는 데 도움을 준다. 브레인스토밍과 같은 방법으로 다양한 아이디어를 생성할 수 있다.

● 3단계(실행 준비하기) : 이 단계는 '해결책 개발하기', '수용안 세우기'의 하위단계로 이루어져 있다.

- 해결책 개발하기 : 창의적인 결과를 얻기 위해서 다양한 전략과 방법을 사용한다. 이 단계는 문제를 해결하기 위한 창의적인 아이디어를 문제해결이 가능한 실용적인 해결방법으로 바꾸는 데 도움을 준다.

- 수용안 세우기 : 문제해결에 도움을 주는 요인과 방해요인을 고려하여 계획을 세우게 된다. 이 단계는 창의적인 아이디어를 성공적으로 구현할 수 있게 하는 데 도움을 준다.

● 4단계(접근방법 계획하기) : 이 단계는 '과정 고안하기'와 '과제 평가하기'의 하위단계로 이루어져 있다. CPS모형의 중심에 배치되는 이 단계는 CPS를 적용하고 있는 동안 본래 목적에 맞게 과제를 해결할 수 있도록 계속 모니터하고 관리하여 수정하는 역할을 한다.

- 과정 고안하기 : 창의적으로 문제를 해결하기 위해 가장 적합

하도록 과제에 대한 지식이나 CPS의 구성요소 단계에 대한 계획을 세운다.

- 과제 평가하기 : CPS를 효과적으로 진행하기 위해서 가능한 해결책의 제약조건을 결정한다.

6.4. 미래문제해결 모형

미래문제해결(Future Problem Solving : FPS) 모형은 오스본-판즈의 CPS 모형에 기반을 두고 토랜스가 영재교육을 위해 새롭게 개발했다. FPS를 영재 교육과정이나 일반 교육과정에 적용한 구체적인 프로그램, 즉 미래의 상황을 생각하여 창의적으로 문제를 해결하는 수업으로 구상된 것이 미래문제해결 프로그램(Future Problem Solving Program : FPSP)이다.

FPS는 학생들의 미래에 대한 인식 부족과 창의성 부족이라는 두 가지 관심에서 시작되었다. FPS는 학생들의 미래에 대한 관심을 기본 목표로 하고 문제해결 기능, 팀워크 향상 기능, 미래에 대한 상상, 다양한 학문 영역을 통합하는 기능 등을 포함하여 창의성 증진을 위한 교육 프로그램으로 발전되었다.

FPSP의 창의적 문제해결 단계는 [표 5-1]과 같다. FPSP에 참여한 학생들은 코치에 의해 안내되며 4~6명의 팀으로 협동 작업을 한다. 코치는 먼저 학생들에게 신문 자료, 이야기, 비디오, 역할놀이 등의 흥미로운 방식으로 문제를 제시하면 각 팀은 문제를 연구하고 주어진 상황을 이해한 후 6단계의 문제해결 과정을 통해 문제를 해결한다. 학생들은 1, 2 단계에서 확산적 사고와 수렴적 사고를 통해 미래 장면과 관계된 '문제를 발견'하고, 3, 4, 5 단계를 거쳐 자신이 발견한 '미래 문제의 해결 방법'을 산출한다. 마지막 6단계에서는 산출한 해결방법을 실제로 수행할 수 있는 계획으로 구체화하는 작업을 하게 된다.

[표 5-1] FPSP 모형의 단계별 내용

과 정	단 계	내 용
문제의 이해	전 단계: 토픽과 미래 장면의 분석	토픽과 미래 장면에 대한 자료 수집 및 분석, 이해
	단계 1: 도전문제 확인	미래 장면에서 생각해 볼 수 있는 쟁점, 과제 등 확인
	단계 2: 핵심문제 선정	여러 쟁점 및 과제 중에서 가장 핵심적이고 중요하다고 생각되는 한 개의 문제 선택
아이디어 생성	단계 3: 해결 아이디어 선정	핵심문제에 대한 다양하고 독특한 해결 아이디어를 가능한 많이 생성
실행을 위한 계획	단계 4: 판단기준 선정	해결 아이디어의 창의적 잠재력과 중요도를 판단하여 최선의 아이디어를 선정하기 위한 준거 개발
	단계 5: 판단준거의 내용	평가행렬법을 사용하여 해결 아이디어 평가, 최선의 해결아이디어를 선정
	단계 6: 실행계획의 개발	최선의 해결 아이디어를 실행할 수 있는 실천적인 활동 계획 설계

7. 칙센트미하이의 3차원 창의성

7.1. 칙센트미하이의 창의성 개념

칙센트미하이는 몰입 상태(flow state) 혹은 몰입 경험(flow experience)이라는 새로운 용어로 창의성을 설명했다. 창조 행위를 하는 사람들은 이러한 감정상태를 추구한다고 말하곤 한다. 몰입 순간에 도달할 수만 있다면 훈련과 노력을 아끼지 않으며 몸과 마음의 고통까지도 감수하려 든다. 몰입은 창의성을 발휘하는 결정적 동기이다.

그는 창의적이라고 부를 수 있는 현상으로 세 가지 기준점을 제시했다. 첫째 어떤 사람이 재미있으며 재치 있는 이야기를 한다면 보통 그 사람에 대해 명석하다고 이야기를 한다. 그러나 그들이 어떤 결과물을 내놓지 않는다면 그 사람은 창의적이지 않고 단순히 똑똑하다고 말할 수 있다. 둘째 어떤 문제를 발견하고 해결할 때 새로운 방법 혹은 독특한 방식으로 문제를 해결하는 사람들이 있다. 그러나 이들은 독창적이라고 말할 수 있으나 창의적이라고 말할 수는 없다. 왜냐하면 독창성만으로는 창의적이라고 말할 수는 없기 때문이다. 셋째 레오나르도 다빈치, 뉴턴 등은 창의적인 사람들이다. 이들은 후세에 커다란 영향력을 끼친 사람들이고 삶을 보다 흥미롭고 풍요롭게 만들어 주었기 때문이다.

그는 결론적으로 창의성이란 기존의 영역을 변화시키거나 기존의 영역으로부터 변형을 만드는 행위나 사고 또는 작품을 말한다. 또한 창의적인 사람은 똑똑하거나 기발한 아이디어를 만들어 내는 사람이 아니라 문명을 발전시켜 사람들의 사고와 삶을 발전시킨 사람이라고 말하고 있다

7.2. 창의성의 구성 3요소

창의성은 사람의 머릿속에서 우연하게 생겨나는 것이 아니라 사람들의 생각과 사회 문화적인 배경 사이의 상호관계에 의해 형성된

다. 칙센트미하이는 [그림 5-8]과 같이 창의성을 구성하는 세 가지 요소를 제시했다.

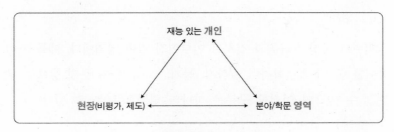

[그림 5-8] 창의성의 구성 3요소

(1) 개인

개인은 창의성을 발현시키는 근원이다. 개인은 주어진 영역의 상징을 이용하여 새로운 사고나 양식을 발전시키거나 만들어 낸다. 이러한 개인의 새로운 사고나 양식은 현장에서 평가를 받고 영역에 포함될 때 비로소 창의성이 발현되었다고 말할 수 있다. 개인이 창출한 새로운 상징체계는 다음 세대가 익히게 되고 만일 이 체계가 창의적이라면 다음 세대에 더욱 발전하게 된다.

(2) 현장

현장은 개인의 창의성이 해당 영역에서 어떤 평가를 받는지 현장 검증을 하는 사람들로 구성되어 있다. 현장에서 하는 일은 개인의 아이디어나 창작물이 영역에서 어떤 존재인지 즉, 창의적 산출물에 포함시킬 것인지 아닌지를 결정하는 일을 수행한다. 누군가 새로움을 창출해 내기 위해서 상징 영역을 필요로 한다면 그 새로움이 무엇인지 평가하는 곳이 현장이다.

(3) 영역

일련의 상징적 규칙과 절차로 이루어진 것이 영역이다. 예를 들어 국어를 좀 더 세분화하여 말하기, 듣기, 쓰기, 읽기, 문법 등으로 구분할 수 있으며 이러한 구분은 하나의 영역으로 볼 수 있다.

7.3. 창의성에 영향을 미치는 요소 및 창의적 인물의 성향

(1) 창의성에 영향을 미치는 요소

창의성을 발현하기 위해서는 영역의 체계를 완전히 습득해야 한다. 그러나 영역의 체계를 완전히 습득하는 것은 쉽지 않고 개인의 노력으로만 달성되지 못한다. 칙센트미하이는 개인이 창의성을 발휘할 수 있는 데 필요한 조건으로 아래와 같이 3가지를 제시했다.

첫째, 개인이 창의성을 발휘하기 위한 영역에서의 유전적 소질이다. 어떤 영역에서 소질을 가지고 태어난 사람들은 다른 사람들보다 적은 시간으로 많은 지식체계를 익힐 수 있다. 이들은 자신이 익히고 배운 영역에서 창의성을 훨씬 수월하게 발휘할 수 있다.

둘째, 물질적·문화적인 혜택이 필요하다. 이러한 혜택은 운과 관련된 것으로 풍족한 집안에서 태어나거나 좋은 교사 또는 멘토를 만나는 것을 말한다. 좋은 소질을 가지고 태어났고 물질적·문화적으로 많은 혜택을 받는다면 창의성의 발현은 조기에 그리고 쉽게 나타날 수 있을 것이다.

셋째, 현장의 접근성이다. 개인적으로 뛰어난 소질을 가지고 있고 물질적·문화적으로 혜택을 많이 받는다고 해도 현장과 괴리가 있다면 창의성을 평가하고 자극받는 일이 덜할 것이다. 현장에서 비슷한 능력을 지닌 사람들과 교류하면서 자극받고 동기화되어 개인의 창의성은 더욱 빛을 발할 수 있다.

(2) 창의적 인물의 성향

칙센트미하이는 창의적 인물의 성향을 아래와 같이 10가지로 제시했다.

첫째, 창의적인 사람들은 대단한 활력을 갖고 있으면서 또한 조용히 휴식을 취한다. 모든 열정을 한 곳에 집중하여 자신의 능력을 펼치기 위해 노력한 후 편안하고 조용히 휴식을 취한다.

둘째, 창의적인 사람들은 명석하기도 하지만 한편으로 천진난만하다. 많은 연구결과 IQ가 120 이하에서는 창의적인 작업을 하기가 어려울 수도 있다. 그러나 IQ가 120이상이면서 창의적인 사람이 창의적인 업적을 남길 가능성이 높다. 지능이 낮으면 창의적이지 못한 이유가 분명하지만 지능이 너무 높으면 창의성을 방해할 가능성도 있다. 왜냐하면 IQ가 높으면 자만에 빠져 자신의 머리만 믿을 수 있기 때문이다. 또한 기존의 규칙과 체계를 너무 쉽게 배우고 따라하기 때문에 개선하고자 하는 동기를 느끼지 못할 수 있다. 지능이 높으면서도 다양한 사고를 할 수 있도록 사고가 개방되어 있고 확산적 사고를 할 수 있어야 한다.

셋째, 창의적인 사람들은 장난기와 극기 또는 책임감과 무책임이 혼합된 모순된 성향을 가지고 있다. 가볍고 장난스러우며 익살스러운 사람들이 창의적일 확률이 높다. 그러나 이런 사람들이 매사 가볍지만은 않다는 것이다. 자신이 흥미 있거나 관심 있는 분야나 연구에서는 밤을 새워 끈기 있게 몰두하여 결과를 만들어 낸다.

넷째, 창의적인 사람들은 한편으로는 상상과 공상을 하고 다른 한편으로는 현실에 뿌리박은 의식 사이를 오고간다. 일반적으로 예술가들은 상상과 공상에 빠져있다고 생각되지만 진정으로 창의적인 활동을 할 때에 그들은 현실에 뿌리를 두고 자신의 공상을 펼쳐 나아가다. 이와 반대로 금융가, 과학자, 정치가, 사업가들은 현실주의자들이지만 미래를 상상하며 현재의 문제를 해결하기 위해 노력한다. 이와 같이 창의적인 업적을 만들어 내기 위해서는 현실과 이상을 고르게 생각하며 문제를 해결하기 위해 노력한다.

다섯째, 창의적인 사람들은 외향성과 내향성이라는 상반된 성향을 함께 가지고 있다. 기존의 지식체계를 익히기 위해서는 혼자서 갈고 닦는 시간이 필요한데 이때 필요한 것이 내향성인 성격이다. 또한 창의적인 인물들은 다른 사람과의 만남을 통해 새로운 정보를 습득하기도 하고 생각을 교류하는데 이러한 경우는 외향적인 성격이 필요하다.

여섯째, 창의적인 사람들은 매우 겸손하면서 동시에 자존심이 강하다. 뛰어난 업적을 이룬 사람들이 겸손할 수밖에 없는 이유는 거대한 진실 앞에 자신의 업적은 매우 작다는 것을 알고 있고 또한 자신의 업적에 어느 정도 행운이 따랐다는 것을 알고 있기 때문이다. 또한 그들은 현재의 문제점을 창의적으로 해결해야하기 때문에 자신들의 업적에 집중할 수 없다. 그러나 자신의 연구를 위해서는 자신감과 자부심을 강하게 의식하고 있다. 만약 이러한 자신감과 자부심이 없다면 자신의 연구를 지속적으로 진행할 수 없기 때문이다.

일곱째, 창의적인 사람들은 어느 정도 전형적인 성의 역할에서 벗어나 있다. 남성은 공격적이고 전투적이며 여성은 감성적이고 덜 공격적이라는 관념이 일반적이다. 그러나 창의적인 소녀는 자신의 연구나 과제를 위해서 공격적으로 문제를 해결하고 창의적인 소년은 감성적이고 부드러운 사고로 문제에 접근한다.

여덟째, 창의적인 사람들은 반항적, 개혁적이면서 동시에 보수적이고 전통적인 성향을 갖고 있다. 새로운 지식체계를 만들기 위해서는 기존의 지식체계를 완전히 습득해야 하기 때문에 보수적인 성격이 필요하다. 그러나 단지 전통에 의존한다면 창의적인 업적을 생산할 수 없기 때문에 과거에 의존하지 않고 반항적이고 개혁적인 성격으로 끊임없이 도전하며 진보한다.

아홉째, 대부분의 창의적인 사람들은 자신의 일에 매우 열정적인 동시에 지극히 객관적일 수 있다. 몰두하고 있는 일에 정열이 없다면 힘든 작업을 이겨낼 수 없고 새로운 작품을 만들 수 없다. 그러나 객관적인 자세로 자신의 일을 바라보지 못한다면 우물 안의 개구리처럼 그릇된 길로 갈 수 있고 현장에서 받아들이지 못할 수도 있다. 창의적인 작업을 하기 위해서는 음양의 조화라고 할 수 있는 양 극단 사이의 조화를 이루어야 한다.

열째, 창의적인 사람들은 개방적이며 감성적인 성향으로 인해 종종 즐거움뿐만 아니라 고통과 역경을 겪는다. 새로움을 만들기 위해서는 많은 것을 받아들이고 감성적으로 느껴야 한다. 그러나 감수성이 예민한 사람일수록 다른 사람으로부터 상처 받을 확률이 높다. 또한 확산적 사로로 인해 대다수의 사람에게 평범하게 보이지 않아 상처를 받고 고독해질 수 있다. 또한 자신이 만든 작품이 인정을 받지 못할 경우 그 상처는 대단히 크다. 그러나 창의적인 사람들은 창의적인 과정을 즐기고 그 과정에서 행복을 느낀다. 이 모든 것이 개방적이며 감성적인 성향에 의해 이루어지는 것이다.

문제해결을 위한
지식과 전문성

1. 개요

문제해결은 창의적 사고의 한 종류이다. 이러한 문제해결 방법은 약한 발견적 방법과 강한 발견적 방법으로 구분된다. 앞장에서 살펴본 바와 같이 약한 발견적 방법에는 언덕 오르기, 후진 작업, 수단-목표 분석 등이 있다. 목표로부터의 후진 작업은 왓슨과 크릭의 이중나선 발견과 피카소의 <게르니카> 창작 모두와 관련이 있다. 케플러의 행성 운행의 제3법칙도 약한 발견적 방법을 사용하여 숫자들의 무리 속에서 패턴을 찾아내는 방식으로 발견했음을 알 수 있다.

약한 발견적 방법에서는 매우 일반적인 수준에서 문제와 관련된 정보를 사용한다. 어떤 문제에 대해 후진 작업을 적용할 때에 문제와 관련된 유일한 정보는 '목표'와 '목표를 변화시키기 위해 해 볼 수 있는 시도'뿐이다. 이와 같이 문제해결의 약한 방법은 마주하고 있는 문제와 구체적으로 관련이 없다.

그러나 실제적인 창의에서는 상기의 약한 발견적 방법만으로는 훌륭한 창의적 산물을 얻을 수 없다. 창의적 사고를 위해서는 지식이 중요하다. 왓슨과 크릭의 지식은 DNA가 나선이라는 결정으로부터 구조의 다양한 측면에 관한 특정 결론에 이룰 수 있게 해주었다. 피카소의 지식도 자신의 과거 작품을 이용할 뿐만 아니라 다른 사람들의 작품을 응용하는 데에 이르기까지 <게르니카>를 창작하는 데에 결정적 역할을 했다.

창조적 사고를 위한 지식을 사용하는 데에는 두 가지 방식, 즉 유추 전이(analogical transfer)와 전문성이 있다. 유추 전이는 이전에 해결된 문제로부터 동일한 구조를 가진 새로운 문제로 전이할 때 발생한다. 옛 문제와 새 문제 사이에 공통된 대상이 없더라도 구조가 유사하면 유추 전이는 문제해결에서 유용한 방법이 될 수 있다. 높은 수준의 문제를 해결하는 데에는 전문성이 결정적인 역할뿐만 아니라 창의적 사고에 커다란 역할을 담당한다.

2. 문제해결을 위한 유추 전이

2.1. 유추 전이

유추적 사고는 낯선 문제를 해결하는 데에는 물론 낯선 상황을 이해하는 데에도 활용될 수 있다. 유추 전이 활용의 예로서 원자의 구조를 하나의 태양계로 묘사하는 것이 있다. 원자의 핵은 태양이고 전자들은 태양 주위를 돌고 있는 행성들로서 원자의 많은 부분이 우리의 태양계처럼 빈 공간으로 이루어져있다는 것이다. 원자와 태양계는 그 성분에 있어서 완전히 다르지만 구조에 있어서 유사하기 때문에 친숙한 태양계의 구조를 활용하여 낯선 상황인 원자의 구조를 이해하는 방식을 제공한다. 뉴웰과 사이먼이 인간 사고를 이해하기 위한 방식으로 컴퓨터를 사용한 것도 유추 사고의 일례에 해당한다.

우리는 유추적 사고를 이용하여 문제를 해결하고자 하는 경우에는 마주하고 있는 문제와 유사하면서도 해답을 알고 있는 친숙한 문제를 찾으려 노력한다. 왜냐하면 그 친숙한 문제에 사용했던 전략이 새로운 문제해결에도 유용할 것이기 때문이다. 이러한 경우 우리는 그 해답을 옛 문제로부터 그것과 유사한 새 문제를 향해 전이하고 있으므로 이 상황을 유추 전이라고 부른다.

약한 발견적 방법에서는 새 문제와 매우 일반적인 수준에서만 관련이 있는 정보를 끌어들였지만 (예를 들어서 목표로부터 후진해서 작업하기) 유추 전이에 기초되는 정보는 문제에 대한 연관성에 있어서 더 특수하다. 유추 전이를 통한 문제해결은 창의적 사고에서 과거와의 연속성을 보여주는 한 예이다.

왓슨과 크릭은 DNA 구조를 발견할 때에 유추 전이를 활용했다. 알파케라틴과 DNA는 유사한 분자이다. 알파케라틴과 DNA는 둘 다 작은 구성단위가 서로 이어져서 규칙적인 패턴을 반복하는 유기 거대분자이다. 그러므로 왓슨과 크릭은 DNA 구조를 생각하다가 유추 전이 때문에 폴링의 작업을 연상했다고 가정할 수 있다. 따라서 왓슨과 크릭이 후진 작업이라는 약한 방법을 활용할 때에 그들은 자신들의 지식을 바탕으로 강한 방법 역시 적용하고 있었던 것이다.

컴퓨터 바이러스라는 친숙한 개념도 바이러스가 다른 유기체를 감염시킨다는 사실로부터 유추되었다. 친숙한 상황을 그것과 유사한 새로운 상황을 이해하기 위한 기초로 사용할 때 그 친숙한 상황을 바탕(base)이라 하고 새로운 상황을 목표(target)라고 한다. 그 바탕을 사용하면 그 목표가 이해된다. 목표 문제는 바탕 문제로부터 나온 해답을 목표 문제에 전이시킴으로써 해결될 수 있다.

2.2. 유추의 유형

던바는 유추를 논리적(logic) 유추, 지역적(regional) 유추, 원격 (remote) 유추 등으로 분류했다. 논리적 유추에서는 바탕과 목표가 동일한 영역에서 나온다. 예를 들어서 광통신 기술을 연구하는 한 연구자가 실험 설계에서 문제점을 발견할 때에 자신의 지난 광통신 의 실험 설계를 사용하면 그가 옛 실험 설계를 새 실험으로 전이한 것으로 이는 논리적 유추에 해당한다.

만일 그가 자신의 광통신 실험 설계를 수정하기 위한 기초로서 무 선통신에 관한 실험의 설계를 사용했다면 이것은 바탕과 목표가 그 가 가지고 있는 지식의 동일한 '지역'에서 나오므로, 즉 둘 다 통신 기술이므로 지역적 유추에 해당한다.

케쿨레는 꼬리를 물고 연결되어 있는 뱀을 보고서 벤젠의 구조를 발견했는데 이는 그가 원격 유추를 사용했다고 말할 수 있다. 왜냐 하면 뱀과 원자는 서로 먼 관계가 있는 영역에 속하기 때문이다.

2.3. 유추 전이의 잠재적 장애물

유추 전이는 문제해결에서 일반적으로 중요하다. 새로운 문제를 해결할 때에 옛 문제를 통한 유추로 문제를 해결한다면 이는 긍정적 전이(positive transfer)가 발생했다고 말할 수 있다.

그러나 바탕 유추를 사용하여 목표 문제를 해결하는 데에는 세 가지의 잠재적 장애물이 있다. 첫째로 우리가 과거에 관련된 문제를 풀어본 경험이 없을 수 있다. 이러한 경우에 우리는 관련된 바탕 지식이 없을 것이다. 이러한 어려움을 극복할 수 있는 명백한 길은 삶의 문제를 풀 때에 활용될 수 있는 넓고 깊은 개인 데이터베이스를 획득하도록 애쓰는 것이다.

두 번째로는 어떤 사람이 어떤 문제를 응용하거나 전이할 수 있을 지식을 소유하고 있지만 그것을 깨닫지 못할 때 일어난다. 그가 가지고 있는 정보는 기억 속에서 이용 가능하지만 문제를 해결하는 동안에 접근 가능하지 않은, 즉 새 문제가 제시될 때 그 정보가 떠오르지 않는 경우이다. 새 문제의 제시가 그와 관련된 바탕 지식을 인출(retrieve)해 주지 않으므로 그 사람은 지식을 소유하고 있지만 그 지식은 비활성화 상태에 놓여있는 것이다. 기억 속에 있는 모든 정보가 모든 상황 하에서 문제해결에 사용될 수 있는 것은 아니다.

세 번째로 문제해결 과정에서 이전의 문제에 접근할 수 있다고 해도 그것을 해결할 수 있다는 보장은 없다. 바탕에서 얻은 해답을 목표에 성공적으로 응용하기 위한 대응(mapping)이 일어나야 한다. 즉 두 문제에서 유사 개념들이 명시적으로 짝지어져서 그 해답이 목표에 적용될 수 있어야만 한다. 대응은 때때로 문제해결에 중요한 어려움을 일으킨다.

2.4. 자발적 전이

긱과 홀리오크는 옛 문제를 바탕으로 새로운 문제를 해결할 때에 외부 도움 없이 일어나는 자발적 전이를 시험했다. 이 연구에서는 두 가지 다른 조건, 즉 대조군과 암시군이 있었다. 대조군은 옛 문제에 관한 정보를 전혀 받지 못한 참여자들이었다. 암시군은 옛 문제를 풀어본 사람들로서 이 옛 문제가 새 문제를 푸는데 도움이 될 수 있다는 말을 들은 참여자들이었다.

긱과 홀리오크의 전이 연구의 결과에서 잠재적으로 유용한 바탕 문제에 노출된 적이 없는 대조군의 성적은 아주 나빴다. 반대로 암시군의 성적은 훌륭했다. 자발적 전이군은 관련되는 바탕 정보를 받았지만 그 문제가 목표 문제를 푸는 데 도움이 될 수 있다는 말을 듣지 못한 참여자들이다. 놀랍게도 자발적 전이군의 성적은 그다지 좋지 않았다. 대부분의 참여자들은 새로운 문제가 제시되었을 때에 옛 문제를 자기 힘으로 생각해내지 못한 것처럼 보인다. 즉 그들의 옛 문제 지식은 비활성이었다.

긱과 홀리오크는 두 번째 연구에서 목표 문제를 제시하기 전에 두 가지 바탕 유추물을 제시했다. 그들은 두 가지 바탕 유추물을 제시하면 참여자들이 두 바탕 상황에 공통으로 들어 있는 요소에 관해 생각할 것으로 추리했다. 이로 인해 참여자들은 그 상황의 추상적이거나 일반적인 측면을 생각하게 되고 따라서 새로운 문제해결에 전이할 가능성도 높아질 것으로 여겨졌다. 그러나 참여자들은 두 바탕 유추물에 대한 해답의 유사성에 관해 생각하도록 고무되었음에도 불구하고 그 바탕 유추물이 새로운 문제와 관련이 있다는 암시가 없으면 많은 양의 전이가 발생하지 않았다.

상기 실험으로부터 사람들이 문제를 해결하려 노력할 때에 발생하는 기억 탐색은 본래 매우 제한되어 있다는 것을 알 수 있다. 우리

는 어떤 문제를 어떻게 처리할 것인지를 결정하는 동안에 우리가 아
는 모든 것을 섭렵하지는 않는다. 문제해결에서 일어나는 전이의 실
험실 연구들은 전이가 일어나지 않거나 그 양이 대단하지 않음을 꾸
준히 보여 주었다. 부정적 전이 결과를 분석해보면 바탕 정보가 목
표와 먼 관계밖에 없을 때 사람들은 바탕 정보에 접근하는 데에 어
려움을 겪는다고 말할 수 있다.

그러나 현실세계에서 과학적 사고를 조사한 사람은 유추 전이가
실제로 일어나는 수많은 예를 발견한다. 실험실에서는 그토록 얻기
힘든 전이가 실생활에서는 쉽게 발견되는 것을 역설(paradox)이라고
부를 수 있다. 왓슨과 크릭의 DNA 구조 연구에서 바탕(알파나선)과
목표(DNA) 모두가 그들이 연구하는 영역의 일부였다. 즉 알파나선
과 DNA는 지역적 유추를 구성한다. 왓슨과 크릭은 자신들의 영역
에서 전문가였으므로 문제의 분자 둘 다에 관해 공식적인 추상 명세
서를 소유하고 있었기 때문에 이 또한 전이를 촉진했을 것이다.

과학자들은 유추전이의 실험 참여자들인 학부생들보다 높은 전문
성을 가지고 있다. 과학자의 활동 안에는 국지적이고 지역적인 정보
의 넓고 깊은 데이터베이스가 있어서 그것이 새로운 목표 상황에 의
해 비교적 쉽게 인출될 수 있다. 실험실 연구의 참여자들은 바탕과
목표가 동떨어진 관계밖에 없으므로 자발적 전이가 일어날 가능성
이 훨씬 적어지는 것이다.

2.5. 대응

새로운 문제로 인해 어떤 바탕 정보가 인출되면 그 정보는 새 문

제로 적용 혹은 대응되어야 한다. 만일 새로운 문제가 어떤 사람에게 옛 문제를 상기시켰다면 그는 아직도 옛 문제를 어떻게 수정하면 새 문제를 풀 수 있을지 세부사항을 생각해 내야 한다.

로스와 동료들은 대응을 하는 동안에 때때로 일어나는 어려움을 증명했다. 그는 만일 바탕 문제와 목표 문제가 동일한 대상을 포함하지만 그 대상이 다른 역할을 맡고 있으면 전이가 일어나지 않음을 발견했다. 바탕에서 목표로 가면서 대상들이 역할을 바꾸면 사람들은 바탕 문제에서 나온 해답을 사용하여 목표문제 풀기를 매우 어려워했다. 이는 참여자가 그 공식을 하나의 추상적 원리로 이해한 것이 아니라 처음 마주친 특정한 대상들을 '구체화'했다는 것을 추가적으로 보여주는 것이다. 우리는 사고가 그다지 추상적인 관점에서 실행되지 않고 있음을 알 수 있다.

목표 문제를 향한 지식의 전이에서 인출과 대응의 과정이 중요하다. 겐트너는 목표 문제가 제시될 때 바탕 유추물이 인출되는 데에는 '표면 유사성(surface similarity)'이 결정적이라고 주장했다. 바탕에 속하는 대상들 간의 관계와 목표에 속하는 대상들 간의 관계가 같아야만 했다. 그렇지 않으면 사람들은 바탕으로부터 목표로 정보를 적용하는 데 어려움을 겪을 것이다. 새로운 목표 문제가 이전 상황과 동일한 대상을 포함하고 있다는 이유로 우리가 과거로부터 무엇인가를 상기하더라도 그 옛 경험은 목표 문제를 해결하는 데 유용하지 않을 수 있다. 이것은 인출과 대응은 자극 상황의 서로 다른 측면에 의해 제어되는 별개의 과정이라는 증거이다.

3. 문제해결을 위한 전문성

3.1. 체스와 전문성

전문가는 연습(practice)의 결과로 시종일관 뛰어난 성취를 보여주는 사람이다. 전문성은 그 역량을 어떻게 얻었는가와 상관없이 경험의 결과로서 뛰어난 수준으로 일정하게 수행하는 역량을 지칭한다. 누구든지 연습이나 공부의 결과로 혹은 둘 다의 결과로 전문가가 될수 있다. 전문성의 소유가 문제해결을 크게 촉진할 수 있다는 증거는 다양한 영역으로부터 많이 나와 있다. 전문성을 활용한 문제해결은 강한 방법으로 불린다. 강한 방법은 그 사람의 활동을 지휘하는 역할을 담당하므로 이는 하향식 과정을 이용한 문제해결의 일례가된다.

드 그루트는 체스 고수들이 어떻게 다음 수를 선택하는가 하는 문제를 조사했다. 체스에서는 '내가 이 수를 두면 상대방은 저 수를 둘 가능성이 있고 그러면 나는 이 수를 둘 수 있고 그러면 저 수를 둘 수 있을 것이고……' 등과 같이 내가 그 수를 두었을 때 일어날 수있는 일을 상상한다. 체스에서는 상상을 기반으로 계획하기를 실행한다. 처음 수를 두고서 그 다음 수에 대한 상상의 횟수가 많을수록 탐색의 깊이는 더 깊다고 말한다. 고수는 일반인들보다 더 깊이 탐색할 수 있다. 가능한 수를 더 다양하게 가지고 출발할수록 더 넓게 탐색하고 있는 것이다. [그림 6-1]은 체스에서 문제 공간 탐색의 깊이와 폭을 나타낸다.

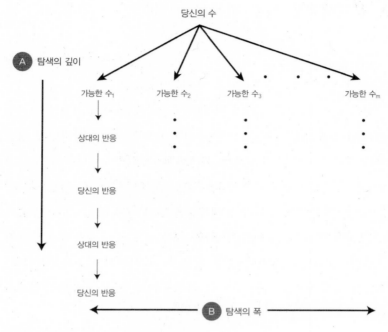

참고문헌 : 창의성, 로버트 W. 와이스버그, 김미선 역, ㈜시그마프레스

[그림 6-1] 체스에서 문제 공간 탐색의 깊이와 폭

   드 그루트는 고수들이 기량이 떨어지는 하수들보다 가능한 수를 더 많이 조사하지 않는다는 것을 발견했다. 즉 고수들은 기량이 떨어지는 선수들보다 더 넓게 탐색하지 않았다. 고수들은 무엇이 최고이거나 최고에 가까운 수인지를 매우 빠르게 찾아냈다. 기량이 떨어지는 선수들은 훌륭한 선수들임에도 불구하고 고수들은 전혀 생각지도 않은 수들을 고려하는 데 시간을 많이 사용했다.

   고수가 최고의 수를 볼 수 있는 이유는 오랜 세월에 걸친 공부와 함께 실전을 통해 기억 속에 많은 수의 체스 형세와 그 형세들에 대한 가장 효과적인 수들을 알고 있기 때문이다. 고수는 새로운 게임 형세를 최소한 어느 정도 친숙한 것으로 알아볼 수 있으므로 한 수를 선택하는 데 사용될 정보를 쉽게 얻을 수 있다. 체스 고수에게 체스를 둔다는 것은 최소한 부분적으로는 기억을 기반으로 하여 하향식 처리를 기초로 형세들을 재인하는 과제에 해당한다. 고수 체스 선수가 재인을 사용함에도 불구하고 상대방의 최고의 수를 깨닫고 나면 고수도 그 형세에 무엇이 진정한 최고의 수인지를 결정하기 위해 시간을 사용한다. 이렇게 가능한 수를 분석하는 동안 고수는 때때로 더 좋은 수를 발견한다.

고수는 체스 게임의 상세한 내적 표상을 형성하고 유지할 수 있어야 한다. 고수가 체스 게임의 상세한 표상을 가지고 있다는 증거는 그가 눈을 가리고도 수많은 게임을 동시에 치를 수 있다는 사실로부터 나온다. 드 그루트는 고수들이 판을 몇 초밖에 보지 않은 후에도 말들을 완벽하게 복기하는 것을 발견했다. 그러나 체스 고수들이 본질적으로 기억력이 대단한 것은 아니다. 무질서하게 배치된 체스 말들을 기억함에 있어서는 고수와 초보자들의 능력 차이는 거의 없다. 따라서 체스 고수들은 기억력이 대단한 것이 아니라 고수 수준의 체스 게임을 위한 기억력이 놀라운 것이다.

체이스와 사이먼의 연구 결과에 의하면 체스 선수들은 판을 체스에서 의미가 있는 말들의 덩어리로 취급했다. 체스를 모르는 사람은 별개의 말 서너 개를 볼 동안 전문가는 서너 개의 관련된 말로 이루어진 하나의 덩어리로 보기 때문에 몇 배를 더 회상할 수 있는 것이다. 체이스와 사이먼은 체스에서 세계적인 수준의 실력에 도달하려면 누구든 최소한 10년을 체스에 깊이 몰입하여 보내야 한다는 결론을 내렸다. 10년 법칙(10-Year Rule)으로 알려지게 된 이 발견은 작곡이나 작시처럼 창의적 작업과 관련된 여러 영역에서 지켜진다는 것이 밝혀졌다.

3.2. 전문성과 연습

누구나 어떤 영역에서든 단순히 그 영역에서의 활동에 참여하는 것으로 세계적인 수준에 도달하지 않는다. 예를 들어서 테니스를 많이 친다고 해서 훌륭한 테니스 선수가 되지는 않는다. 그보다 스승이나 코치의 주의 깊은 지도하에서 자신이 습득하기를 바라는 구체적인 기술을 연습해야만 한다.

에릭슨과 그의 동료들의 연구에 의하면 프로 바이올리스트들이 음악학교의 학생들보다 연습에 더 많은 시간을 쓰고 잠자는 데도 더 많은 시간을 할애한다고 한다. 이는 연습이 힘들어서 소모된 체력을 회복하기 위해서는 필히 잠을 자야한다는 것을 뒷받침한다. 이 연구를 통해 그들은 성취 수준의 차이가 음악가와 학생들이 일생동안 몰입한 연습의 수준이 다른 것에서 나온 결과라는 결론을 내렸다. 최고 수준의 성취에 도달하려면 반드시 최고 수준으로 연습을 해야만 했다. 블룸과 동료들이 크게 성공한 사람들을 대상으로 면담한 결과에 의하면 여러 해의 연습 활동 후에만 성취를 이룰 수 있었고 또한 부모와 코치를 포함한 인맥의 강력한 뒷받침에 의존했다고 한다.

에릭슨과 동료들은 다른 수준의 연습이 능력에서의 차이를 야기했다는 결론을 내렸다. 그러나 그것만으로 한 변수가 다른 변수를 야기한다는 결론을 내릴 수는 없다. 두 변수들 간에는 상관관계가

있을 뿐이다. 예를 들어 다른 수준의 능력, 즉 재능이 연습에서의 차
이를 야기했을 가능성도 동등하다

3.3. 문제해결을 위한 강한 방법과 약한 방법

지식의 특수성이 최고 수준인 과학자는 전형적으로 자신의 전문
영역에 속한 현상을 분석함에 있어서 강한 방법을 적용한다. 이러한
방법은 문제와 직접적으로 관련이 있는 정보를 이용할 수 있다.
DNA의 구조에 관한 프랭클린의 정보는 왓슨과 크릭에게 분자의 구
조 결정과 직접적으로 관련된 정보를 제공했는데 이는 그들이 전문
적 지식을 가지고 있었기 때문이다. 전문성을 가진 사람은 강한 방
법뿐만 아니라 유추 전이를 통해 새로운 상황을 다룰 줄 안다. 알파
케라틴의 분석에서 수집된 정보는 문제해결에 직접적으로 관련되지
는 않았지만 여전히 유용했고 결정적으로 중요한 정보였다. 문제와
관련되어 있는 정보를 거의 혹은 전혀 갖고 있지 않은 상태에서 문
제를 푸는 사람은 목표로부터 후진 작업과 같은 약한 발견적 방법에
의존해야만 한다. 약한 방법은 어떤 특별한 문제에도 추상적으로만
적용되므로 해결에 도움이 되지 못하는 수도 있다.

문제를 해결하려는 시도의 첫 단계는 그 문제를 자신의 지식과 대
조해 보는 것이다. 자신이 할 수 있는 최선으로서 지식과 추리 기술
을 적용해 그 문제를 분석하고 무엇을 할지 결정한다. 문제에 관한
지식의 특수성 정도를 바탕으로 할 때 그러한 문제해결의 다양한 방
식들을 분석적(analytic) 방법이라는 일반적 범주에 포함시킬 수 있다.
약한 방법에 해당하는 분석적 방법을 사용하면 우리는 최소한 자신

이 어떻게 나아가고 있는지에 관해 일반적 개념을 가질 수 있다.

어떤 문제를 다룸에 있어 첫 번째 단계는 [표 6-1]에서와 같이 그 상황을 우리의 지식과 대조해 본다. 우리는 그 상황에 관한 자신의 지식을 이용하여 문제를 분석한다. 만일 우리가 그 영역에서 전문성을 가지고 있으면 비교적 정확한 대응이 있을 수 있음에 따라 그런대로 해결 방법을 인출하게 된다. 만일 문제해결에 성공하지 못하면 우리는 2단계를 시도하여 그 문제에 약한 발견적 방법을 적용한다. 만일 약한 방법이 성공하지 못하면 우리는 문제해결에 실패하고 포기한다.

[표 6-1] 문제해결의 단계

1단계: 강한 방법의 적용을 통한 해결
1. 문제가 제시됨 ⇒ 지식과 대조 시도 A. 이용 가능한 해답이 없음 ⇒ 2단계 B. 지식과 대조 성공 ⇒ 전문성이나 유추를 바탕으로 해답을 전이 C. 해답 전이에 성공하면 ⇒ 문제가 해결됨 D. 해결에 실패하면 ⇒ 2단계 주: 만일 기억과 일치하는 것이 없으면, 2단계로 간다. 일치하면 해결을 시도한다. 문제의 해답   이 나올 수 있다.
2단계: 약한 방법의 직접적인 적용을 통한 해결
2. 1단계 A에서 실패 ⇒ 약한 방법을 바탕으로 분석 A. 분석 성공 ⇒ 해결 B. 해답 없음 ⇒ 막다른 골목, 문제 해결 불가 주: 약한 발견적 방법을 써서 문제와 씨름하며, 해답을 생각해내려고 노력. 만일 성공하면, 문   제가 해결됨.

참고문헌: 창의성, 로버트 W. 와이스버그, 김미선 역, (주)시그마프레스

문제해결에는 세 가지 범주, 즉 약한 발견적 방법, 유추 전이, 전문성 등이 적용된다. 각각의 방식은 문제해결의 개별적 방식이 아니라 일반성에서 전문성의 특수성까지 이어지는 연속선상의 여러 점들로 여기는 편이 더 간단하면서도 유용할 것이다.

4. 창의적 사고의 상향 과정

4.1. 산출-탐색 모형

스미스와 동료들은 인간의 모든 인지가 기본적으로 창의적이라고 강조한다. 또한 그들은 창의적 사고는 상향 과정으로 이루어진다고 주장한다. 스미스와 동료들은 창의적 과정의 2단계 모형을 제안했다. 첫 단계에서 개인은 '발명 전 모양(preinventive form)'을 산출한다. 이것은 아직 그 자체로 창의적 산물이 아닌 아이디어나 사물이다. 과정의 둘 째 단계는 탐색(exploration) 단계로서 개인은 발명 전 모양을 탐색하여 그것이 문제를 해결하는 데 혹은 달리 어떤 식으로든 창의적인 방식으로 사용될 수 있는지를 결정한다. 논문 저자들은 이러한 창의적 과정의 모형을 산출-탐색 모형이라고 이름 지었다.

베토벤은 멜로디가 저절로 생각난 다음에 곡으로서의 잠재성이 있는지를 '탐색'했다고 한다. 왓슨은 1951년 나폴리 총회에서 윌킨스의 DNA X선 사진을 보고서 흥분했는데 이는 DNA 구조가 어떤지는 몰라도 DNA에 분석 가능한 어떤 구조가 있다고 생각했기 때문이었다. 윌킨스 사진은 왓슨에게 '발명 전 모양'이었다고 말할 수도 있다.

창의적 과정의 산출 단계는 수많은 인지 과정들 중의 어떤 과정도 바탕으로 할 수 있다. 예를 들어 기억으로부터의 정보 인출이 유용할는지도 모르는 아이디어를 내는 구실을 할 수 있다. 그런 다음 그 아이디어의 장점들이 그 가능성의 탐색을 통해 결정되는 것이다. 잠재적으로 창의적인 아이디어를 생산하는 또다른 방식은 존재하는 정신적 표상을 새로운 표상으로 변형(transformation)하는 것이다.

시인이 어떤 단어나 문구를 위한 후보들을 산출하고 소설가가 줄 거리를 위한 윤곽을 산출하며 미술가가 그림의 구조를 스케치하고 과학자가 실험 결과에 관해 어떤 가설을 세울 때가 창의적 활동의 첫 단계이다. 일단 후보 아이디어가 산출되고 나면 시인이 산출된 문구에서 은유적 의미를 탐색하거나 과학자가 산출된 가설을 뒷받침할 실험 결과를 탐색하는 과정이 탐색기에 포함될 수 있을 것이다.

워드와 핀케, 스미스는 통제된 실험실 환경에서 산출 더하기 탐색을 짜임새 있게 활용하면 창의적 산물의 생산을 촉진할 수 있음을 보여주었다. 실험자는 단순한 모양의 그림들을 보여주고 실험자가 무작위로 고른 세 가지 모양을 가지고 심상을 이용하여 그것들을 어떤 식으로든 유용할지 모르는 '재미있게 생긴' 새로운 대상으로 통합하라고 지시했다. 이 작업은 유도 심상(guided imagery)이라고 부를 만한 것을 바탕으로 한다.

과정의 둘째 단계는 모양들의 잠재적 유용성 탐색을 중심으로 한다. 발명 전 모양을 산출한 후 참여자들은 여덟 가지 대상 범주들 중하나의 이름을 받고 발명 전 모양을 그 범주에 속하는 하나로 해석하라는 요구를 받았다. 발명 전 모양을 범주에 맞추는 일은 발명 전모양을 하나의 발명품으로 바꾸어 놓았다. 한 실험에서 참가자들은한 가지 발명품을 만들어 낼 기회를 총 360번 받았는데 결과물 중65개가 잠재적으로 유용한 창의적 발명품으로 판정되었다. 참가자들에게 발명 전 모양을 해석할 시간을 더 많이 주면 훨씬 더 높은 비율의 창의적 발명품들이 만들어졌다.

4.2. 상향 과정의 한계

유도 심상법이 창의적 작업과 얼마나 광범위하게 관련이 있을까? 어떤 사람이 무엇인가 새로운 장치를 만들어 내려고 함에 있어서 특정한 사물의 유형을 염두에 두지 않고 있다면 유도 심상이 유용할 수 있다. 그러나 그가 특정한 문제를 해결하려 하고 있다면 유도 심상은 유용하지 않을 것이다. 예를 들어서 기계를 개발하는 회사에 근무하는 연구원이 새로운 기계를 개발하려 할 때에 핀케와 동료들의 방식은 덜 도움이 될 것이다.

창의성의 산출-탐색 모형은 본래 상향적이다. 그것은 발명 전 모양들이 그 개인 입장에서 무작위로 선택한 요소들로부터 산출될 때 창의적 과정이 잘 작동된다고 한다. 실제로 유도 심상 기법에서는 목표가 없는 상태로부터 제공되었다. 왓슨과 크릭의 이중나선 발견이나 피카소의 <게르니케>에서 상향 과정으로 분리될 만한 것이 거의 없었다. 예를 들어서 피카소는 먼저 발명 전 모양을 산출한 다음에 그것의 용도를 탐색하지 않았다. 오히려 그는 구조를 염두에 두고 있었고 그 구조는 <미노타우로마키>의 형태로 저장되어 있던 그의 자료 은행으로부터 산출되었다.

워드와 핀케, 스미스의 연구는 엄격한 실험실 조건하에서 창의성 촉진법을 제공하지만 창의적 사고의 설명으로서는 한계가 있다. 그들이 제안한 과정은 창의적 사고를 자극하기 위한 방법으로서는 유용해 보이지만 창의적 사고가 반드시 산출-탐색 모형으로 예시되는 상향적 방법을 사용해서 실행된다는 의미는 아니다.

5. 전문가 요소로서의 연습과 재능

5.1. 전문가가 되기 위한 재능

　전문가로서 높은 수준의 수행력을 가지려면 연습과 재능의 두 요소 중에서 어느 것이 더 중요할까? 전문성 연구자들은 많은 영역에서 수행력을 결정하는 궁극적인 요인이 연습으로 습득된 전문성이 아니라 재능이라고 제안해 왔다. 예를 들어서 세계 수준의 테니스 선수는 빠른 반사 신경, 뛰어난 손과 눈의 협응력, 재빠른 발놀림 등을 타고난다는 것이다. 그러한 천부적인 테니스 재능은 테니스에서는 발휘될 수 있지만 세계 수준의 원반던지기 선수가 되는 일과는 무관하다. 원반던지기에는 또 다른 천부적 재능이 필요할 것이다. 재능 관점의 옹호자들은 만일 어떤 사람이 우선적으로 재능이 없다면 아무리 연습을 해도 소용이 없다고 주장한다.

　그러나 평범한 개인들의 수행력에 타고난 제한은 거의 없을 수 있다는 주장도 제기되었다. 그림과 작곡뿐만 아니라 음악 연주나 운동 영역처럼 높은 수준의 성취는 재능의 결과라기보다 연습을 바탕으로 한 전문성에서의 차이에서 기인한다는 의견이 제시되어 왔다.

　에릭슨과 동료들의 연구에 의하면 성취와 연습 간에는 상호관계가 있는데 이것으로는 원인과 결과에 관한 결론을 이끌어낼 수 없다. 즉 연습에서의 차이가 성취에서의 차이를 일으켰다고 결론 내릴 수 없다는 의미이다. 또 하나의 상호관계는 성취와 재능 요소에서도 있을 수 있다. 높은 수준의 재능을 가졌다면 그 사람은 재능을 덜 가진 사람들보다 더 많이 연습하도록 선택되었을 것이다. 성취와 연습 혹은 성취와 재능 사이의 인과관계를 증명하기 위해서는 표본 집단이 여러 수준의 연습에 노출되는 조건에 무작위로 배정되는 통제된 실험을 실시해야 하는데 표본 집단을 구하기도 힘들고 무엇보다도 세월이 많이 걸린다는 단점이 존재한다.

위너는 그의 연구결과로 어떤 영역에서 많은 양의 연습 없이 높은 수준의 능력을 보이는 비범한 젊은이가 있다는 것을 발표했다. 그러한 사람들의 가장 두드러진 예는 차폐 천재(autistic savant, 혹은 서번트), 즉 심리학적으로 심각한 장애가 있음에도 불구하고 어떤 제한된 영역에서 비범하게 높은 수준의 수행을 보일 수 있는 사람들이다. 예를 들어 어떤 날짜라도 요일을 맞출 수 있는 달력 계산기와 같은 서번트가 있다. 공식적인 지도를 받지 않았는데도 어떤 예술적 영역에서 예외적인 능력을 보이는 서번트들도 있다.

서번트는 세계 수준의 수행자로 발달하는 어떤 사람에게서 일어날 수 있는 극단적인 사례이다. 타고난 재능이 그것을 육성하는 자극에 노출되는 환경을 통해 흘러나오는 것이다. 지적이고 사회적인 발달의 다른 모든 측면에서 부족할 수 있는 서번트에게서 재능이 번성할 수 있다는 사실은 재능이 별도의 능력이라는 증거로 받아들여진다. 그러한 능력은 대물림될 수 있고 지능이나 사교적 기술과 무관하다.

위너는 타고난 재능이 조숙한 화가들을 밀어붙여 비범하고 빠르게 발달하도록 하고 있다고 믿는다. 어째서 어떤 사람들은 때때로 아주 어린 나이부터 외적 보상과 아무 상관도 없이 어떤 활동을 강박적으로 연습하려고 할까? 그녀는 재능과 같은 무엇인가가 있어야만 어떤 사람들이 세계 수준의 수행을 달성하는 데 필요한 엄청난 양의 연습을 수행한다고 주장한다. 설사 연습이 세계 수준의 수행을 생산하는 데 결정적인 요소라 할지라도 일단 재능이 없으면 아무도 연습을 하려고 하지 않을 것이다.

5.2. 재능 대 연습

슬로보다와 그의 동료들은 음악적 수행 능력의 발달에서 재능 대 연습의 역할에 관해 중요한 여러 발견들을 보고했다. 그들은 영국 초등학생들의 음악적 기술 발달을 연구했다. 어린이들에게서 비범성의 초기 징후를 밝히려 한 연구에서 연구자는 모든 어린이들의 부모에게 음악적 재능의 다양한 징후로 볼 수 있는 일이 일어난 나이에 관해 물었다. 어린이들이 성인이 되어 보여준 능력의 범위는 대단히 넓었음에도 불구하고 어린 시절에 나타난 음악적 재능의 가능한 표식에서 보이는 차이는 매우 적었다. 그러나 슬로보다와 동료들은 고능력 집단의 부모들은 자신의 아이가 음악 활동을 시작하는 데 더 많이 개입했다고 언급했다. 따라서 고능력 집단에 치우친 음악적 표식은 그것이 적기는 해도 아이들에 대한 부모의 개입 차이에서 온 결과일 수 있었다.

슬로보다와 동료들의 연구에 의하면 날마다 두 시간 이상 연습한 어린이들 가운데 낮은 기술 수준에 들어간 어린이는 아무도 없었다. 연습은 많이 했음에도 실패한 '고연습 실패자'는 발견되지 않았다. 그들의 연구에 의하면 성취도가 최고인 학생들도 한 수준에서 다음 수준으로 발전하는 데 있어서 성취 수준이 최저인 학생들에게 필요한 것과 동일하게 연습 시간이 필요했다는 것이다. 재능 있는 집단이 더 빠르게 발전한 이유는 그들이 연습에 더 집중했기 때문이지 그들에게 연습 시간이 덜 필요해서가 아니었다는 것이다.

재능 관점에 문제를 제기하는 몇 가지 다른 종류의 증거들이 있다. 어떤 사람이 의도적 연습을 계속하기만 한다면 수행에서의 향상이 몸이 다 자란 후에도 오래도록 일어날 수 있다는 것이 밝혀졌다. 이것은 수행의 수준이 몸의 발달에 의해 제한되지 않는다는 결론으로 이어진다. 재능 관점은 그러한 제한을 암시하는 것으로 여겨질 수 있다. 수행 수준을 객관적으로 측정할 수 있는 여러 영역(예로서 체스 순위, 바둑 순위, 골프 순위 등)에서 수행의 발달 궤적을 보면 가장 재능 있는 사람들조차 발달하는 몇 해 동안 점진적인 향상을 보인다는 것이다. 이것은 발달이 타고난 재능의 개화라기보다는 누적된 연습의 결과임을 암시한다. 따라서 재능 관점을 옹호하는 사례는 적어도 우리가 추정하는 것만큼 강력하지는 않는 것처럼 보인다.

집중적인 연습이 세계 수준의 수행과 긍정적으로 관계가 있다는 증거가 많은 영역에서 발견된다. 에릭슨과 동료들의 연구 결과대로 연습은 어떤 사람에게서도 기술을 발달시키기 위한 필요조건이라고 가정해 볼 때에 위너의 기본 질문, 즉 어째서 누군가는 최고 수준의 기술을 발달시키는 데 필요한 높은 수준의 연습에 자신을 헌신하고 싶어 하는 것일까 라는 것이 남아 있다. 재능 관점의 옹호자들은 어떤 사람이 맨 처음부터 어떤 영역에 끌리고 그 영역에서 여러 해 동안 의도적 연습에 전념하게 되는 것은 오직 그가 그 영역에 재능이 있을 때뿐이라고 주장한다. 위너의 개념, 즉 어린이가 어떤 영역을 '정복하려는 욕구'는 부모의 격려나 도움과 무관한 것으로 이 현상을 묘사한다. 재능 있는 사람만이 그 영역에 대한 노출에 너무도 강력하게 반응하여 의도적 연습의 일생이라는 요구에 완전히 헌신할

만큼 동기가 부여된다는 것이다.

'정복하려는 욕구'를 이해하기 위해 우리는 재능이 어떤 기술과도 무관한 채 그 영역 자체에 대한 어떤 사람의 감수성이라고 추측할 수도 있다. 피아노에 대한 재능은 피아노에서 나는 음의 소리, 손아래 건반의 느낌 등에 대한 감수성을 포함할 수도 있다. 재능 있는 사람과 재능 없는 사람들 간에 능력에는 차이가 전혀 없고 단지 그 영역의 호소력에서 차이가 있는지도 모른다. 그러한 호소력에서의 차이가 그 영역에 몰입하려는 동기에서의 차이로 이어져서 연습하려는 자발성에서의 차이로 이어지고 성취에서의 차이로 이어지는 지도 모른다.

6. 전문성과 성취

6.1. 재생산적 전문성

수영이나 피겨 스케이팅과 같이 전문성을 발달시키는 어떤 영역에서는 전문가가 일련의 동작을 매번 동일한 방식으로 재생할 수 있는 것이 활동의 목표이다. 예를 들어 수영 선수는 여러 해 동안 자신의 자세를 완벽하게 다듬고 체력 훈련을 수행함으로써 어느 누구보다도 빨리 헤엄쳐 갈 수 있는 새로운 경지를 개척하는 지점에 다다를 것이다. 그러나 이와 같은 획기적인 성취는 새로운 것을 생산하는 것이 아니라 기술을 완성하고 그것을 점진적으로 다른 이들이 해놓은 것 너머로 가져가는 것이다. 우리는 이러한 진보를 재생산적 진보(reproductive advance)라고 부른다.

만일 코치나 수영선수가 새로운 수영 기법이나 새로운 훈련 기법을 개발하려 한다면 그는 창의적인 행동을 실행하고 있는 것으로 간주될 수 있다. 예를 들어 배영을 할 때 수영장 벽을 밀어낸 뒤 물 밑에서 긴 거리를 헤엄쳐가는 방법으로 출발하는 것은 배영을 하는 동안만큼은 수면에서보다 물 밑에서 더 빨리 갈 수 있기 때문에 혁신적인 방법에 해당한다.

6.2. 행동 조절

농구, 축구, 하키, 테니스 등과 같은 일부 체육 활동들에서 혁신을 이룩하려면 전문성 역할이 중요하다. 그런 활동들을 수행하는 데에는 혁신의 관점에서 많은 것이 필요하다. 예를 들어 숙련된 농구 선수는 상황의 특정한 요구에 맞도록 슛을 변화시킬 수 있다. 수비 선수가 좌우 어느 쪽에 있는가, 눈앞에 있는가 아니면 뒤쪽으로 멀리 떨어져 있는가, 자신의 주변에 동료가 있는가에 따라 슛을 조절할 수 있다.

이와 같이 어떤 사람이 고착되어 굳어지지 않는 행동의 체계를 습득한 상황을 행동 조절(behavioral adjustment)이라고 한다. 수영선수의 수행에는 재생산적 전문성이 관련되지만 여기에는 거의 연속적인 혁신이 수반된다. 행동 조절을 할 수 있는 체계를 습득한 사람은 이전 세대가 전수한 전문성을 넘어서는 기법에서의 혁신도 일으킬 수 있다. 1930년대와 1940년대에는 몇 명의 농구 선수만이 점프 슛을 할 수 있었다고 한다. 이전의 선수들은 한 발이나 양발을 땅에 디

딘 채 모든 슛을 했으므로 점프슛은 혁신적인 기법에 해당하는 것이다.

6.3. 음악 연주에서의 창의성

에릭슨은 음악의 연주가 얼핏 보이는 것보다 더 복잡하고 창의성을 수반한다는 의견을 내놓았다. 세계 수준의 음악가는 자신의 연주를 통해 감정을 표현할 수 있고 의식적으로 곡의 해석을 바꿀 수 있다고 한다. 예를 들어 어떤 음악가는 자신의 연주가 지나치게 감정적이라고 생각하면 곡 전체가 감정을 덜 방출하도록 즉시 연주 방식을 바꿀 수 있다.

음악 연주에서 발휘되는 기술은 생각보다 더 유연하며 농구의 체계와 유사한 행동 조절이 가능한 체계에 속한다. 어떤 음악가가 어떤 곡을 위해 새로운 해석을 개발할 수 있고 그 결과 미래 세대들은 이전에 친숙했던 곡들을 새로운 방식으로 연주할 수 있게 된다.

상기에서와 같이 더 '재생산적인' 기술의 경우라고 해도 전문성과 혁신이 반드시 적대적인 개념은 아닐 수 있다. 나아가 많은 기술들은 행동 조절을 할 수 있고 거기에는 창의성이 수반된다.

6.4. 긴장 관점에서의 창의성

심리학에는 오랜 전통이 있는데 그 전통 안에서는 창의적 사고에 경험으로부터 일탈이 필요하다고 가정한다. 즉 과거 경험과 창의성 간에는 긴장이 존재한다고 가정한다. 창의적 반응을 요구하는 문제를 다룰 때 경험을 동원하는 것도 형태주의 심리학자들은 재생산적 사고로서 무시했다. 그것은 예전에 이룩된 무엇인가를 재생산하고 혁신을 요구하는 상황을 다룰 능력이 없다고 가정되었기 때문이다. 사이먼튼은 '가능한 해결 경로가 무한해서 해답을 얻을 가망이 거의 없는 것처럼 보이는 문제에 대해 자유연상 절차를 통해 무작위적 과정으로 문제 해결하는 창의자만이 진정으로 심오한 통찰에 다다를 수 있다.'고 말했다.

사이먼튼이 암시하는 문제들 중에는 (1) DNA 분자의 구조는 어떠한가? 이 문제는 왓슨과 크릭을 이중나선으로 이끌었다. (2) 어떻게 하면 그림을 그려서 전쟁 도중에 무고한 사람들의 학살로부터 일어나는 공포를 표현할까? 이 문제는 피카소의 <게르니케> 창작으로 이어졌다. (3) 어떻게 하면 공간에서 자유롭게 움직이는 추상 조각을 만들어 낼 수 있을까? 이 문제는 조각가 알렉산더 칼더가 최초의 모빌을 제작하도록 유도했다. (4) 어떻게 하면 하늘을 나는 기계를 만들 수 있을까? 이 문제는 라이트 형제로 하여금 비행기를 발명하게 만들었다. (5) 어떻게 하면 실용적인 전구를 생산할 수 있을까? 이 문제는 에디슨이 1879년에 전구를 발명함으로써 해결했다.

사이먼트는 이런 종류의 문제들이 사고자로 하여금 습관적인 방식의 사고로부터 벗어나서 과거에 덜 묶여 있는 '자유 연상적' 절차를 사용하도록 요구한다고 생각했다. 길포드는 창의적 사고의 심장부에 발산적으로 사고하는 기술이 있다고 제안했다. 그 기술은 과거, 즉 평범한 것으로부터 벗어나는 아이디어를 낼 수 있게 하고 그럼으로써 그 사고자는 마주하고 있는 상황에 대해 창의적으로 반응할 가능성이 높아진다.

사이먼튼에 의하면 교육은 어떤 사람이 맨 처음에 어떤 영역을 다룰 수 있도록 하는 데 필수적이겠지만 지나치게 많은 교육은 나쁜 것이 될 수도 있다는 것이다. 따라서 교육과 창의성 간에는 곡선적 관계가 발견될 것이다. 이 곡선의 형태는 뒤집힌 U자 형으로 높은 교육의 중간 수준에 최고점이 있었다.

워드는 지식이나 경험과 창의성 간의 부정적인 관계를 뒷받침하는 또 다른 흐름의 연구를 해왔다. 그는 구조화된 상상력(structured imagination)이라고 부르는 것을 조사했는데 이것은 평범한 사람들에게 지구로부터 멀리 떨어져 있는 행성의 생물을 상상하라고 하면 대부분은 지구상의 생물과 똑같은 기본 특성, 즉 대칭과 쌍을 이루는 감각 기관이 들어 있을 것으로 상상함을 뜻한다. 새로운 환경이 지구와 다른 만큼 그 사람은 생물의 새로운 측면들을 상상할 수 있을 것이지만 상세한 배경이 없을 때에는 지구 생물에 관해 마음에 깊이 새겨진 지식이 사람들의 상상력을 억제하는 것이다.

문제해결에서의 통찰

1. 통찰 문제

우리는 어떤 문제를 해결하는 과정이 문제 공간을 통한 탐색 과정이라는 것에 동의한다. 문제가 가지고 있는 특수성의 정도에 따라 강한 방법과 약한 방법이 적용되고 특수성의 정도는 우리가 소유하고 있는 문제 특수적 지식의 양에 의존한다. 문제해결의 인지분석 관점에서 보면 어떤 문제를 다루는 첫 번째 단계는 그 상황을 그 사람의 지식에 대응시키려고 시도하는 것이다. 그 사람은 그 상황에 관한 자신의 지식을 바탕으로 문제를 하향적 개념을 통해 분석한다. 만일 그 사람이 그 영역에서 전문성을 보유하고 있으면 그 문제와 그 개인의 지식 간에는 비교적 정확한 대응이 일어날 것이고 그 결과 그 문제에 그런대로 가깝게 들어맞는 해결방법을 상기하게 된다. 만일 지식 대응을 통해 해결에 실패하면 그 사람은 그 문제에 약한 발견적 방법을 적용하려 한다. 약한 방법이 성공하지 못하면 그 사람은 문제를 해결하는 데 실패하고 포기할 것이다.

어떤 문제에 관한 지식의 특수성 정도를 바탕으로 하는 다양한 문제해결의 방식을 '분석 방법'들로 범주화할 수 있다. 이러한 분석 방법에서는 우리가 할 수 있는 정도까지 지식과 추리 기술들을 적용하여 문제를 분석하고 무엇을 할 것인지를 결정한다. 약한 방법을 사용할 때에도 최소한 어떻게 진행하겠다는 일반적인 생각을 가지고 단계적이며 점진적으로 문제를 풀므로 우리는 우리가 발전하고 있는지 어떤지에 관한 느낌이 있다.

그러나 분석 방법들을 사용해서는 전혀 문제해결에 성공하지 못하다가 갑자기 해답이 의식 속으로 번개처럼 스치는 때가 있다. 이럴 때 경험하는 것을 우리는 '아하! 경험'이라고 한다. 이러한 순간을 '통찰의 도약'이 일어난다고 말하며 거기에는 분석적 방법을 사용하여 문제를 해결할 때 발생하는 것과는 전혀 다른 느낌이 따른다. 심리학자들이 실험실에서 통찰의 도약을 연구하고자 할 때 사용해 온 몇 가지 통찰 문제(insight problem)들을 [그림 7-1]에 제시하고 통찰 문제의 해답을 [그림 7-2]에 나타낸다.

심리학에서 문제해결에서의 통찰이라는 개념이 20세기 초 형태주의 심리학자들과 함께 시작되었다. 통찰이라는 개념은 심리학으로 도입되는 순간부터 논란의 중심이 되어 왔다고 한다.

A. 아홉 점

네 개의 연결된 직선으로 3 × 3 행렬의 아홉 점을 이어 보라.

해답 : 그림 7-2A.

B. 촛불

그림에서 이용할 수 있는 물건들을 가지고 초를 벽에 붙여서 초가 제대로
타게 할 수 있는 방법은?

해답 : 그림 7-2B.

C. 옛날 동전

한 박물관장에게 어떤 남자가 옛날 동전을 팔겠다는 제의를 하려 접근한다. 그 동전은 진짜처럼 보였고 기원전 544년이라는 날
짜가 표시되어 있었다. 박물관장은 이 남자와 전에도 거래를 했었지만, 이번에는 경찰을 불렀다. 왜 그랬을까?

해답 : 그 동전은 가짜가 틀림없었다. 그것의 날짜는 기원전(즉, 예수 탄생 전) 544년이었다. 예수가 언제 태어날
지를 누가 어떻게 알 수 있었겠는가?

D. 수련

수련은 매일같이 면적이 두 배로 늘어난다. 여름의 첫 날, 연못에 수련이 한 송이 있다. 60일 후, 호수 전체가 뒤덮인다. 호수의
절반이 뒤덮이는 날은 며칠 째일까?

해답 : 59일째

E. 양말

당신은 출근을 하려고 일찍 일어난다. 날은 아직 어둡고, 불을 켜서 당신 배우자의 잠을 방해하고 싶지 않다. 당신은 서랍 안에
다섯 켤레의 파란 양말과 네 켤레의 검은 양말이 들어 있다는 것을 알지만 양말들은 따로따로 짝지어져 있지 않다. 캄캄한 서랍
속에서 당신은 최소한 몇 짝의 양말을 꺼내야 확실히 맞는 한 켤레를 가지게 될까?

해답 : 세 짝

참고문헌 : 창의성, 로버트 W. 와이스버그, 김미선 역, ㈜시그마프레스

[그림 7-1] 통찰 문제

A. 아홉 점

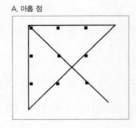

B. 촛불

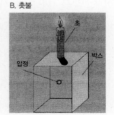

[그림 7-2] 통찰 문제의 해답

2. 통찰을 통한 문제해결

2.1. 통찰을 통한 문제해결의 특징

통찰을 통한 문제해결의 특징은 다음과 같이 세 가지로 규정한다.

- 문제가 아하! 경험을 통해 갑자기 해결된다.
- 문제가 막다른 골목 이후에 무진전 기간을 거쳐 해결된다.
- 문제가 문제에 접근하는 새로운 방식의 결과, 즉 문제의 재구조화를 통해 해결된다.

형태주의 관점에서 어떤 문제는 불안정이거나 긴장의 상태이기도 하다. 문제 상태로부터 목표가 당장 얻어질 수 없기 때문이다. 해답을 얻으려면 우리는 문제를 정확하거나 통찰력 있게 구조화하여 그것이 불안정을 해결해주도록 해야만 한다.

예를 들어 양말 문제는 우선 확률을 사용함으로써 부정확하게 접근하려는 경향이 있다. 이 문제를 풀려면 확률 접근을 단념해야 한다. 서랍에서 양말을 꺼내는 사람의 상황을 고려해야 한다. 처음 두 짝의 양말을 꺼낸 후 동일한 색깔의 양말 한 켤레를 들었을 수도 있는데 이 경우에는 문제를 해결한 셈이 된다. 그러나 두 짝의 양말이 서로 같은 색깔이 아닐 수도 있으므로 세 번째 양말을 꺼내면 이들 둘 양말 색깔 중 하나와 일치하게 된다. 양말의 색깔이 두 종류밖에 없기 때문이다. 우리는 여기에서 문제가 해결될 수 있으려면 먼저 전형적으로 접근하는 확률 계산하기를 단념해야 한다는 것을 알 수 있다. 그 최초의 방향을 문제에 적용되는 원래의 구조라고 한다면 문제를 해결하려는 사람은 그것을 재구조화 해야 한다고 말할 수 있다. 문제를 푸는 동안 재구조화는 그 사람이 막다른 골목에 도달한 결과로서 일어날 수 있다.

2.2. 통찰 대 경험

형태주의 심리학자들은 평범한 주위환경 하에서 문제를 해결할 때에 통찰을 들여오는 데에는 아무런 전문 지식도 필요하지 않다고 가정했다. 수련과 양말 문제해결은 일단 재구조화가 일어나면 한 단계나 두 단계밖에 요구하지 않고 어느 문제를 위해서든 전문화된 지식은 필요하지 않는다.

그러나 사람들은 때때로 통찰 문제를 푸는 데 어려움을 겪는데 이는 문제의 재구조화가 어려울 수 있다는 것을 뜻한다. 재구조화가 일어나는 것을 방해하는 요인들 중의 하나는 지식이 적용되지 않는 통찰 문제에 자신의 지식을 적용하려는 시도이다.

통찰 문제에 경험을 적용하는 것은 해결을 위해 상황을 필수적인 방식으로 재구조화하는 것을 불가능하게 만든다. 이러한 상황에 처한 사람을 과거 경험에 '고착되었다.'고 한다. 아홉 점 문제의 최대 난점은 고착의 결과인 것으로 가정된다. 해답은 선이 점들이 이루는 모양 바깥에 그려질 것을 요구하지만 문제를 못 푸는 사람들은 그 점들을 사각형으로 지각한다. 이러한 문제의 분석 때문에 그 사람은 선들을 사각형 안에 가두는데 그럼으로써 문제를 푸는 것이 불가능해진다. 옛날 동전 문제에서는 우리가 현재 관점에 갇히게 되면, 즉 동전을 만들고 있는 사람을 현재로부터 '시간을 거슬러 바라보면' 고착이 일어난다. 그러나 문제를 풀려는 사람은 동전을 만든 사람의 관점으로 시각을 전환해야 한다.

3. 통찰에 대한 증거

3.1. 손다이크와 쾰러의 실험

손다이크는 문제 상자라고 불리는 여러 개의 유사한 우리들을 고안해서 각각에 배고픈 고양이를 집어넣었다. 먹이는 우리 바깥쪽에 놓여있었지만 동물의 시야 안에 있었고 발이 닿지 않은 곳에 있었다. 동물들은 우리 밖으로 나가려고 애썼지만 문을 밀거나 움켜쥐는 것과 같은 간단한 반응으로는 문을 열 수가 없었다. 그 동물들은 처음에 어쩌다가 우리 문 여는 방법을 알게 되었고 횟수를 거듭할수록 서서히 좀 더 효율적으로 우리를 나갈 수 있었다. 그러나 손다이크는 동물들이 우리 탈출을 점진적으로 학습할 뿐이지 탈출 방법의 통찰을 보여줄 능력은 없다는 결론을 내렸다. 경험이 없는 경우 동물들은 여전히 무작위로 반응했고 우리의 탈출 방법을 추리해서 알아낼 능력이 없었다.

쾰러는 형태주의 심리학자로서 동물들이 지능과 함께 통찰을 가지고 있다고 믿었다. 그는 어떤 유기체가 어떤 상황에서 통찰을 나타내기 위해서는 그 상황이 재구조화될 수 있도록 유기체가 전체 상황의 윤곽을 이용할 수 있어야 하는데 손다이크는 동물들에게 그러한 능력을 발휘할 기회를 제공하지 않았다고 주장했다. 예를 들어서 동물이 우리 가운데에 있는 수직 기둥을 밀면 문이 열렸지만 우리 안쪽에서는 기둥과 문 사이에 연관성이 있다는 것을 알아낼 수 없었다.

퀼러는 손다이크의 연구에 내재되어 있는 그러한 한계에 대응하여 침팬지의 통찰 연구를 실시했다. 퀼러의 실험에서는 침팬지가 우리 안에 있고 우리 밖에는 먹음직스러운 바나나가 놓여있었다. 바나나는 침팬지가 손을 뻗어도 닿지 않는 곳에 있었다. 침팬지 우리 앞의 바닥에는 창살로부터 바나나 쪽으로 막대가 놓여있었다. 그전에는 침팬지가 그 막대에 아무런 주의도 기울이지 않았었는데 갑자기 그것을 쥐고 갈퀴로 사용하여 바나나를 끌어왔다. 침팬지는 막다른 골목에 도달한 다음에 갑자기 해답을 발견한 것이다. 퀼러는 동물이 바나나를 끌어들이는 데 막대를 사용하려면 막대가 그 동물 팔의 잠재적인 연장으로서 지각될 수 있도록 막대가 침팬지와 바나나 사이에 놓여 있는 것이 결정적으로 중요하다는 것을 발견했다. 막대가 동물의 옆이나 뒤에 떨어져 있어서 바나나, 막대, 팔이 한눈에 보이지 않으면 막대는 사용되지 않곤 했었다. 그러나 상황의 구조가 정확하게 짜여 있으면 손다이크의 동물들이 보여준 시행착오 없이 통합된 전체로서 해답을 찾곤 했다.

3.2. 인간에서의 통찰

멧칼프는 인간이 통제된 실험실 안에서 통찰 문제를 풀 때 아하! 경험이 일어난다는 증거를 보일 수 있다는 몇 가지 연구를 실시했다. 멧칼프는 참가자가 해답에 가깝게 문제를 풀면 풀수록 '너는 지금 더워진다, 더 더워진다, 뜨거워진다, 아주 뜨거워진다.' 등으로 말해주고 반대로 해답으로부터 멀어지면 멀어질수록 '너는 지금 추워진다, 더 추워진다, 얼고 있다.' 등으로 말해주었다. 참가자들이 문제를 풀어 가는 동안에 자신이 얼마나 '따뜻하게 느꼈는가의 등급'을 제공한 것이다. 이를 1분에 몇 번씩 실시함으로써 문제의 해결에 얼마나 접근해 있는가에 관한 참가자의 믿음을 거의 연속적으로 기록할 수 있었다.

멧칼프는 만일 통찰 문제가 아하! 경험 중에 풀리고 있다면 해결 지점 전에는 증가가 거의 혹은 전혀 없다가 해결 직전에 온기 등급이 갑자기 올라가야 한다고 가정했다. 반대로 만일 분석 문제가 점진적인 작업을 통해 풀리고 있다면 그 문제 풀기에서의 온기 등급은 해답이 가까워짐에 따라 점진적인 증가를 보여야 했다.

멧칼프의 실험에서는 통찰 문제의 경우에 해결 직전까지 온기에서의 증가가 거의 없었는데 이는 통찰이 터져 나오면서 해결이 갑자기 일어났다는 것을 뒷받침한다. 반면에 통찰을 기반으로 하지 않는 문제의 경우는 점진적인 증가가 별견되었다. 멧칼프의 발견은 통찰 문제에 대한 해결이 아하! 경험 중에 일어날 수 있음을 증명했고 다른 사람들도 문제해결 도중의 주관적 경험을 조사함에 있어 그녀의 방법을 사용해 왔다.

3.3. 문제해결에서의 실패와 고착

(1) 기능적 고착

덩커는 참가자들이 고착에 의한 방해 때문에 얼핏 보기에 단순한 해답을 내지 못하는 몇 가지 문제들을 조사했다. 그 문제들은 모두 친숙한 물건이 새로운 방식으로 사용될 것을 요구했다. 그러나 만일 문제에서 먼저 그 물건의 일상적인 기능으로 사용하려 하면 해결이 어려워졌다. 그 물건의 전형적인 기능이 문제에 요구되는 새로운 기능의 발견을 차단했던 것이다.

촛불 문제에서 해답의 시작은 압정 상자를 사용하여 초를 위한 선 번이나 받침대를 세우는 방법을 생각하는 것이다. 그러나 압정 상자를 그것의 일상적인 기능, 즉 압정의 용기라는 생각이 새로운 방식의 사용을 방해한 것이다. 덩커는 어떤 물건의 확립된 기능에 의해 일어나는 방해를 가리켜 기능적 고착(functional fixedness)이라는 용어를 사용했다.

(2) 문제해결에서의 설계 고착

잰슨과 스미스의 연구에서는 기술자나 공학도들의 집단을 시험하는 몇 가지 실험들로 구성하였다. 각 실험에서는 두 집단이 동일한 설계 문제를 받았는데 유일한 차이는 한 집단은 문제점들이 지적된 그림 예를 받으면서 그 요소들을 피하라는 말을 들었다는 점이다. 대조군은 예를 본 적이 없었다. 사람들이 자신의 설계에서 그 측면을 피하라는 말을 들었을 때조차 문제가 되는 측면을 포함한 설계를 낳았다. 이 연구를 근거로 사람들은 어떤 문제에 접근할 때 그에 관한 정보가 있으면 그 문제가 바라는 조건대로 접근하기가 대단히 어려운 것으로 보인다.

3.4. 통찰에서의 비분석적 과정

(1) 통찰에 드리우는 언어의 그늘

슐러와 동료들은 만일 분석 문제들이 단계적 방법을 통해 해결된다면 사람들은 문제해결 과정의 어떤 지점에서도 그들의 생각을 말로 표현할 수 있어야 한다고 추리했다. 그러나 만일 통찰 문제가 갑작스럽게 해결된다면 사람들은 무슨 일이 일어났는지를 묘사할 수 없을 것이라고 생각했다. 따라서 그들에게 언어적 프로토콜을 내놓으라는 요구는 실제로 통찰 문제의 해결을 방해할 수 있을 것이다.

그들의 연구에 의하면 사람들에게 문제를 해결하는 동안 말을 하면서 생각하라고 요구하는 것이 통찰 문제의 해결은 방해했지만 통찰을 기반으로 하지 않는 문제는 그 수행을 방해하지 않았음이 나타났다. 슐러와 동료들은 이 결과를 통찰에 드리우는 언어의 그늘이라고 불렀다. 그들은 언어의 그늘이 통찰 문제와 분석 문제는 다른 방법을 사용하여 해결된다는 것을 암시하며 통찰 문제의 해결에 바탕이 되는 방법은 사실상 비언어적(지각적 혹은 비언어적)일 것이라는 결론을 내렸다.

(2) 통찰 문제를 해결 중인 뇌 반구의 차이

보우덴과 비먼은 재구조화가 지닌 고유성을 증명하기 위해 통찰 문제를 해결 중인 뇌 반구의 차이를 조사했다. 증거는 두 대뇌 반구가 언어 정보를 다르게 처리한다는 것을 나타낸다. 좌반구 처리는 제시된 단어와 의미에 있어서 밀접하게 관련된 단어들의 활성화를 수반하지만 우반구 처리는 관계가 좀 더 먼 단어들을 활성화하는 결과를 낳는다.

보우덴과 비먼은 단순한 언어적 통찰 문제를 풀어 보게 하는 몇 건의 연구를 수행했다. 세 개의 단서 단어가 제시되고 각 단어는 동일한 네 번째 단어와 결합될 때 흔한 영어 문구를 이루는데 과제는 그 네 번째 단어를 결정하는 것이다. 예를 들어서 high, house, district 등의 세 개 단어에서는 해답이 school이 되는데 이는 high school, schoolhouse, school district 등으로 school이 묶일 수 있기 때문이다. 이러한 문제를 원격 원상이라 하는데 사람들은 그런 문제를 풀 때 때때로 아하! 순간을 경험하므로 보우덴과 비먼은 그러한 유형의 해답을 통찰에서 나오는 결과로 분류했다.

한 연구에서 참가자들이 원격 연상 문제들을 제한 시간 안에 풀지 못하자 실험자들은 해답일 수도 있는 한 단어를 제시하고 참가자들에게 그 단어가 실제로 그 문제를 해결하는지를 물었다. 보우덴과 비먼은 해답일 수 있는 단어를 우반구에 제시하면 그 문제들이 더 쉽게 풀릴 것이라고 가정했다. 조사 결과는 참가자들이 실제의 해답 단어가 우반구에 제시되었을 때 그것을 더 빨리 깨달았다. 좌반구 제시와 우반구 제시가 상대적으로 해결에 다른 영향을 주었으므로 보우덴과 비먼은 이 결과를 통찰이 고유한 한 묶음의 과정에 의존한다는 전제에 대한 뒷받침으로 해석했다.

그러나 두 유형의 문제가 다른 뇌 부위의 처리를 통해 해결된다는 결론을 내릴 수 있으려면 먼저 이 실험적 상황에서 통찰 기반 문제와 비통찰 기반 문제 둘 다를 시험하는 것이 필수적이다. 이 연구에서의 참가자들은 온전한 뇌를 가지고 있으므로 단어들을 한쪽 반구에 제시했다고 하여 다른 반구는 그것을 처리하지 않았다는 뜻이 아니라는 점도 주의해야 한다.

(3) 통찰 대 분석에서의 작업 기억과 계획

래브릭과 동료들은 재구조화가 그 사람에게 갑자기 일어나기 때문에 통찰은 계획 없이 온다고 가정했다. 반면에 분석은 계획을 중심으로 이루어진다. 작업 기억은 계획을 실행하는 데 중요한 역할을 담당하므로 연구자들은 작업 기억이 분석 과정에서는 중요하지만 통찰에서는 중요하지 않아야 한다고 가정했다. 작업 기억의 중요성은 한 사람이 두 가지 일을 동시에 하는 이중 과제(dual-task), 즉 분할 주의(divided-attention) 설계를 가진 실험에서 증명된다. 만일 두 과제가 모두 작업 기억을 요구한다면 두 가지를 동시에 수행하는 것은 그것들을 따로따로 수행하는 것보다 더 힘들어야 한다. 반면에 그 과제들 중의 하나가 작업 기억을 요구하지 않는다면 두 가지를 동시에 수행하는 것이 둘 중 하나만 수행하는 것보다 어려울 것이 없어야 한다.

래브릭과 동료들은 사람들에게 컴퓨터가 내는 신호음의 개수를 세면서 동시에 통찰 문제를 풀거나 논리 문제를 풀게 했다. 신호음의 개수를 세는 일은 작업 기억을 요구한다고 가정하였으므로 그 과제는 분석 문제의 수행을 방해해야 한다. 결과들은 그 예측을 뒷받침했고 래브릭과 동료들은 사람들이 통찰 문제를 풀 때 계획 없이 풀고 그 방식은 그들이 분석 문제를 풀면서 시도하는 방식과 다르다는 의미로 받아들였다. 그러므로 그 결과는 분석에 기초하는 과정은 어떤 문제를 의식적으로 풀어가는 것에 비해 통찰에 기초가 되는 과정은 갑작스러운 깨달음을 수반할 수 있다는 증거를 제공한다.

4. 막다른 골목에 반응한 재구조화와 통찰

4.1. 신형태주의 관점

고전적인 형태주의 관점에서는 막다른 골목의 발생이 지각 단계에서 자발적인 재구조화를 위한 발판을 마련한다고 가정했다. 그러나 지각의 개념은 유추로서만 문제해결에 적용될 수 있으므로 그러한 유추를 사용함으로써 모든 것이 설명되었는가에 관해 의문이 제기되었다. 지각의 개념들을 문제해결에 적용하는 데에는 정확성도 부족하다. 신형태주의 연구자들은 인지적 관점에서 채택되는 개념들을 사용하여 막다른 골목에 반응한 재구조화와 통찰을 설명하려고 시도했다.

캐플란과 사이먼 그리고 올슨은 발견적으로 유도되는 탐색이라는 친숙한 개념을 채택한다. 통찰의 신형태주의 분석에서는 발견적 방법이 문제해결자의 새로운 문제 표상을 위한 탐색의 기초 구실을 할 것이라고 제안한다. 그 사람이 그 문제의 한 가지 표상으로부터 다른 표상으로 전환하는 데 있어서 발견적 방법이 기초 역할을 한다는 것이다.

올슨에 따르면 재구조화, 즉 막다른 골목에 반응한 문제 표상의 변화는 몇 가지 형태를 띨 수 있다.

① 우리는 문제에 들어 있는 대상이나 대상들을 묘사하는 다른 방식을 발견함으로써 해답으로 인도하는 새로운 길을 열 수 있는데 이것을 문제 표상의 정교화(elaboration)라고 한다.

② 우리는 앞서 무시했던 대상을 문제에 속한 대상들 가운데에 포함시켜서 새로운 해결 방법을 모색할 수 있는데 이것을 문제 표상의 재부호화(re-encoding)라고 한다. 새로운 정보가 표상 안으로 부호화되기 때문이다.

③ 우리는 그 문제의 목표에 관한 자신의 사고방식이나 그 목표에 도달하기 위한 사용 방법을 바꿀 수 있는데 이것을 목표 제약의 완화라고 부른다.

올슨은 두 개의 끈 문제에서 끈 하나를 잡고 있지만 두 번째 끈을 닿을 수 없어서 막다른 골목에 처할 때에 우리는 정교화를 통해 문제 안의 다른 대상들을 살펴보고 펜치가 무겁다는 것에 주목할 수 있다. 이 상황에서 문제 표상에 들어있는 한 대상의 정교화가 새로운 해결 가능성으로 이어진다. 촛불 문제에서도 유사하게 문제를 풀려는 최초 시도들이 막다른 골목에 부딪히면 그 사람은 어쩔 수 없이 문제의 재구조화를 시도하게 된다고 가정한다. 이는 상자의 특징을 조사하게 되고 정교화 과정을 통해 상자가 평평하고 튼튼하다는 깨달음으로 이어질 것이며 그 깨달음은 그것을 선반으로 사용한다는 아이디어로 가는 길을 닦을 수 있다.

4.2. 재구조화의 상향적 현상

원래의 형태주의 개념인 지각적 기반의 재구조화는 신형태주의 관점에서 대안적 문제 표상을 위한 발견적 탐색이라는 생각으로 대체된다. '막히면 전환하라.', '막히면 재구조화하라.' 등과 같은 발견적 방법들은 약한 방법이고 사고자의 지식과 무관하다. 문제 안의 대상에 대한 묘사나 그 대상들 간의 관계를 바꾸려고 시도하려는 사람은 문제 자체를 넘어서 다른 많은 것을 알 필요는 없다.

따라서 신형태주의 분석에서 발견적으로 유도된 탐색의 결과인 재구조화는 상향적 현상이라고 말할 수 있다. 문제해결자는 전체적인 계획 없이 그 문제를 표상하는 더 나은 방식을 찾겠다는 바람으로 문제 안에 있는 정보로부터 위로 작업한다. 막다른 골목에 있는 사람이 가능한 새 해답이 떠오르는지 보기 위해 문제 안의 각 대상을 조사함으로써 촛불 문제를 푸는 방법을 찾으려 하는 것은 상향 과정에 해당한다. 당사자는 단순히 특별한 목적 없이 효과가 있을 만한 무엇인가를 찾겠다는 바람으로 주위를 둘러보고 있을 뿐이다. 문제해결에서의 통찰을 상향적으로 분석하는 것은 인지분석 관점에서 강조하는 하향처리와 대비된다.

4.3. 막다른 골목에 반응한 재구조화

크노블리히와 동료들은 [그림 7-3]과 같은 성냥개비 산수 문제들을 사용하여 올슨의 재구조화 분석을 시험했다. 그들의 발견에 의하면 성냥개비 산수 문제를 해결하려면 제약 완화(constraint relaxation)와 의미덩이 분해(chunk decomposition)를 실시해야한다는 것이다.

문제 A와 B : 성냥개비 한 개만 움직여서 참인 방정식을 만들라.
A. Ⅳ = Ⅲ + Ⅲ　　B. Ⅲ = Ⅲ + Ⅲ

해답 :
A. 좌변에 있는 'I' 을 'V' 의 오른쪽으로 옮겨서 다음과 같은 식을 만든다.
Ⅵ = Ⅲ + Ⅲ
B. + 기호에서 한 조각을 옮겨 그것을 = 기호로 만들어 다음과 같은 식을 만든다.
Ⅲ = Ⅲ = Ⅲ

[그림 7-3] 성냥개비 산수 문제

성냥개비 산수 문제는 평범한 산수에서 경험한 방정식의 제약과 충돌한다. 산수에는 숫자의 제약이 있지만 성냥개비 산수에서는 종종 방정식의 한 변에서만 어떤 숫자의 값을 바꾼다. 평범한 산수에서는 연산자를 임의로 바꿀 수 없다는 제약이 있지만 성냥개비 산수 문제를 풀기 위해서는 그러한 변화가 요구된다. 크노블리히와 동료들은 숫자 제약보다 연산자 제약을 완화하는 것이 더 어렵다고 가정한다. 왜냐하면 연산자는 적용 범위가 더 넓기 때문이다.

5. 형태주의 관점에 대한 비판

5.1. 통찰과 경험

쾰러는 자신의 연구로부터 재구조화와 통찰은 유사지각 과정에 의해 일어나며 그 과정은 그 유기체의 전문성에 의존하지 않는다는 결론을 내렸다. 쾰러의 동물들이 보여 주는 통찰에서 경험의 역할을 결정하는 것은 불가능하다. 왜냐하면 그의 동물들은 날 때부터 그

집단에서 길러지지 않았기 때문이다. 그러므로 쾰러의 동물이 겪은 경험에 관한 정보는 전혀 없었다.

버치는 쾰러와 유사한 실험을 시행했다. 다만 버치의 동물들은 태어나면서부터 가두어 길렀으므로 그는 동물들의 경험, 특히 막대를 다루는 경험을 통제할 수 있었다. 어떤 종류의 막대도 경험한 적이 없던 버치의 동물들은 먹이를 향해 막대가 뻗쳐 있는 것을 볼 수 있었지만 통찰에 도달하지 못했다. 버치는 갈퀴 문제로 다섯 마리의 동물을 실험했다. 막대를 약간 경험했었던 한 동물은 즉시 막대로 갈퀴를 사용했지만 경험이 없던 네 마리 동물들 중 세 마리는 막대를 써서 바나나를 끌어들인다는 생각을 결코 하지 못했다. 나머지 한 마리는 우연히 막대를 밀어서 바나나를 움직이게 했다.

갈퀴 문제에 실패한 후 버치의 동물들은 원래 살던 우리로 돌아갔고 실험자는 그 우리 안에 막대들을 남겨 두었다. 동물들은 새로운 물건을 마주치자 그것을 집어 들어 손으로 다루어보고 마침내 그것을 팔의 연장으로 사용하여 이것저것을 찌르기 시작했다. 그 후 실험자가 갈퀴 문제를 제시하자 모든 동물들은 재빨리 문제를 해결했다.

따라서 어떤 동물이 막대를 갈퀴로 사용한다는 통찰을 얻으려면 먼저 막대 사용을 경험하는 것이 필수적인 것으로 보인다. 갈퀴 문제처럼 간단해 보이는 문제조차도 경험이 없는 동물들에게는 그들의 능력을 넘어서는 문제들이다. 갈퀴 문제에 대한 해답이 우리들과 쾰러의 동물들에게 명백해 보이는 이유는 우리가 막대를 팔의 연장으로 사용해 본 광범위한 경험이 있기 때문이다. 즉 우리에게는 그 문제에 관한 전문성을 가지고 있는 것이다.

할로우의 연구에서는 변별 문제를 푸는 원숭이의 능력을 조사했다. 두 대상 중 하나는 항상 먹이 한 조각을 덮고 있으므로 그 대상을 집어 들면 보상을 받게 된다는 것을 학습해야 하는데 이 상황을 변별 학습(discrimination learning)이라고 한다. 동물은 일관성 있게 한 가지 대상을 집어서 보상 받기를 학습한 후 무작위로 선택된 다른 쌍의 대상이 등장하는 새로운 문제를 받았다. 새로운 문제가 제시되면 그 동물들은 한 개의 자극을 골랐다. 만일 먹이가 그것 아래에 있으면 원숭이들은 그때부터 일관적으로 그것을 골랐다. 먹이가 그 자극 아래 없으면 원숭이들은 그때부터 다른 쪽으로 방향을 바꾸었다.

만일 우리가 실험 초기에 그 문제를 서툴게 더듬거리고 있는 동물을 보았다면 우리는 그 동물이 맹목적인 시행착오를 기초로 행동하며 옳은 반응을 점진적으로 강화할 뿐인 '손다이크 동물'이라고 말했을 것이다. 그러나 실험이 끝날 무렵이라면 그 원숭이들이 문제의 구조를 꿰뚫는 통찰을 보이고 있다는 말로 그 동물의 행동을 형태주의의 관점에서 묘사할 것이다. 따라서 동일한 상황에서 동일한 동물이 시행착오에 의해 행동할 수도 있고 통찰을 보일 수도 있다. 결정적인 요소는 통찰이 일어나기 전에 다량의 경험이 필요하다는 것이다. 통찰이 가능 하는 데에는 우선 그 문제에 관해 많은 지식을 필요로 하는 것이다.

5.2. 분석과 경험의 역할

형태주의 심리학자들은 아홉 점 문제를 풀지 못하는 것은 사각형이라는 형태에 대한 고착이 원인이라고 주장했다. 와이스버그와 앨바는 학생들에게 선들이 사각형 형태 안쪽에서 벗어나지 않으면 해결이 불가능하다고 안내해주었다. 와이스버그와 앨바는 형태주의 관점에서 학생들이 그 사각형의 경계를 넘어가는 것에 관해 생각하게 된다면 재구조화가 일어나고 고착이 제거되어 해결이 비교적 빈번해질 것으로 생각했다. 또한 그 해결은 시행착오를 통해 일어날 때처럼 조금씩 이루어지는 것이 아니라 통합된 전체로서 생산된다고 생각했다.

그러나 '밖으로 나가라.'라는 단서는 문제해결에 그다지 영향을 주지 않았는지 약 25%의 학생들만이 그 문제를 풀었다. 더욱이 단서를 받은 후에 문제를 푼 학생들은 평균 11회 이상 추가로 해결을 시도했으므로 해답이 통합된 전체로서 갑자기 보이지는 않는다는 것을 암시했다. 형태주의 관점에서 재구조화와 통찰이 일어나지 않았던 것이다.

다른 실험에서 와이스버그와 앨바는 학부생들에게 단순한 점 연결 문제를 푸는 약간의 연습을 시켰다. 그들은 그 문제에서 점들이 규정하는 형태 밖으로 선을 그려야 문제를 풀 수 있었다. 여전히 문제해결에 성공한 쪽이 더 소수였지만 이러한 연습은 아홉 점 문제해결의 수행력을 높였다.

상기 두 실험의 결과는 사람들 대부분의 경우에 아홉 점 문제를 풀려면 다량의 관련 정보가 필요할 것임을 암시한다. 그러나 다량의 관련 정보를 가졌다고 하여 모든 사람이 문제를 푸는 것은 결코 아니다. 그리고 문제를 푼 사람들에게서 갑작스러운 아하! 경험이 보이지 않았다. 비교적 지식이 있는 사람조차 아홉 점 문제를 푸는 데 많은 어려움을 겪는다. 이 문제에서는 고착이 단순히 해결의 발생을 막고 있는 것은 아닌 것처럼 보인다.

최근의 연구에서는 아홉 점 문제가 풀기 어려운 이유에 관한 추가의 정보를 제공하고 그것의 풀이에서 분석 과정이 중요하다는 방향으로 선회했다. 맥그리거, 오머로드, 크로니클 등은 사람들이 그 문제를 풀기 시작할 때 발견적 방법을 바탕으로 하나의 해결 계획을 공식화하려 시도한다고 가정했다. 그 방법이란 자신이 그리는 각 선이 남아있는 점들을 가능한 한 많이 포함하게 하는 것이다. 이러한 방법으로는 아홉 점 문제를 풀 수 없다. 문제를 풀려면 단순하게 '최대 포함' 전략을 사용하는 것이 실패라는 것을 깨닫기 전에 충분히 앞서서 계획할 수 있어야만 한다.

맥그리거와 동료들은 대부분의 사람들이 네 개의 선을 그린 결과를 상상할 수 없기 때문에 최대 포함 전략을 사용한다고 생각했다. 대부분의 사람들이 가진 작업 기억 용량은 그렇게 멀리 앞을 볼 수 있을 만큼 크지 않다. 즉 대부분의 사람들은 자신이 선택한 전략의 실행 결과를 미리 상상할 수 없고 따라서 그것을 실제로 수행한 후에야 효과가 없다는 것을 알 수 있다. 참가자가 그렇게 많은 선을 미리 상상할 필요가 없도록 다르게 구성된 아홉 점 문제에서는 해답이 훨씬 더 자주 나왔다는 것은 그들의 분석을 뒷받침했다.

머레이와 번의 연구에서는 통찰에서도 계획이 중요하다는 증거를 제공했다. 그들은 일련의 통찰 문제에서 최고의 수행을 보이는 사람들이 작업기억 용량 검사에서도 훌륭한 수행을 보인다는 것을 발견했다. 아홉 점 문제가 어려운 까닭은 형태주의 분석에서처럼 사람들이 점들의 사각형에 고착되어서가 아니라 우리들 대부분이 문제가 요구하는 복잡한 계획을 우리 힘으로 실행할 능력이 없기 때문일 수 있다.

5.3. 아하! 경험을 위한 분석

퍼킨스는 우리가 문제를 해결하는 동안에 문제를 분석한 결과로서 아하! 경험을 할 수 있다는 것을 보여주었다. 퍼킨스는 사람들에게 옛날 동전 문제를 제시하고 그것을 푸는 사람에게 '즉각 회상 프로토콜', 즉 해결자가 해결 직후 거기에 도달하기까지의 사고 과정을 보고하도록 요구했다.

퍼킨스는 두 사람, 애버트와 비네로부터 옛날 동전 문제에 관한 회상 보고를 받았다. 두 사람은 문제를 다르게 해결했다. 애버트는 작은 아하! 혹은 통찰의 도약이 모여 그 해답이 '그냥 번쩍 떠올랐다.'라고 보고했고 비네는 일련의 단계를 거치며 분석을 통해 문제를 풀어나갔다고 보고했다. 비네는 정보와 그것이 암시하는 것을 통한 추리라는 약한 방법, 즉 분석 과정을 통해 문제를 해결했다. 그러나 퍼킨스는 그 보고들을 살펴보면서 이들 둘의 사고 과정이 사실상 매우 유사하다는 결론을 내렸다. 애버트가 말한 통찰의 도약도 분석적 사고 과정의 결과일 가능성이 제기되었다.

첫째 애버트와 비네는 둘 다 날짜에 초점을 맞추거나 날짜가 결정적인 정보라는 것을 깨달았다. 둘째 애버트의 '도약'은 비네의 편에서 겨우 두세 단계의 추리를 요구한 것으로 드러난다. 즉 그 통찰 과정이 많은 인지 작업을 수행하지는 않은 것으로 드러난다. 문제로부터 요구되는 것은 동전 제조자가 나중의 어느 날짜에 예수가 태어날지를 미리 안다는 데서 사고자가 모순을 깨닫는 것이다. 퍼킨스는 우리가 종종 평범한 인지 활동 중에 그러한 깨달음을 경험한다는 점을 지적했다.

따라서 애버트가 표면상으로 경험한 통찰의 도약은 무엇인가가 불가능하다는 것을 깨닫는 분석 과정의 한 예로 이해될 수 있다. 그 갑작스러운 깨달음은 아하! 경험과 함께 왔다. 퍼킨스는 통찰의 도약을 가져오는 것이 우리가 평범한 분석적 사고 과정에 불과하다고 결론지었다. 우리는 어떤 상태의 사건에 결론을 내기 위해 추리를 사용할 때도 있고 어떤 때에는 아무런 추리도 하지 않은 채 그 결론을 직접 깨달을 수도 있다. 퍼킨스는 분석 문제가 추리와 기타 분석 방법을 통해 풀릴 수 있으므로 '합리적인' 문제라 했고 통찰 문제는 통상적인 추리로써 풀리지 않기 때문에 '불합리한' 문제라고 했다.

플렉과 와이스버그는 삼각형 통찰 문제가 재구조화 없이 약한 방법의 적용을 통해 풀릴 수 있다는 증거를 제공했다. 이들 중의 하나가 지각 분석을 이용한 풀이 방식이다. 지각 분석을 통해 삼각형 문제를 푼 사람들은 각 움직임의 결과를 조심스럽게 고려하면서 [그림 7-4]와 같이 한두 개의 동전을 움직임으로써 언덕 오르기 전략을 사용했다. 예를 들어 맨 윗줄에서 끝에 있는 동전들을 세 번째 줄로 내리면 그 결과 삼각형의 대부분이 위를 향하고 하나의 동전만 새로운 삼각형의 밑변 아래에 있게 되기 때문에 그 다음에는 해답이 쉽게 보였다. 지각 분석을 이용하여 문제를 푼 사람들은 자신이 취한 조치의 결과를 보면서 다음에 무엇을 할 수 있을지를 알아내려는 것 같았다.

그들은 발견적 방법 중에 시각적 언덕 오르기를 사용했다. 그들은 상황을 목표에 더 가깝게 변형시키는 것으로 보이는 조치를 취했고 그런 다음에 새로운 상황을 주의 깊게 지켜보고 그것이 그 이상의 기회를 열었는지 어땠는지를 판단한 것이다. 따라서 플렉과 와이스

버그는 보통 통찰 문제로 여겨지는 문제들이 발견적 방법을 기초로
풀릴 수 있다는 증거를 제공한 것이다.

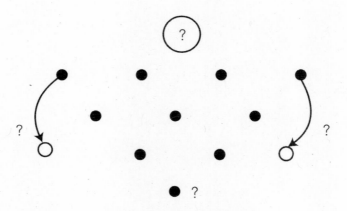

[그림 7-4] 삼각형 문제의 지각 분석

통찰의 도약을 경험하며 문제를 푸는 것이 하노이 탑 문제와 같이
분석을 통해 문제를 푸는 것과 주관적으로 매우 다르다는 것은 틀림
없다. 그러나 주관적인 경험이 다르다고 하여 반드시 기초가 되는
인지 과정이 다른 것은 아니다. 문제의 재구조화와 그에 동반될 수
있는 주관적 통찰의 경험이 동일한 분석 과정의 결과이므로 통찰과
분석이 문제해결의 두 가지 구분되는 방식이 아닌 것이다.

창의적 사고의 근원

1. 개요

창의적인 도약을 생산하는 인간의 새로운 아이디어는 비범한 근원에서 나오는 것이 틀림없다고 믿어져왔다. 고대 그리스에서는 창의적 아이디어가 신이 주신 선물로 가정되었다. 창의적 활동이 한창인 사람은 외부 근원이 아이디어를 제공하고 있다는 의미에서 '제정신이 아닌(out of one's mind)' 것으로 믿어졌다. 그 사람은 신들로부터 받은 아이디어를 다른 사람들에게 제시하는 전령이나 통로 역할을 했다.

근래에는 창의적 아이디어의 근원에 관한 믿음이 초자연적인 과정으로부터 내적인 과정으로 멀어지긴 했지만 그 과정들은 아직도 평범한 의식적 사고와는 다른 것으로 가정된다. 창의적 아이디어를 생산할 수 있는 기초로서 두 종류의 비범한 과정이 제안되었다. 하나는 정신병(psychopathology), 즉 천재성과 광기이고 다른 하나는 무의식적 과정(unconscious process)이다.

그리스인들은 제우스신의 아홉 딸들로서 각각 다른 영역의 예술과 과학 활동, 즉 시, 춤, 음악, 역사, 천문학 등을 지배하던 뮤즈를 섬겼다. 좋은 생각이 났음을 묘사하는 영감(inspiration)이라는 용례는 뮤즈가 일종의 창의적인 구강 대 구강 소생술로 우리의 안에 아이디어를 불어넣어 주었다는 관념에서 비롯되었다. '영감을 주다(inspire)'는 문자 그대로 '숨을 들이쉬다'를 의미하기 때문이다.

플라톤은 창작이 한창일 때의 시인을 '제정신이 아닌' 상태로 묘사했는데 이는 그 시인이 미쳤다는 뜻이 아니라 뮤즈로부터 아이디어를 받는 동안에 '정신의 바깥'에 있다는 뜻이었다. 초기 그리스인들은 뮤즈에 씐 것을 광기(madness)라고 말했지만 정신 이상을 뜻한 것은 아니었다. 그러나 플라톤의 제자인 아리스토텔레스는 창의적인 광란(frenzy)을 이야기함으로써 정상이 아닌 무엇인가가 일어나고 있음을 암시했다.

2. 1차 과정과 창의성

2.1. 2차 과정 사고와 1차 과정 사고

프로이트는 사고의 방식을 두 가지로 구분했다. 첫째는 우리가 매일같이 대부분의 시간 동안 행하는 평범한 사고이다. 우리는 이성적이고 논리적으로 우리가 마주한 문제를 현실적으로 처리하고자 하는데 프로이트는 이러한 유형의 사고를 2차 과정(secondary-process)이라고 불렀다. 그는 평범한 사고가 사고의 기본 유형이 아니므로 그것을 2차 과정 사고라고 불렀던 것이다.

2차 과정 사고보다 기본적인 다른 종류의 사고가 있는데 그것은 논리를 무시하고 대개 현실보다 환상을 다루며 세계와 아무 관계가 없는 생각들을 끌어 모으는 것으로서 프로이트는 이러한 유형의 사고를 1차 과정 사고라고 불렀다.

프로이트에 따르면 1차 과정 사고는 2차 과정 사고가 발달하기 전에 존재한다. 1차 과정 사고는 원초적이고 비이성적인 욕구기반 사고이며 우리의 생물학을 기반으로 한 원초아(id)의 욕구와 그에 연관된 충동과 감정 상태에 긴밀하게 묶여있다. 1차 과정 사고는 쾌감 원리에 따라 작용한다. 꿈은 우리들에게 익숙한 1차 과정 사고의 한 산물이고 때때로 열이 있는 상태이거나 공상과 백일몽도 1차 과정 사고가 일어나는 상태이다. 이 모든 경우(잠, 열, 공상)에서는 평범한 2차 과정 사고 과정들이 약해지므로 1차 과정 사고가 등장할 수 있게 된다. 1차 과정 사고는 사람들이 스트레스를 받거나 감정적으로 높이 각성되어 있을 때에도 보일 수 있다. 그것은 어린이와 소위 원초적인 사람들에게서도 보일 수 있으며 창의적인 예술가들에게서도 보일 수 있다.

1차 과정 사고는 원초적이고 본질적으로 나면서부터 존재하므로 언어 기반의 논리적 사고를 기제로 사용하지 않는다. 그 사고는 오히려 비언어적 심상을 매체로 사용함으로써 이미 확립된 연상으로부터 자유로울 수 있다. 더욱이 1차 과정 사고는 그에 관해 특별히 느슨하거나 유연하므로 연상들 간의 탐색을 촉진하여 새로운 아이디어가 떠오르게 해줄 수 있다.

1차 과정 사고는 두 종류의 익살(punning), 즉 언어적 익살과 시각적 익살을 사용한다. 언어적 익살을 통해서는 음향적 중복에 의해 두 줄기의 사고가 연결된다. 어떤 사람이 2차 과정 사고의 초점인 그 단어들의 의미보다는 소리를 바탕으로 하나의 익살을 만들어냄으로써 유머 있는 반응을 보일 수 있다. 예를 들어서 동음이의어 혹은 비슷한 발음의 단어를 대체 사용함으로써 유머를 만들어낼 수 있다. 유사하게 시각적 방식의 1차 과정 사고는 시각적 익살을 만들어낼 수 있는데 이것이 아이디어들을 연결하는 역할을 할 수 있다. 이 경우 공통된 시각적 형식이 사고의 두 흐름을 연결하는 역할을 한다. 예를 들어 어떤 그림의 한 부분에 존재하는 어떤 형태가 관련된 다른 한 부분에서 나타날 때 우리는 미술에서의 시각적 익살의 예를 본다. 어떤 모델의 팔과 어깨 형태가 그녀가 앉아 있는 의자의 형태에 그대로 반영되어 있거나 그녀의 치마 줄무늬가 벽지를 모방하고 있을 수 있다.

2차 과정 사고에서는 그 생각들 간에 실제로 가장 희미한 연결고리밖에 없는데 1차 과정 사고에서는 어떤 것이든 다른 어떤 것에라도 연결될 수 있다. 1차 과정 사고의 또 다른 기제는 추상적이고 일반적인 생각들이 특별한 이미지들로 표상되는 구체화이다. 특별한 경찰의 이미지가 권위를 표상할 수도 있고 특별한 운동 경기가 경쟁의 개념을 표상할 수도 있다. 마지막으로 1차 과정 사고에서 우리는 결과로부터 원인으로 추리하는 인과 순서의 역전을 경험할 수 있다.

1차 과정 사고 대 2차 과정 사고라는 고전적인 프로이트식 분석에서 멀어진 근래의 정신분석 공식에서는 두 유형의 사고가 더 이상 이분법적 범주가 아니라 하나의 연속선상의 양 극단으로 보인다. 현실에서 존재하는 방식과 모순되는 방식으로 사람이나 사물들에 관해 생각한다면 우리는 누구라도 그 연속선의 1차 과정 극단에서 사고할 수 있다. 유사하게 대안들을 저울질하고 이성에 기초하여 우리가 달성하고자 하는 것에 가장 잘 맞는 것을 선택할 때에 우리들은 그 연속선의 2차 과정 극단에 가깝게 사고하고 있는 것이다.

2.2. 1차 과정 사고와 창의성

창의적인 예술가는 평범한 사람과 달리 1차 과정 사고를 조절할 수 있으므로 그것을 창의적 과정에서 사용할 수 있는데 크리스는 이러한 현상을 '자아 기능에서의 퇴행'이라고 불렀다. 예술가는 창의적 사고를 위해 퇴행, 즉 자발적으로 1차적 방식의 사고를 사용할 능력을 가지고 있다. 예술가는 강한 자아를 가지고 있고 무의식적인 소망에 위협을 받지 않기 때문에 1차 과정 사고가 제공하는 현실로부터의 자유를 사용하여 상황을 새로운 방식으로 처리할 수 있다. 자신의 무의식적 욕망에 의해 위협을 받고 2차 과정 사고 안에 더 강하게 갇혀 있는 평범한 사람들은 1차 과정 사고를 쉽게 사용하기가 어렵다. 의식이 있는 성인에게서 1차 과정 사고를 발견할 수 있는 이유는 약함(병으로 열에 들뜬 사람이나 정신분열증 환자처럼) 때문이거나 강함(자신에게 유리하게 1차 과정 사고를 사용할 수 있는 예술가처럼) 때문이다.

프로이트 관점에 따르면 창의적 작업은 충족되지 않은 욕구에서 일어나고 그 욕구는 대개 어린 시절에서 기원한다. 레오나르드 다빈치의 <모나리자>에서 가장 놀라운 측면은 그 숙녀의 얼굴에 표현된 감정, 즉 따뜻하게 반기는 것이 아니라 다소 차갑게 거리를 두는 미소이다. 레오나르도는 어린 나이에 어머니를 여의었고 이는 그에게 필요한 많은 부분이 충족되지 못한 채로 남아 있었다. 프로이트는 <모나리자>의 미소가 레오나르도 다빈치의 어린시절부터 충족되지 못한 욕구에서 출발했다고 주장했다.

프로이트의 관점이 여전히 중요하지만 현재 대부분의 심리학자들은 프로이트의 생각을 그다지 존중하지 않는다. 실험을 지향하는 심리학자들은 프로이트 관점과 관련하여 수많은 문제를 보며 그중 가장 결정적인 것은 그것이 옳은지 그른지를 판단하기가 매우 어렵다는 점이다.

프로이트 관점은 창의적 사고에 관한 현대의 심리학 이론에서 중요시되고 있지 않다. 현대의 강조점은 고전적인 프로이트 관점과 다소 다르지만 현대의 수많은 연구자들이 창의성에서 1차 과정 사고와 같은 무엇인가가 가지는 중요성을 증명하고자 했다. 최근 연구자들은 창의성에서 감정이 하는 역할에 관심을 키워왔고 여기서 우리는 창의적 생산의 기초로서 해결되지 않은 갈등과 그것의 감정적 부산물을 강조하는 프로이트 관점의 반향을 볼 수 있다.

루스는 1차 과정 사고의 정서적 혹은 감정적 요소들이 창의적 사고에서 특히 중요할 수 있다고 제안했다. 1차 과정 사고는 정서와 가깝게 묶여있다. 그러나 루스는 1차 과정 사고가 창의적 사고에서 어떤 역할을 하는지를 연구했지만 설득력 있는 발견을 해내지 못했다.

2.3. 원시적 사고와 양식의 변화

마틴데일은 창의적 사고에 관해 일련의 양적인 역사적 사례 연구를 실시하면서 창의적 산물의 내용에서 보이는 시간적 변화를 조사했다. 그의 관점은 어떤 창의적 작품이 관객을 찾으려면 거기에는 감정적 각성을 일으킬 잠재력이 들어있어야만 한다고 가정한다. 관객의 편에서 감정적 각성을 일으키면 그 새로운 작품은 전에 이루어진 것을 넘어서야 하는데 그렇다고 너무 멀리 넘어서지는 말아야 한다. 이루어진 것을 지나치게 멀리 넘어서는 작품은 너무 철저하게 관객의 기대에 어긋나서 그들이 그 작품을 이해하지 못할 것이다. 따라서 두 가지 반대의 힘, 즉 창의자 편에서 전에 이루어진 것을 넘어설 필요와 이전 작품이 설정한 경계선과 그런대로 가까운 거리를 유지할 필요 간에 갈등이 있다.

마틴데일의 분석에서는 새로운 작품을 생산하는 과정을 원시적 사고(primordial thinking)라 한다. 원시적 사고는 평범한 의식적 사고(마틴테일의 용어로는 개념적(conceptual) 사고, 프로이트의 용어로는 2차 과정 사고)가 연결할 수 없는 생각들을 한데로 묶을 수 있다. 원시적 사고의 개념은 굶주림, 공격성, 성 등과 같은 생물학적 충동을 바탕으로 한다. 원시적 사고는 단어의 의미가 아닌 소리, 의미가 아닌 시각적 형식의 형태 등과 같은 원시적 연결성을 바탕으로 한 일련의 연상을 통해 작용하는 것이다. 일단 자유연상적인 원시적 방식의 사고가 사용되면 개념적 사고는 그 산물을 용인 가능한 작품으로 편집하는 역할을 할 수 있다.

마틴데일은 이러한 종류의 추리를 사용하여 시간에 따른 창의적 산물의 발달 패턴에 관해 한 가지 가설을 내놓았다. 한 화가가 어떤 양식(예를 들어 인상주의 화법) 안에서 작업을 하고 있다고 가정하자. 감정적으로 각성을 일으키는 새로운 작품을 위한 지속적인 압력이 있고 감정적 각성은 최소한 부분적으로는 원시적 내용의 존재로부터 일어나므로 생산되는 작품들에서는 자연히 원시적 내용의 양이 증가해야 한다. 즉 인상주의 화법이 점점 더 굶주림, 공격성, 성 등과 같은 생물학적 기반의 충동들과 관련되어야 한다.

그러나 어떤 시점에서 인상주의 양식은 포화될 것이고 그 안에서는 새로운 발달이 불가능해 질 것이다. 그 시점에 화가들은 막다른 길에 도달하고 훨씬 덜 원시적인 내용을 사용하는 새로운 양식을 개발하는 것이다. 그 새로운 양식은 그것의 원시적 내용이 아닌 새로움 때문에 관객을 각성시킬 수 있다. 이 새로운 양식은 그런 다음 원시적 내용이 계속해서 증가하는 동일한 종류의 진화를 거치다가 역시 원시적으로 포화된 막다른 길에 도달해서는 새로운 무엇인가로 넘어갈 것이다. 그러므로 한 장르 안에서는 원시적 내용이 증가하다가 새로운 양식이 세력을 얻으면 감소하고, 다시 증가하다가 감소하는 등의 순환이 있어야 한다.

3. 양극성과 창의성

3.1. 범주화와 창의성

창의적 사고에서 비범한 사고 과정이 정신병과 연결되어 있을 가능성에 대해 오래도록 논의되어왔다. 정신병을 앓는 사람들의 사고 과정은 때때로 창의적인 아이디어와 작품의 생산을 촉진할 수 있는 기제를 제공하는 것으로 보인다. 정신병이 있는 사람들의 사고 과정과 그렇지 않은 사람들의 사고 과정을 비교하기 위해 범주화(category grouping) 실험을 실시하였다.

실험 대상자는 자신이 동일한 범주라고 생각하는 대로 항목들을 집단으로 묶어야 한다. 예를 들어 [표 8-1]과 같은 범주화 과제에서 초콜렛 시가와 연관성이 있다고 느끼는 항목들은 어느 것들인가 라는 질문을 통해 실험자가 생각하는 범주화의 범위를 측정할 수 있다. 사탕 시가를 제시할 때에 동일한 느낌을 가지는 항목으로 드라이버를 선택한다면 이는 결코 생각할 수 없었던 방식으로 시가를 드라이버 대용으로 사용할지 모른다.

[표 8-1] 쉬어러-골드스타인의 범주화 과제

장난감 숟가락
접시
파이프
사탕 시가
드라이버
설탕
큰 양초
포크
나이프

이러한 종류의 검사들로부터 나온 결과는 창의적인 사람들의 사물 분류가 정신분열증이 있는 사람들의 것보다 조울증이 있는 사람들의 것에 더 유사했음을 보여주었다고 한다. 그러므로 천재성과 광기 간에 있을 수 있는 관계에 관한 관심은 양극성 장애로도 알려진 조울증이 창의적 사고 과정에서 취할 수 있는 역할로 돌려졌고 많은 연구가 그 가능성을 조사했다.

3.2. 양극성 장애와 창의성

양극성 장애를 가진 사람은 감정 상태가 자주 변화한다. 고전적 조울증인 제1형 양극성 장애에서 환자는 대단히 의기양양한 시기(조증)와 우울증 시기를 오고간다. 조증 시기 동안 어떤 사람은 거의 잠도 자지 않고 일할 수 있고 자신이 어떤 장애는 극복할 수 있으며 어떤 목표든 달성할 수 있다고 느낄 수 있다. 조증인 사람의 한 가지 특징은 아이디어가 아주 쉽게 흐른다고 느끼는 것이므로 어떤 이론가들은 그 특징으로 인해 조증이 창의적 사고를 촉진할 것이라고 가정했다.

제1형 양극성 장애의 사례에서 환자는 조증에 더해 주요우울증에 시달린다. 주요우울증을 앓는 사람은 삶에서 흥미나 즐거움을 잃어서 그에게는 단지 아침에 침대 밖으로 나오고 씻고 옷을 입는 일도 너무나 큰 일이 될 수 있다. 제1형 양극성 장애에는 유전적 요소가 있을 수 있는데 이는 가계를 타고 흐른다는 강력한 증거가 있기 때문이다. 제2형 양극성 장애를 가진 사람은 조울증 환자처럼 긍정적인 기분과 부정적인 기분을 돌아가며 겪지만 조증 상태에서는 완전한 조증만큼 심각하지 않은 긍정적 정서 상태인 경조증이고 부정적인 상태는 완전한 우울증이다. 이들보다 덜 심각한 상태는 순환기분장애로서 경조증과 주요우울증보다는 덜 심각한 부정적 기분 간의 순환으로 정의된다.

양극성 장애와 창의성 간에 연결고리가 있는 여러 증거들이 있다. 첫째로 연구자들은 창의적인 사람들이 양극성 장애를 앓는 경향이 있음을 보여 주고자 했다. 두 번째로 다른 연구자들은 양극성이 있는 사람들이 다른 집단들보다 더 창의적이라는 것을 증명하고자 했다. 세 번째로 창의적인 상태에 있을 때의 특징이 조증 상태에 있을 때의 특징과 같다는 것을 보여 주려는 시도들이 있었다.

(1) 창의적인 사람들에게 있는 기분 장애

재미슨은 세계적으로 유명한 수많은 창의적 인물들의 삶을 연구했는데 그들 중 다수가 양극성 장애를 앓았다는 결론을 내렸다. 한 예로서 시인인 바이런경은 통제할 수 없이 오르락내리락하는 양극성 장애의 측면들을 지닌 많은 삽화들이 들어있다. 재미슨은 47명의 영국인 작가(시인, 극작가, 소설가, 전기 작가)와 화가들로 구성된 표본을 면담했는데 전체 표분 중에서 38% 이상이 어떤 정서장애로 치료를 받았고 30%가 비교적 중한 기분의 흔들림을 보고했으며 그 중 일부 증상은 장기간 지속되었다고 보고했다.

거의 모든 작가들이 기분과 느낌의 변화가 작업의 전개에서 매우 중요했다고 진술했다. 재미슨은 경조증 상태에서 발견된 인지(사고의 속도, 유창성, 유연성 등)의 변화가 창의성에 매우 중요할 가능성을 논의했다. 더불어 기분장애를 겪는 동안 일어나는 감정적 변동은 긍정적인 방식으로 창의적인 작가와 화가들에게 작품 소재를 제공하는 역할을 할 수도 있다고 했다.

그러나 재미슨은 경조증과 창의적 생산 도중의 유사한 변화가 표면 아래서 상당히 관계가 있는지 아니면 단순히 표면적으로 유사한지는 분명하지 않다는 점도 언급했다. 화가와 작가들이 그러한 기분 변화를 보고한다는 사실은 그 사람들이 일반적인 사람들보다 자신들의 기분 변화에 좀 더 민감할 수 있음을 나타내는 데 지나지 않을 수 있다. 따라서 기분 변화와 창의적 생산 간에는 특정한 인과적 연결고리가 전혀 없을지도 모른다. 따라서 창의성과 양극성 장애 간에 소문난 관계는 방금 검토한 연구로부터 명료한 뒷받침을 얻지 못했다.

재미슨은 창의적인 사람들, 특히 시인들이 일반적인 사람들보다 훨씬 높은 정도의 우울증에 시달린다는 증거를 제시했다. 20세기 태생 유명 시인 8명 중에 5명이 자살을 했다고 한다. 이는 일반 연구에서 보다 훨씬 높은 비율이며 시인들 간에 우울증이 널리 퍼져 있다는 증거와 함께 양극성 기분장애와 창의성 간에 관계가 있다는 재미슨의 제안을 뒷받침하는 간접적 증거를 제공한다.

(2) 기분장애를 앓는 사람들에게 있는 창의성

기분장애를 앓는 상태가 누군가 창의적이 될 가능성을 높인다는 것을 보여 주려는 시도가 있었다. 기분장애 유전자를 지녔을 정상적인 사람들이 그 유전자를 지니지 않은 사람들보다 더 창의적인가를 연구하는 것이었다. 앤드리아슨은 권위 있는 아이오와 대학 작가 워크숍의 교수진으로 구성된 30명의 창의적인 작가들 그리고 그 작가들과 연령, 성, 학력이 일치하는 30명의 대조 참가자들을 대상으로 진단 면담을 실시했다. 그의 연구에 의하면 작가들은 대조군보다 더 많은 정서장애와 더 많은 양극성 장애를 보였다. 작가들이든 대조군이든 참가자들 중에서 정신분열증으로 진단된 사람은 아무도 없었다.

작가의 친지들은 대조군의 친지들보다 상당히 더 많은 기분장애를 보였고 또한 주요 무용단의 일원이었거나 개인전을 열었던 적이 있는 등 더 높은 수준의 창의적 성취를 보였다. 앤드리아슨은 기분 장애를 향한 성향과 창의성을 향한 성향이 가계 안에서 함께 흐르는 특성일지 모르며 둘 다 유전적으로 전달될지 모른다는 결론을 내렸다. 그녀는 또한 인간의 유전자 풀 안에 정신병의 유전자가 자리를 차지하고 있음으로써 창의적 성취를 통해 사회에 이익이 되는지도 모른다는 점을 암시한다고 언급했다. 이러한 창의적 이익이 병에 걸린 개인들 수준에서 겪는 정신병의 부정적인 측면들을 사회적 수준에서 보상한다는 것이다.

리처즈와 동료들은 순환기분장애와 제1형 양극성 장애가 있는 사람의 정상 친지들이 가장 높은 수준의 창의적 성취에 달했음을 보고했다. 제1형 양극성 장애를 앓는 것으로 진단된 사람들의 창의성은 정상적인 대조군보다 나을 것이 없었다. 그녀에 의하면 양극성 장애가 아직도 우리 유전형질 안에 있는 이유는 그 유전자가 창의적 사고에 미치는 긍정적 효과라는 이익을 제공하고 그것이 정신병의 부정적인 측면들을 보상하기 때문이라는 것이다.

근래의 이론에서는 양극성을 포함한 기분장애와 창의성 간에 반대 방향의 연결고리 가능성이 제기되었다. 조증이 창의적 과정에 영향을 미치는 것이 아니라 창의적 출력을 내는 영역에서의 노력이 양극성의 발달을 자극하는지도 모른다는 안이 제시된 것이다. 이는 전통적인 관점에 대한 흥미로운 반전이다.

4. 정서와 창의성

양극성이 창의성에서 변화를 일으킨다는 점에 의심의 여지가 남아있다는 것을 보았지만 실험실 연구에서 나오는 일부 증거는 정서에서의 변화, 특히 긍정적 정서의 증가가 창의적 사고에서 긍정적인 역할을 할 수 있다는 것을 보여주었다.

아이센과 동료들은 유도된 기분(induced mood)이 창의적 사고에 미치는 영향을 조사했다. 이 연구에서는 학부생들에게 코미디 영화를 보여주거나 그들이 실험 장소에 도착하자마자 예기치 못한 상을 주는 조작들이 수많은 다른 행동들에 영향을 준다는 것을 보여주었는데 그 행동들 중 일부가 창의성과 연관이 있는 것처럼 보였다는 것이다.

어느 한 실험에서는 유도된 긍정적 정서를 가진 참가자들이 대조 참가자들보다 자극 단어에 대해 더 다양한 단어를 연상했다. 예를 들어서 우리가 A라는 단어를 받으면 전형적으로 B와 C라는 단어가 떠오른다고 가정할 때 만일 우리가 코미디를 본 후 기분이 좋아질 때 B, C, G, H, Q를 떠올린다면 더 큰 가능성의 집합을 이용할 수 있으므로 창의적인 반응을 구성할 수 있을 것이다. 아이센, 도브먼, 노위키 등은 유도된 긍정적 정서가 문제해결을 촉진한다는 것도 발견했다.

아이센과 동료들, 그리고 루스는 그러한 종류의 결과를 통해 긍정적 정서가 기억에서 인출 단서 역할을 한다는 것을 암시한다고 해석했다. 사고자에게 작업할 소재가 더 많다는 것은 자연히 창의적 사고를 자극할 것이다. 루스는 기억에서 강하게 감정이 실린 소재는 예술적 창의성에서 특히 중요할 것인데 이는 예술이 정서를 중심으로 하기 때문이다.

루바트와 게츠는 기억의 감정적 내용이 창의적 사고에서 어떤 역할을 할 수 있다는 이론을 세웠다. 그들은 어떤 상황의 감정적 내용이 그 상황에 대한 기억의 일부로서 저장된다고 가정할 때에 감정적 내용이 인출 단서 역할을 하여 기억의 회상을 도울 수 있다고 주장한다. 감정적 색조는 현재의 상황을 그 색조 말고는 다른 어떤 공통점도 없는 기억들과 연결할 수 있으므로 감정은 정보 내용을 넘어서서 인출 단서 역할을 할 수 있다.

감정이 창의적 과정에서 몇 가지 역할을 한다고 이론가들이 가정해왔는데 첫째로 긍정적 정서는 창의적인 사람에게 동기를 부여하는 역할을 할 것이고 둘째로 감정은 창의적 과정에서 아이디어들 간의 연결고리 역할을 할 수 있다. 그러나 긍정적 정서가 범주화, 단어 연상, 문제해결에 영향을 줄 수는 있다고 해도 아이센이 믿는 방식으로 그런 것은 아닐 수 있다.

5. 정신분열증과 창의성

5.1. 정신분열증 스펙트럼

정신분열성 정신병의 특징은 현실로부터의 단절이다. 정신분열증 환자들은 환각과 망상도 경험하므로 세상에서 더욱 더 단절된다. 정신분열증 환자에게서는 두 종류의 사고 장애, 즉 사고 내용에서의 장애와 형식에서의 장애가 보일 수 있다. 정신분열적 사고의 무질서한 형식은 생각이 흐르는 방식, 즉 생각들이 어떤 순서로 일어나고 서로 어떻게 결합되고 언어적으로 어떻게 소통되는지를 조사하면 알 수 있다.

정신분열적 사고에서 몇 가지 뚜렷한 형식적 특징 중의 하나가 사고의 비논리적 패턴이다. 남성 정신분열증 환자는 '너는 아름다운 여자이고 나도 아름답다. 그러므로 나는 여자다.'와 같이 추리할 수 있다. 정신분열적 사고는 자유분방한 연상과 말의 빈곤이 특징인데 자유분방한 연상시에는 한 사고로부터 다른 사고로의 연결을 다른 사람들이 따라갈 수 없고 말의 빈곤에는 새로운 단어를 지어내는 것을 포함하여 이상하고 특이한 언어가 동반된다.

정신분열증에서의 사고장애의 유형은 양극성에서의 그것과 다른 것으로 믿어진다. 이들 차이점들 중의 하나는 양극성인 사람들이 하는 말은 듣는 사람에게 더 이해 가능하고 그들이 하는 사고의 구조도 대개 이해할 수 있다. 정신분열증의 특징은 각 개인에게 독특한 사고이다. 정신분열증 스펙트럼에서 덜 심한 장애에는 분열형 성격장애와 분열성 성격장애가 있다. 분열형 장애를 가진 사람들은 감정적으로 차갑고 인간관계에서 친밀감을 유지하기 힘들어하고 때때로 사회적 불안을 보인다. 분열성 성격장애자들은 인습에 어긋나는 기묘한 행동을 보이는데 예를 들어서 어떤 사건이 일어나기 전에 느낄 수 있는 능력이나 다른 사람의 생각을 읽는 능력 등과 같은 특별한 힘을 믿는다는 것이다.

5.2. 정신분열증과 창의성

키니와 동료들은 일생 창의성 척도를 써서 독특한 개인들의 집합에서 창의성 성취를 조사했다. 각자는 정상인이며 한쪽 부모가 정신분열증을 앓았고, 입양되어 정신분열증이 아닌 사람들에게 길러졌다. 실험자는 한쪽 부모가 정신분열증인 입양아들 각자의 나이, 성, 입양 당시 나이, 사회경제적 지위를 대조군과 일치시켰다. 대조군역할을 한 사람들은 정신분열증 가족력이 없는 입양아들이었다. 일치시킨 대조군과 비교할 때 입양된 정신분열증 편부모의 자손은 일생 창의성 척도에서 절정의 창의적 성취 수준이 더 높은 것으로 나타났다. 그들은 정신분열증이 아니었다는 점이 강조되어야 한다. 즉 가장 높은 수준의 창의적 성취를 보인 사람들은 마술적 사고, 기묘한 사고, 반복적인 망상의 정신분열 증상을 나타내던 입양아들이었다.

키니와 동료들은 정신분열 입양아 군에서의 창의적 성취 패턴이 양극성인 사람의 친지들에게서 발견되는 것과는 다르다는 점을 발견했다. 양극성인 사람의 친지들은 직업적인 삶에서 더 창의적인 성취를 보였다. 반면에 입양된 정신분열 부모의 자손들은 취미와 같이 본업이 아닌 일에서 더 창의적인 성취를 보였다. 정신분열 편부모 입양아들의 성격 특징, 즉 사회적 불안 요인이 아마도 창의적 사고를 요구하는 영역에서의 전문직을 방해했을 것이다. 그들은 다른 사람들로부터 부정적인 평가를 받는 것에 관해 걱정했던 것이다. 그러나 일이 아닌 분야에서는 다른 사람의 평가에 대한 두려움이 없기 때문에 더 편안하게 활동을 추구할 수 있었을 것이다.

사스는 최근에 정신병 증상이 창의적 성취와 관계가 있을 수 있는 이유를 결정하는 데 어떤 요인들이 역할을 하는가 하는 더 폭넓은 문제를 조사했다. 어느 정도 정신분열적 증상을 나타내는 사람들은 포스트모던과 포스트-포스트모던 운동에 참여할 가능성이 높다고 가정했다. 그 운동은 예술가가 외부인으로서 세계에 관해 언급하기 위해 세계와 동떨어진 태도를 유지하면서 '차가움'과 풍자적 태도로 주목을 받는다. 차가움과 풍자 등의 특징들은 분열형이나 분열성 성격을 가진 사람을 묘사하는 것이므로 그러한 사람들이 포스트모던 예술 세계를 편안한 환경으로 느낄 가능성도 있다. 창의적 성취에 기여할지 모르는 사고의 특징과 더불어 어떤 사람이 우선 그러한 직업에서 편안할까를 결정하는 데 있어서 역할을 하는 성격 특징에 관해서도 더 광범위한 논점이 있다.

6. 사회적 요인들과 창의성

6.1. 사회 운동과 창의성

정신병이 한 사람의 사고 과정을 변화시킨다고 가정되었었지만 기분장애에 관한 한 그 가정에 부정적인 증거들이 있다. 긍정적이든 부정적이든 아직까지 정신분열증 스펙트럼 장애가 사고 과정에 미치는 영향에 관한 증거는 없다.

사스는 현재 광기, 특히 양극성 장애가 창의성에서 긍정적 역할을 할 가능성이 강조되는 원인을 18세기 말~19세기 초에 이르는 낭만주의 운동에서 찾을 수 있다고 주장한다. 낭만주의자들의 관점에서 창의성은 창의적 상상력에 의존했다. 창의적 상상력은 이성적이고 비판적인 자기의식에 의해 제지되지 않은 느낌들을 자발적으로 분출시켰다. 이러한 느낌의 분출은 어릴 때 우리 손 안에 있었지만 사회화된 어른이 되면서 우리들 대부분이 잃어버린다고 가정되었다. 그러나 창의적인 예술가는 이 감정의 샘이 흐르게 하고 그 출력을 예술 작품으로 돌리는 능력을 유지한다.

창의성을 연구한 다른 많은 사람들이 새로운 아이디어의 생산을 위해서는 '원시적' 방식의 인지가 필요하다는 데 관해 유사한 관점에 도달했다. 예를 들어 마틴데일은 창의성에 1차 과정 사고나 그와 흡사한 무엇인가기 필수적인 것이 당연하다고 여겼다. 아이젠크는 창의성이 '고위' 중추에 속하는 기능의 약화에 의존한다고 말했다. 그것이 약화된 결과로 원시적인 영역에 속하는 활동이 증가한다는 것이다. 예술적 상징들이 다른 사람들에게 감정적 위력을 가지는 이유는 예술가가 보편적인 원시적 사고 과정에 접근할 수 있고 그렇게 해서 만든 그의 상징들이 관객에게서 강한 느낌을 일으킬 수 있기 때문이다.

6.2. 정신병과 창의성

쿤은 과학에서의 진보는 두 가지 방식으로 일어난다고 주장했다. 정상(normal) 기간 동안에 어떤 학문분야에서 연구의 주류는 어떤 패러다임(paradigm) 안에서 실시된다. 패러다임이란 과학이 이루어지는 방식, 다루어져야 하는 기본 질문, 그것을 다루는 데 사용되는 방법에 관해 공유되는 믿음의 집합이다. 어떤 과학 안에 우세한 패러다임이 있는 '정상' 기간 동안에 그 패러다임 안에서 작업하고 있는 과학자들은 퍼즐 풀기 활동을 시작한다. 새로운 실험들이 설계되고 실행되면서 이 활동들은 창의적 사고를 수반하지만 그 패러다임에 바탕이 되는 기본 가정들은 의문시되지 않는다. 정상과학의 반대편에는 과학에서의 혁명(revolution) 기간이 있다. 이 시기에는 어떤 패러다임의 기본 가정들에 의문이 제기되고 새로운 패러다임이 제시되어 낡은 패러다임을 대신한다.

숄드버그는 정신분열적 특징을 가진 사람들이 혁명적인 창의적 발전에서 큰 역할을 할 수도 있다고 언급한다. 사스는 양극성 스펙트럼에 속하는 장애를 앓는 사람들이 사회적 규범에 부합되고 그것에 신경을 쓰는 경향이 있다는 증거를 논의한다. 따라서 우리는 그러한 사람들이 혁명적인 창의적 활동에서 기존의 패러다임을 부수기보다 기존의 패러다임 안에서 작업할 것으로 기대할 수 있다. 오히려 사스와 숄드버그의 제안은 그 사람의 성격 특성이 그가 주어진 창의적 환경에 참여하려고 시도할 것인가의 여부에 영향을 주는 식으로 정신병적 성향과 창의성이 간접적으로만 관련될 가능성을 제기한다. 이 분석은 논의에 미묘한 차이를 덧붙이고 만일 정확하다면 정신병과 창의성의 연결고리는 매우 간접적일 것임을 나타낸다. 정신분열적 특징을 가진 사람은 그 특징으로 인해 사회적인 사람이 시간과 노력을 투자하지 않을 모종의 과학적 활동에 몰입할 수 있었을 것이다.

6.3. 정신병과 창의성 간의 연결고리에 미치는 사회문화적 영향

베커는 서구 사회에서 일어난 정신병과 창의성 관계의 역사적 발달을 조사해서 주어진 역사적 시대 동안의 그 연결고리는 당시에 작용하는 특정한 사회문화적 요인들에 의존한다고 제안했다. 계몽운동 시기 동안에 천재라는 용어는 대단히 새로운 작품에서 드러나는 타고난 창의력이나 상상력을 소유한 사람을 가리키는 데 사용되었다. 그러나 천재에 대한 계몽운동 관점에 바탕이 되는 기본 가정은 천재의 힘이 효과를 발휘하려면 이성적 통제를 받아야 한다는 것이었다. 고삐 풀린 상상은 방종과 풍취 없는 새로움을 낳는다는 것이다.

18세기 말 낭만주의 운동의 발달은 그에 동반해 천재의 개념에 변화를 가져왔다. 베커의 관점에서 이 변화는 당시 창의적 사고자들의 지위와 관계가 있었다. 나폴레옹의 패배로부터 일어난 반동적 정치 기후는 창의적 노력, 특히 예술에서의 창의적 노력과 그에 참여하는 사람들이 이전에 받던 존경과 자유를 누릴 여유가 없음을 의미했다. 자신을 기존 체제가 고려하는 사람으로 확립하기 위해 낭만주의 사상가들은 창의성에서 고삐 풀린 상상의 표현을 어떤 사람의 가치 결정에서 가장 중요하고 유일한 기준이라고 선언했다. 정신 이상이라는 의미의 광기가 창의적인 사람의 구성요소일 것이라고 가정되었다. 광기의 원인은 그가 생의 표면 아래에서 흐르고 있는 감정적 난류에 민감하기 때문이라는 것이다. 그러므로 통제된 이성적 상상의 작용이 진정한 천재에게 요구되는 것이라는 믿음에서 멀어지는 추세가 보였다.

시인 콜리지나 바이런 등과 같은 많은 낭만주의 사상가들은 다른 사람들 안에 그리고 자신들 안에 있는 정신 이상에 대한 공포를 표현했다. 그러나 베커의 관점에서 그 초기 분석들의 한 가지 문제는 천재적인 사람들에게 있는 광기에 관한 결론들을 뒷받침하는 증거의 대부분이 자기 자신이 그 병을 가졌다고 주장하는 그 사람들의 보고를 바탕으로 한다는 점이었다.

베커는 자신이 정신 이상이라고 보고하는 내용에 대해 의문을 제기했다. 첫째 자기 자신의 광기를 가리키는 증상을 보고하는 것은 자기 이익을 위한 것일 수 있다. 낭만주의 관점에서 천재로 여겨지기 위한 기준이 바로 그러한 증상을 보이는 것이었기 때문이다. 둘째 1세기도 더 전에 낭만주의 시인이 쓴 자신의 심리 상태 묘사가 오늘날 사용되는 것과 같은 식의 용어를 사용하는지는 누구도 확실히 알 수 없다. 따라서 낭만주의 시인의 광기에 관한 자기 보고가 오늘날 어떤 사람과의 깊이 있는 면담을 기초로 전문가가 이끌어 내는 진단과 동등한 정신 이상의 증거라고 결론을 내리는 데 있어서 우리는 조심해야 한다.

CHAPTER

09

창의와 무의식적 사고

1. 무의식적 연상과 무의식적 처리

무의식이 창의적 사고에서 어떤 역할을 한다는 생각에는 두 가지 요소가 있다. 첫 번째 요소는 아이디어들 간의 무의식적 연관성을 강조한다. 즉 프로이트로부터 비롯된 이 이론은 우리의 생각들이 때때로 우리가 모르는 이유들로 인해 연결된다고 주장한다. 예를 들어 어떤 청년은 자신의 아버지를 상대로 하키 게임에서 이기는 꿈을 꿀 수 있다. 자신이나 아버지나 하키는 고사하고 스케이트조차 탈 줄 모르는데도 불구하고 말이다. 프로이트의 용어로 그러한 꿈은 그 청년의 오이디푸스적 소망을 상징한다.

우리는 프로이트 관점의 이 요소를 연상적 무의식이라고 부른다. 하나의 생각에서 다음 생각으로 이어지는 연결고리 혹은 연상은 의식적 자각에 열려 있지 않기 때문이다. 연상적 무의식은 '제정신이 아닌' 이론의 한 측면이다. 왜냐하면 그 사람은 자신의 생각들 사이의 연결고리를 의식적으로 자각하거나 통제할 수 없기 때문이다.

연상적 무의식의 관념은 창의적 사고로 직접 연장될 수 있다. 무의식은 의식적 사고 안에서 결코 한데 모일 수 없을 생각들을 연결할 수 있다. 예를 들어 그러한 무의식적 연결고리들은 예술가가 어떤 계획을 짜고 있는 과정에서 활성화된다. 레오나르도가 자신이 <모나리자> 속의 여인을 어떻게 그릴지 의식적으로 고심하고 있다고 느끼는 동안에 무의식적 고리들은 숨겨진 방향을 제공하고 있었을 것이다.

무의식의 두 번째 측면은 무의식적 처리이다. 이 관점이 가정하는 것은 우리가 병렬 처리라는 것을 사용하여 동시에 하나 이상의 계획을 짤 수 있다는 것이다. 이 관점에서 우리는 무의식 수준에서 완전히 다른 어떤 과제를 처리하고 있는 동안에 동시에 완벽하게 의식하는 어떤 활동(예를 들어 걷기, 운전하기 등)을 수행하고 있을 수 있다. 무의식적 처리와 연상적 무의식의 구분은 비록 무의식적 수준에서라도 실제로 모종의 인지 활동을 수행하는 과정(무의식적 처리)과 그 과정이 처리하고 있는 대상 간의 구분이다. 그 대상은 의식적 자각으로부터 숨겨진 연결고리들을 통해 조직되어 있을 것이다(무의식적인 연상적 연결망).

무의식적 처리는 창의적 도약을 일으킬 수 있다. 어떤 사람이 한 가지에 관해 생각하고 있을 때 갑자기 새로운 아이디어가 의식 속으로 스칠 수 있다. 그것은 완전히 다른 주제와 관련된 아하! 경험이다. 이 도약이 일어난 이유는 그 사람이 모르는 상태에서 병렬 처리를 하고 있었기 때문이다. 그러나 일단 아이디어가 생기면 그 연상적 고리는 평범한 의식적 사고에서 사용되는 것과 같은 고리이므로 그것을 낸 사람은 그것이 어디에서 왔는지를 이해할 수 있어야 한다. 무의식의 두 차원을 요약하면 [표 9-1]과 같다.

[표 9-1] 무의식의 두 차원

처리 방식	연상적 고리	
	의식적	무의식적
단일 흐름 (무의식적 처리는 없음)	(A) 한줄기의 사고, 고리들이 의식적으로 작동되고 이해된다. 결과가 사고자에게 놀랍지 않다. 예: 어떤 화가는 주어진 주제로 그림을 그리기로 결심하고 이유를 설명할 수 있을 것이다.	(B) 한줄기의 사고, 일부 고리들이 이해된다. 그 고리들이 결과에 기여한다면, 사고자는 그 결과가 어떻게 왔는지 설명할 수 없을 것이다. 예: 어떤 화가는 어떤 그림이 어째서 그렇게 그려졌는지 설명할 수 없을 것이다.
다중 흐름 (무의식적 처리)	(C) 여러 줄기의 사고, 문제에 대한 갑작스러운 해결이 놀랍다. 본인이 의식밖에서 무언가에 관해 생각하고 있다는 것을 모르기 때문이다. 사후에 결과의 유도를 이해할 수 있다. 예: 어떤 사람은 이하! 경험을 하면서 문제를 해결하고, 해결이 어디에서 왔는지 설명할 수 있을 것이다. (이론가: 푸앵카레)	(D) 여러 줄기의 사고, 갑작스러운 해결이 놀랍다. 본인이 의식 밖에서 무언가에 관해 생각하고 있다는 것을 모르기 때문이다. 어떤 고리들은 이해되지 않는다. 만일 그 고리들이 결과에 기여한다면, 결과의 유도는 불가능할 것이다. 예: 어떤 사람은 이하! 경험을 하면서 문제를 해결하고, 해결이 어디에서 왔는지 설명할 수 없을 것이다. (이론가: 프로이트, 케스틀러, 사이먼트, 칙센트미하이)

참고문헌: 창의성, 로버트 W. 와이스버그, 김미선 역. (주)시그마프레스

2. 푸앵카레의 무의식적 창의 과정 이론

2.1. 푸앵카레의 자기보고서

푸앵카레는 모종의 수학적 함수가 존재할 수 없음을 증명하는 시도를 추진했다. 그는 이 과제에 성공하지 못한 채 15일 동안 매달려 있었다. 그는 규칙적으로 오전 10시에서 12시까지와 오후 7시에서 9시까지 하루에 네 시간 수학을 연구했다. 어느 날 밤에 늘 그렇듯이

성공하지 못한 날을 보낸 후 그는 블랙커피를 마시고 잠을 이루지 못했다. 그런 다음에 그는 다음과 같은 이상한 경험을 했다.

'아이디어가 한꺼번에 몰려들었다. 나는 그것들이 쌍쌍이 맞물려서 안정한 조합을 이룰 때까지 충돌하는 것을 느꼈다. 다음날 아침이 되자 일종의 푸크스 함수의 존재가 입증되어 있었다. 나는 그 결과를 써내기만 하면 되었고 그렇게 하는 데에는 두세 시간밖에 걸리지 않았다.'

생각으로 잠 못 든 이날 밤 동안에 푸앵카레는 불가능한 것으로 추정되던 함수들 가운데 한 예의 존재를 보일 수 있음을 입증했다. 그는 자기 자신이 그 사고 과정을 지휘하는 데에는 아무 역할도 하지 않으면서 일어나고 있는 것을 지켜본 관찰자에 불과했다고 느꼈다. 그러므로 그는 스스로 자기 자신의 무의식이 하는 작업을 관찰하고 있었다는 결론을 내렸다.

푸크스 함수를 발견한 후 푸앵카레는 집 근처 도시로 가서 어떤 지질학회에 참석했다. 미리 예정되어 있던 이 여행이 그의 수학적 작업에 끼어들었다. 떠나는 동안 그는 또 다른 발견을 했고 그 발견은 전혀 예기치 못한 것이었다. 그러므로 푸앵카레는 수학과 아무런 관계가 없는 대화 도중에 최근에 발견한 푸크스 함수가 수학에서 이미 존재하는 일련의 함수들인 비유클리드 기하의 변환과 동치라는 것을 깨달았던 것이다. 이 갑작스런 조명을 설명하기 위해 푸앵카레는 자신이 그 개념들에 관해 줄곧 생각해오고 있었지만 무의식 수준에서 그랬던 것이 틀림없다는 결론을 내렸다. 그는 여행에서 돌아왔을 때 의식적인 작업을 통해 그의 조명이 정말로 옳았음을 증명했다.

2.2. 아이디어 조합의 기제

가치 있는 아이디어의 조합이 나올 수 있는 방법에는 최소한 두 가지가 있다. ① 사고자가 어떤 대단한 기술이나 직관에 의해 잠재적으로 가치가 있는 아이디어들만을 내거나 ② 사고자가 가치 있든 빈약하든 똑같이 많은 수의 조합을 낸 다음에 거기에서 가치 있는 것만을 선택해서 더 깊이 생각하는 방법이 있다. 사고자의 의식적 경험은 첫 번째 안에 해당한다. 푸앵카레에 의하면 유용한 아이디어나 쓸모없는 아이디어나 똑같이 많은 아이디어가 무의식적 처리에 의해 생산되지만 [표 9-1]의 C처럼 잠재적으로 유용한 아이디어들만이 의식된다는 것이다.

푸앵카레는 사고자에게 아무 진전도 없어 보였던 이전의 의식적 작업이 실제로는 창의적 사고에 긍정적으로 기여한다고 말한다. 왜냐하면 그것이 최소한 동떨어진 것일지라도 어느 정도 결실 있는 조합을 만들어낼 기회가 있는 아이디어로 조합 처리 대상을 제한하는 역할을 하기 때문이다. 무의식적 조합 과정에는 두 가지 중요한 특징이 있다. 첫째 그것이 다루는 아이디어의 일부는 그 문제에 관한 예비 의식 작업을 하는 동안 고려됨으로써 가동된 것이다. 이는 잠재적으로 유용할지 모르는 그 아이디어들에 최소한 부분적으로 과정을 집중시키는 역할을 한다. 둘째 그 선택된 아이디어들은 아이디어들의 비활성 부분과 고속의 무의식적 조합을 하는 데 사용되어서 아직도 수많은 잠재 조합들이 형성의 기회를 가질 수 있게 해준다.

2.3. 조합이 의식되기 위한 기준

잠재적으로 유용한 조합이 정통으로 얻어맞아 갑자기 의식 속으로 터져 나오면서 조명으로서 경험된다. 여기에서 무의식적으로 생긴 조합이 의식 속에서 더 조사되어야 할지 어떨지를 결정하기 위한 기준이 요구된다. 푸앵카레는 다음과 같이 말한다.

'다소 긴 무의식적 작업 후에 일종의 갑작스러운 조명으로 마음에 자신을 선보이는 조합들은 일반적으로 유용하고 비옥한 조합임에 틀림없다. 유용한 조합은 정확히 가장 아름다운 조합이다.'

푸앵카레에 의하면 어떤 아이디어는 그것이 '아름다운' 혹은 '조화로운' 것으로 사고자의 무의식적 감수성을 때릴 때 의식적이 된다. 그가 무의식으로부터 의식으로 돌아온 아이디어가 옳다고 확산하는 데에 대한 설명이 바로 이것이다. 그것은 이미 무의식적 감수성에 의해서 평가를 받았던 것이다. 푸앵카레에 의하면 이 감수성은 또한 우리의 무의식이 만들어낼 것이 틀림없는 많은 빈약한 조합들을 우리가 결코 의식적으로 알지 못하는 이유이기도 하다. 그 빈약함이 바로 그것들이 무의식의 문지기를 통과하는 것을 방지하는 것이다.

3. 무의식 처리 이론

3.1. 월러스의 무의식적 사고

월러스는 푸앵카레의 아이디어를 창의적 과정의 4단계로 공식화했다. 첫 번째 단계인 준비(preparation)는 문제에 관한 최초의 의식적 작업 과정이다. 이 단계에서 사고자는 스스로 문제에 깊이 몰입함으로써 그 문제에 친숙해지면서 해결을 시도한다. 만일 이 작업이 성공하지 못하여 막다른 골목에 다다르면 그 사람은 문제에 관한 작업을 중단한다. 그러나 무의식 작업을 계속한다.

이 무의식적 작업의 단계를 암탉이 알을 품을 때 알 속에서 일어나는 일에 비유하여 부화(incubation)라고 한다. 무의식이 새롭고 잠재적으로 유용한 조합을 발견하면 3단계인 조명(illumination)이라는 의식적 경험, 즉 부화된 알이 깨는 단계로 넘어간다. 마지막으로 조명을 일으킨 아이디어가 그것의 적절성을 결정하기 위한 검증(verification)을 요구하는데 이 단계에서는 의식적 사고가 요구된다. 월러스는 사고자들에게 성공하고 싶으면 때때로 문제에 관한 생각을 완전히 멈추고 무의식적 과정이 일을 할 시간을 주라고 조언한다.

3.2. 아다마르의 무의식적 사고

수학자로서 푸앵카레의 제자였던 아다마르도 영감의 현상과 창의적 사고에서 무의식적 과정이 하는 역할을 상세히 기술했다. 그는 친구의 얼굴을 알아보기 위해 우리는 서로 다른 많은 특징이나 정보들을 사용하지만 그 과정의 복잡성은 전혀 모르며 우리가 무엇을 하고 있는지를 어떤 식으로도 설명할 수 없다. 따라서 우리의 통일된 의식적 자각('저기 철수가 있다')과 복잡한 재인 과정 간에는 아다마르의 관점에서 일어날 수밖에 없는 틈이 있다. 그러므로 많은 무의식적 처리가 포함된다고 가정하는 것이 필수적이다.

의식은 단일하게 통합된 것(우리는 그 하나의 얼굴만 자각한다.)인 반면에 무의식은 다면적(동시에 많은 것들이 처리될 수 있다.)이다. 의식은 순차적 처리장치인 반면에 무의식은 정보를 병렬식으로 처리한다.

아다마르는 우리가 친구들과 일련의 연결된 문장으로 말을 하는 장면을 논의한다. 우리가 첫 문장을 만들어낼 때 두 번째 문장은 어디에 있는가 하면 그것은 무의식에 있다는 것이다. 왜냐하면 의식 안에는 첫 번째 문장이 차지하고 있기 때문이다. 그는 말해질 문장들이 무의식 안에서 의식적인 과정을 위해 표면에 가깝게 대기하고 있다고 제안한다.

3.3. 케스틀러의 무의식적 사고

케스틀러는 푸앵카레의 분석을 프로이트 이론과 결합시킨 창의적 사고의 분석을 제시했다. 그는 많은 창의적 진보를 분석하고 그것들이 흔히 두 가지 독립적인 흐름의 연상을 하나의 아이디어로 합치는 이연연상(bisociation)이라고 부르는 것을 수반한다는 결론을 내렸다. 이연연상은 연결된 아이디어들의 한 흐름만을 수반하는 일반 연상과 대비된다.

케스틀러도 다른 사람들처럼 '생각하다'의 라틴어인 '코기타레(cogitare)'의 어원이 '함께 흔들다'라는 것을 강조했다. 이는 무의식의 방에서 '갈고리 달린 원자들'이 이리저리 붕붕거리며 날아다니다가 한 쌍이 충돌해서 같이 걸리는 푸앵카레의 이미지와 일치한다.

그러나 케스틀러는 푸앵카레와 달리 무의식적 사고가 사용하는 연결망이 의식적 사고가 사용하는 연결망과 다르다고 믿었다. 케스틀러는 의식적 사고 과정이 경험과 습관을 기반으로 한 연상적 연결망뿐만 아니라 언어적 기반의 논리를 통해서도 작용한다고 가정했다. 반면에 창의적 사고는 논리와 습관에 역행하는 아이디어들 간의 연결망을 요구한다. 케스틀러의 관점에서 프로이트의 1차 과정 사고는 그 새로운 결합이 진척될 수 있게 하는 운송수단을 제공한다.

예를 들어 케쿨레가 벤젠 분자의 고리 구조 발견을 묘사하면서 보고했듯이 사고자가 일련의 분자들을 한 마리 뱀으로 인식할 때는 시각적 익살을 사용하는 것이 보인다. 케쿨레의 분석은 유형의 이미지 안에 추상적인 이론적 개념을 상징화한 것으로 분류할 수 있을 것이다. 아인슈타인이 아다마르에게 자신의 사고는 거의 절대로 말을 기반으로 하지 않는다고 보고한 것은 우리가 논리와 언어적 습관의 지배로부터 탈피하려면 비언어적 방식을 사용해야 한다는 케스틀러의 주장을 뒷받침한다. 아인슈타인은 상대성 이론에 관한 중요한 통찰은 만일 자신이 광선을 쫓아 빛의 속도로 움직인다면 무슨 일이 일어날까를 상상한 결과로 생겨났다고 보고했는데 이것은 구체화의 한 예에 해당한다.

창의적 사고에서 무의식적 처리가 어떻게 기능하는가에 관한 두 가지 흐름의 이론을 얻었다. '순수한' 푸앵카레와 푸앵카레 더하기 프로이트가 그것이다. [그림 9-1]이 무의식 이론의 역사적 발달도를 나타낸다.

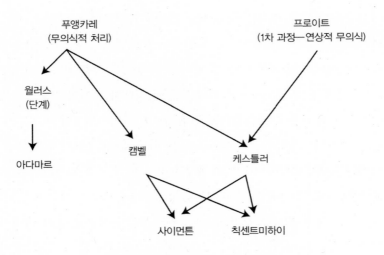

[그림 9-1] 무의식 이론의 역사적 발달도

3.4. 캠벨의 무의식적 사고

캠벨은 창의적 아이디어가 다윈의 유기적 진화 이론에서 작용하는 자연선택 과정과 유사한 진화 과정을 통해 생겨난다는 관념에 바탕을 둔 창의성 이론을 개발했다. 다윈의 이론에서는 맹목적 변이와 선택적 보유가 종의 진화 방식을 결정한다. 진화 과정에는 어떤 변이가 주어진 환경에서 주어진 종을 위해 최선이 될지에 관한 선견지명이 없다는 의미에서 이 변이는 맹목적이다. 변이는 무작위로 일어나므로 일부는 유용하고 일부는 그렇지 않은데 유용한 변이는 보유된다.

캠벨에 의하면 진화 과정과 유사하게 새로운 문제의 해결이라는 형태의 창의적 사고에는 세 가지 조건이 필수이다. ① 새로운 아이디어의 발생, 즉 관념적 변이를 위해 유기적 진화에서 일어나는 돌연변이의 발생과 유사한 어떤 수단이 있어야 한다. ② 일단 새로운 아이디어가 생산되면 역시 유기적 진화의 자연선택과 유사하게 그 변이는 성공적인 것만을 보유하는 꾸준한 선택 과정의 대상이 된다. ③ 선택된 변이는 다음 세대가 이용할 수 있도록 어떤 기제에 의해 보존되고 재생산되어야 한다.

캠벨은 새로운 문제를 마주했을 때 아이디어에 진정으로 효과적인 변이가 일어나려면 진화에서의 돌연변이 생산이 그렇듯이 관념적 변이도 완전히 맹목적이어야 한다는 결론을 내렸다. 그에 따르면 완전히 무질서한 변이가 생겨나지 않으면 새로움이 있을 수 없다는 것이다. 그는 관념적 변이의 맹목적 측면을 뒷받침하기 위해 푸앵카레를 광범위하게 인용한다. 하나의 예로 그는 푸앵카레가 경험한 불면의 밤에 관한 묘사를 창의적 사고에서 아이디어들이 조합되는 무질서한 방식을 뒷받침하는 증거로 인용한다.

3.5. 사이먼튼의 무의식적 사고

사이먼튼은 캠벨의 관점을 정교화하면서 창의적 과정이 정신 요소(mental element)라고 부르는 것에 작용한다고 말했다. 정신 요소라는 것은 어떤 방식으로 조작될 수 있는 심리학적 기본 단위로서 푸앵카레가 언급한 '에피쿠로스의 갈고리 달린 원자'에 비견된다. 사이먼튼은 푸앵카레와 캠벨을 가까이 따라가면서 그 정신 요소들이 '우연 치환'의 과정을 통해 자유롭게 조합으로 들어가야 한다고 제안한다. 그 치환은 무의식 속에서 이루어진다. 모든 조합이 보유될 수는 없으므로 요소들의 조합이 형성된 후에는 어떤 선택 과정이 도입되어야 한다. 어떤 조합의 안정성이 클수록 그것이 선택될 확률은 커지고 그 조합은 의식에서 더 큰 주의를 명령할 것이다. 따라서 사이먼튼의 안정성 연속체는 사고자의 무의식적인 미적 감수성을 바탕으로 한 푸랭카레의 선택 개념과 유사하다.

조합마다 안정성이 다른 것은 정신 요소들이 서로 '본질적 친화성'을 가지고 있다고 제안한다. 즉 요소의 쌍들 간에는 클립을 끌어당기는 자석의 인력과도 같은 모종의 인력이 있다는 것이다. 본질적 친화성이 생기는 이유는 때때로 두 배치가 조직화되어서 요소들이 일대일로 정렬할 수 있기 때문이다. 푸앵카레의 조명은 그 요소들이 일대일로 대응된다는 것이 드러나자 그것이 방아쇠가 되어 그 개념들이 동치라는 깨달음이 일어났기 때문이다.

사이먼튼의 관점에서 개인들은 새로운 아이디어를 생산하는 능력에 관련된 두 차원 상에서 가지각색일 수 있다. 첫째로 사람들은 그들이 소유하는 정신 요소들의 총 수에 있어서 서로 다르다. '천재'는 '평범한' 개인보다 자신의 데이터베이스에 더 많은 요소를 소유한다. 그러나 큰 숫자의 정신 요소를 소유하는 것으로는 충분하지 않다. 그 요소들이 창의적 생산을 위해 최적의 방식으로 조직되어야 한다. 창의적 개인과 그렇지 않은 개인을 구별하는 정신 요소들 간의 연상적 관계를 분석하면서 사이먼튼은 아이디어의 기반을 메드닉의 이론에 둔다.

메드닉에 의하면 창의적으로 생각하지 않을 사람들은 한두 가지의 우세한 반응이 있는 한정된 연상적 위계를 가지고 있다고 한다. 그 반응들은 수시로 재빨리 일어나는 경향이 있고 그러므로 덜 빈번한 반응이 나오는 것을 막는 경향이 있다. 그러한 사람들은 어떤 상황에 대해 정형화된 익숙한 반응을 보이는 경향이 있고 새로운 반응이 요구될 때 불리하다. 반면에 창의적인 사람들은 비교적 큰 숫자의 반응들을 어느 정도 동등한 확률로 이용할 수 있는 연상적 위계를 소유하고 있다. 그러한 사람들은 어떤 상황에 대해 비교적 색다른 반응이 떠오를 가능성이 훨씬 많고 그 결과 창의적인 결과를 낼 수 있을 것이다. [그림 9-2]는 메드닉의 연상적 위계를 나타낸다.

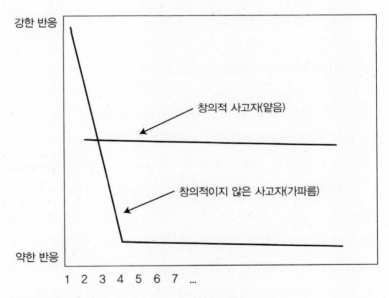

참고문헌 : 창의성, 로버트 W. 와이스버그, 김미선 역, ㈜시그마프레스

[그림 9-2] 메드닉의 연상적 위계

사이먼튼의 관점에서는 무의식적 자유연상 과정이 의식에 접근하게 될 수 있는 주위 환경이 있다고 한다. 만일 그 사고 과정이 생생

한 심상을 수반하면 그것은 때때로 의식의 주의를 끌 것이다. 케쿨레의 벤젠 고리 발견이 그러한 경우였다. 또한 만일 창의자가 어떻게든 다른 과제가 의식을 차지하지 않고 있는 상태에 있을 수 있다면 무의식이 하고 있는 작업이 엿보일 수도 있을 것이다. 그러나 보통 누군가 다른 활동에 종사할 때 무의식은 자각의 밖에서 작동한다. 대개 무의식이 최적으로 작동하기 위한 필수적인 조건은 그 개인이 걷기와 같이 자원과 외부 자극에 대한 주의를 최소한도로 요구하는 어떤 일상 활동에 종사하고 있는 것이다. 덕분에 무의식은 자신의 일을 할 능력을 얻게 된다.

3.6. 칙센트미하이의 무의식적 사고

칙센트미하이는 예술, 과학, 기술, 사업에서 일생동안 중요한 창의적 공헌을 했던 100명에 달하는 사람들과의 면담을 바탕으로 창의적 사고를 분석했다. 그에 의하면 무의식 사고에는 필연적으로 간단한 연상의 법칙들을 바탕으로 한 아이디어들 간의 연결이 따른다고 가정한다. 그 결과로 이루어진 것은 의식적 사고의 논리적이고 제한된 순차적 처리가 아니라 본질적으로 병렬적인 처리로서 이는 아이디어들의 무작위 조합으로 보일 것을 생산한다. 따라서 무의식은 의식적 사고에서는 생산되지 않았을 아이디어들의 조합을 생산함으로써 성공할 것이다.

칙센트미하이와 소여는 그들의 응답자들이 통찰의 순간을 월러스의 단계들, 즉 준비, 부화, 조명, 검증에 해당하는 4단계 과정의 일부로 묘사했다고 보고한다. 창의성에서의 무의식적 과정에 대한 다른 분석과 대조적으로 칙센트미하이와 소여의 분석은 부화와 조명에서 일어날 수 있는 커다란 개인차를 강조한다. 그들은 시간의 틀이 긴 통찰 과정 대 시간의 틀이 짧은 통찰 과정이 너무나 달라서 그것들은 실제로 연속체의 두 극단을 대표한다고 제안한다. 그들은 이 연속체를 제시된(presented) 문제와 발견된(discovered) 문제 간의 구분이라는 관점에서 논의한다. 대개 더 짧은 시간의 틀을 수반하는 제시된 문제해결에서 그 사람은 이미 존재하는 문제와 씨름하기 시작한다. 긴 시간에 걸쳐 연장될 발견된 문제해결 과정에서 그 문제는 그 사람이 등장하기 전에는 사람들이 다루어오지 않았던 것이다.

칙센트미하이와 소여의 관점에서 위대한 창의적 통찰, 즉 그 분야에서 이동을 일으키는 통찰은 이 장기 통찰 범주에 속한다. 그들이 다윈의 발견을 시간의 틀이 긴 과정의 예로 제시했다. 다윈의 작업이 패러다임 이동, 즉 생물학의 이론화에서 급진적 변화를 일으킨 것은 의심할 여지가 없지만 칙센트미하이와 소여가 제안한 분석과 달리 다윈은 이전부터 제시된 문제를 풀었다.

칙센트미하이와 소여에 의하면 무의식은 더 작은 많은 존재들로서 모습을 보이고 각각은 다른 문제에 관한 작업을 하고 있을 수 있으므로 많은 문제들이 동시에 해결되고 있을 것이라고 한다. 만일 의식이 제한된 용량을 가진 순차 처리장치이고 무의식은 훨씬 큰 용량을 가진 병렬 처리장치라면 당사자는 그것들을 어떻게 조화시키는 것일까? 유용한 통찰을 얻으려면 어떻게든 그 사람은 잠재의식적 과정이라 부르는 것을 지휘할 수 있어야 한다. 칙센트미하이와 소여가 조사한 사람들 중 많은 사람들은 자신이 그런 무의식적 과정들을 지휘하는 능력을 실제로 개발했다고 주장했다. 그들의 응답자들은 자신들의 통찰이 특정한 외부 자극(예를 들어 뉴턴의 머리 위로 떨어져서 중력이론 개발을 자극한 사과) 없이 '잠재의식으로부터 분출되고 있다.'라고 묘사했다.

창의적 사고에서 잠재의식의 중요성을 더욱 뒷받침하면서 칙센트미하이와 소여가 면담한 사람들 중 많은 이들은 그들 나름대로 '쉬는 시간'의 중요성을 강조하는 창의적 과정의 이론을 개발해 놓고 있었다. 이 창의적 사고 운동의 베테랑들은 잠재의식이 일을 수행하게 하려면 그 과정에 부화기가 필요하다는 것을 추호도 의심하지 않았다.

4. 부화와 조명에 관한 검토

4.1. 푸앵카레의 자기보고서에 관한 검토

푸앵카레의 보고서가 과연 신뢰성이 있는지에 관해 몇 가지 의문점이 있다. 무엇보다도 푸앵카레가 자신의 발견에 관해 공적인 논의를 제시한 때는 문제의 사건이 발생한 지 30여년 후였다. 더욱이 푸앵카레의 두 보고서(버스에 오르기와 절벽 위에서 걷기)는 아하! 경험, 즉 극히 짧은 동안의 사건을 다루었다. 아하! 경험이라는 것은 일어난 직후에도 자세히 기억하기가 어려운데 그토록 오랜 시간 후에도 정확하게 기억했다는 것은 믿기 어려운 사항이다.

푸앵카레의 보고서는 틀림없이 최고 지성을 갖추었음에도 행동주의 과학에 관해 특정한 경험이 없는 개인이 작성했다. 행동주의 과학에서의 훈련이 행동을 관찰하고 보고하는 데 있어서는 그 대상이 자기 자신이라 해도 준비해야 함을 감안하면 행동주의 과학자로서 훈련받은 적 없는 수학과학자인 푸앵카레의 보고서는 다시 문제가 된다.

푸앵카레의 보고서 중 자신의 아이디어가 충돌하고 조합되는 것을 관찰하던 불면의 밤을 묘사한 첫 번째 보고서는 사실상 무의식에 관해 아무것도 말하지 않았다. 푸앵카레는 그 일화를 경험하는 동안 의식이 있었기 때문이다. 따라서 푸앵카레와 다른 사람들이 창의적 사고에서의 무의식적 처리 이론을 세우면서 직접적으로든 간접적으로든 언급하는 에피쿠로스의 갈고리 달린 원자들은 의식적 사고 안에서 일어났고 무의식에 관한 이론화는 무관한 것으로 보인다. 궁극적으로 푸앵카레의 증거는 단지 문제의 사건 이후 오랜 세월이 지나 공개된 몇 가지 1인칭의 일화적 보고서로 구성된다. 인지심리학자들이 연구하는 대부분의 영역에서 주관적인 보고서나 일화는 이론화의 기초로 사용되지 않는다.

푸앵카레에 의하면 사고는 잠재적으로 유용한 무엇인가가 주의를 붙잡을 때까지 아이디어들을 차례로 조합함으로써 작용한다는 것이다. 그러므로 푸앵카레의 사고 이론은 사고가 어떤 계획도 없이 기본 요소들이나 아이디어들을 조합함으로써 작용한다는 의미에서 우리가 사고 과정의 상향 관점이라 부른 것을 보여주는 일례이다. 계획이라는 것은 위로부터 발생된 아이디어를 바탕으로 하기 때문에 하양 처리라 불린다. 푸랭카레의 상향 개념작용과 반대로 창의적 사고가 좀 더 하향식으로 작용한다고 인식하는 것도 가능하다.

무의식적 처리가 자신의 사고에 관련되었음에 틀림없다는 푸랭카레의 결론은 그가 자신의 문제와 완전히 무관한 무수한 아이디어를 결코 의식하지 않았다는 사실을 바탕으로 했다. 그의 결정적인 가정은 자신이 그 모든 아이디어를 어딘가에서 조합했으므로 만일 자신이 그것들을 결코 의식하지 않았다면 그것들은 무의식적 처리 중에 조합되었음에 틀림없다는 것이었다. 그러나 그 가정은 완전히 틀린 것일 수 있다. 무의식적 처리를 보여주는 푸앵카레의 증거는 비판적인 눈으로 살펴보면 내용이 거의 없다.

4.2. 무의식적 처리의 현대적 관점

칙센트미하이와 소여는 자료로서 많은 주관적 보고서들을 제시하지만 그것들은 단순히 사고자가 사후(事後)에 작성한 또 하나의 보고서이므로 우리가 푸랭카레로부터 배운 것에 새로운 것은 아무것도 보태지 않는다. 그들은 무의식적 처리에 관한 자기보고서가 노벨상을 수상한 과학자나 저명한 화가나 작가들에게서 나오면 가치가 있다고 주장한다. 그러나 자신의 무의식적 처리에 관한 보고서를 우리가 믿을 수는 없다. 창의적 사고의 연구는 그의 전문 영역과 완전히 무관한 영역이기 때문이다. 이론을 구성하기 위한 기초로서 타당한 행동주의적 데이터를 생산하고 수집하는 일은 아무나 할 수 있는 일이 아니다.

그들의 보고서 내용 중에는 정원을 가꾸는 동안 자신에게 오는 아이디어에 관해 이야기했다. 그 보고서는 무의식적 처리와 아무 상관이 없다. 그녀는 정원을 가꾸고 있지만 그것으로 그녀가 동시에 다른 무엇인가에 관해 생각하는 것이 방지되지는 않는다는 말이다. 정원 가꾸기는 엄밀히 말해서 누군가 한 가지 일을 하면서 다른 무엇인가에 관해 생각할 수 있게 해주는 종류의 무심한 신체 활동이다. 갑자기 아이디어가 떠올랐다는 것은 모든 시간을 의식하면서 그 문제에 관해 생각하고 있을 때 해답이 갑자기 그에게로 온 것일지 모른다. 무의식 상태가 아니라 의식 상태에서 해답이 떠오른 것이다.

4.3. 무의식적 처리 없는 조명

(1) 선택적 망각

스미스는 최초의 문제해결 시도들이 사고자를 '정신적 틀'에 밀어넣는 결과를 낳을 수 있다고 주장했다. 그 틀은 문제에 대해 성공하지 못한 접근법으로서 새로운 것의 사고를 방해한다. 스미스에 따르면 우리는 먼저 그 성공하지 못한 접근법을 이끌어내는 단서들을 잊어야 그 문제에 관해 무엇이든 다른 것을 생각할 수 있다. 이 망각이 일어나는 데는 시간이 필요하고 그것이 바로 부화가 존재하는 목적이다.

그는 실험적 설계에서 잘못된 방향을 가리키는 단서들이 먼저 망각되어야 해결이 일어날 수 있다는 가설을 세웠다. 사람들은 잘못된 방향을 가리키는 단서들을 가지고 문제 풀이를 시도하고 실패한 후 문제를 멀리하고 다양한 길이의 휴식 시간을 받았다. 실험 결과에 의하면 휴식이 길어지면서 문제해결 확률이 높아졌음이 밝혀졌다. 가장 중요한 것은 휴식이 길어지면서 잘못된 단서를 회상할 확률이 떨어지고 문제해결 확률은 잘못된 단서의 회상 확률과 반비례라는 사실이다.

(2) 기회주의적 동화 모형

자이페르트와 동료들은 역시 기억을 기반으로, 문제로부터 떨어져 휴식을 취한 후 일어나는 조명의 자발적 본성을 다루려는 이론을 제시했다. 그들은 문제해결 중의 막다른 골목이 작업의 중단으로 이어질 때 미해결된 문제가 기억에 저장된다고 한다. 즉 그 사람은 자신이 이러저러한 문제를 풀지 못했다는 것을 기억할 것이다. 그러나 그들에 따르면 그 문제는 또한 '실패 지표(failure index)'와 함께 저장됨으로써 독특한 유형의 기억이 된다. 그 실패 지표는 그 문제를 푸는 데 필요한 일반적인 정보 유형을 상술한다.

그 문제는 차이(gap)를 포함한 상태로, 그 차이를 메워줄 정보 유형의 일반적인 서술과 더불어 저장된다고 말할 수 있을 것이다. 그 사람이 주어진 문제에 필요한 정보와 일치하는 환경적 혹은 정신적 사건과 마주치면 그 문제가 인출되면서 사고자는 아하! 순간을 경험한다. 즉 자이페르트와 동료들은 특정한 환경적 사건이 기억으로부터 어떤 문제를 인출함으로써 해결을 유발하거나 해결에 대한 단서를 줄 수 있다고 가정한다. 그들은 자신들의 관점을 조명과 통찰의 '기회주의적 동화' 모형이라고 불렀다. 그 사람은 우연히 마주친 주위 환경의 관련 사건에 동화하므로 그는 환경이 제시하는 것을 이용하는 기회주의자라는 것이다.

(3) 휴식 도중의 의식적 사고

올튼은 무의식적 부화의 탓으로 돌려진 많은 것들이 사고자가 그들의 문제, 특히 중요한 문제들에 관한 생각을 실제로는 결코 멈추지 않는다고 가정함으로써 설명될 수 있다고 제안했다. 단기간의 사고를 위해서이기만 하다면 그들은 끊임없이 그것으로 돌아온다. 올튼은 이 과정을 '창의적 걱정'이라고 부른다. 만일 창의적 걱정이 일어난다면 우리는 무의식적 사고를 문제해결에서의 조명을 위한 가능한 설명으로서 고려할 필요조차 없을 것이다. 어떤 사람이 이전에 막혔던 문제에 대해 보인 진전은 어떤 것이든 의식적 사고의 결과로 설명될 수 있을 것이다.

어떤 문제에 관해 지극히 잠깐 동안 생각하는 것이 가능하다고 가정하자. 그 짧은 의식적 막간 중에는 관련된 무엇인가가 떠오를 수도 있고 떠오르지 않을 수도 있다. 만일 떠오르지 않는다면 그 막간 직후를 제외하고는 어쩌면 그때조차 자신이 그 문제에 관해 의식적으로 생각하고 있었다고 보고할 수 없을 것이다. 이 짧은 의식적 막간 동안에 문제가 해결된다면 그 사람은 해답이 어디에서 왔는지 모를 것이고 자신이 그 문제에 관해 의식적으로 생각하고 있었다고 보고할 수 없을 것이다. 이전에 막혀 있던 문제에 대한 해답의 발생은 분명 주목을 받을 것이므로 그것을 가져온 짧은 의식적 막간을 금세 망각하여 보고가 불가능하게 될 것이다.

창의적 사고 능력 측정

1. 개요

길포드는 1949년에 자신의 연설을 이용하여 심리학이 창의성 연구를 맡아야 한다고 제안했다. 그는 먼저 천재라는 용어가 지능이 높은 사람을 묘사하는 데 사용되어 왔음을 지적했다. 심리학자들은 높은 지능지수(IQ)가 창의적 사고 능력과는 다른 무엇인가라는 것을 인정해야 했고 이는 사람들의 창의적 사고 능력을 측정함에 있어 기존의 IQ 검사를 사용할 수 없음을 의미했다. IQ 검사는 문제와 질문들로 이루어지고 각 문제에는 하나의 정답이 있지만 창의적 사고를 요구하는 상황들에서는 반드시 정답이 하나만 있는 것이 아니다. 실제적으로 창의적 사고를 요구하는 어떤 상황은 정확한 답이 있는 종류의 상황이 아닐 것이다. 어떤 화가가 풍경화를 그리고 있을 때 옳은 방법은 정해져 있지 않을 것이다.

창의적 사고 능력은 IQ 검사가 측정하는 것과 다른 기술들의 집합을 바탕으로 해야 하고 새로운 일단의 검사는 그것을 포착하도록 설계되어야 한다. 따라서 길포드는 심리학자들에게 완전히 새로운 일군의 척도와 개념들을 개발할 필요가 있다고 설득하는 것으로 자신의 연설을 시작했다. 길포드는 창의적인 어린이들이 우리의 가장 값진 자원이며 그들이 스스로의 잠재력을 이용할 가능성을 최대화하기 위해서는 일생에서 가능한 한 일찍 그들의 창의성이 측정되어 양육되는 것이 중요하다고 주장했다. 길포드는 자신의 연설에서 우리가 사람들에게서 지적 사고 능력을 검사하는 것과 마찬가지로 사람들에게서 창의적 사고 능력을 검사하는 데 사용될 수 있는 일련의 방법들을 펼쳐놓았다. 그에 따르면 창의적 사고 능력의 단순한 소유는 누군가의 삶에서 창의적 생산성을 보장하지 않는다. 그 능력이 결실을 맺으려면 먼저 그 사람에게 관련 성격 특징과 동기가 있어야만 한다는 것이다.

2. 창의성 측정 이유와 목적

2.1. 창의성 측정 이유

창의성에 대한 개념은 학자마다 다르기 때문에 보편적인 기준을 가지고 창의성을 측정한다는 것은 매우 어려운 일이다. 그러나 학교, 병원, 일상생활에서 창의성을 측정하기를 원하고 측정할 수 있을 것이라 생각하여 토랜스나 트레핑거 등 많은 학자들이 창의성을 측정하기 위해 노력하였고 그 결과 창의성을 측정할 수 있는 검사 도구를 개발했다. 트레핑거와 토랜스가 주장하는 창의성 측정 이유는 [표 10-1]과 같다.

[표 10-1] 트레핑거와 토랜스의 창의성 측정 이유

Treffinger(1987)	Torrance(1966)
• 학생 개인의 장점에 초점을 맞추기 위해 • 지능검사와 성취도검사만으로 학생의 모든면을 파악할 수 없음 • 표준화된 자료를 제공하여 학교교육에 도움을 주기 위해 • 창의성과 관련된 새로운 정보를 얻고, 학생을 보다 잘 이해하기 위해 • 교사가 지니고 있는 창의성을 발견하기 위해 • 창의성 연구에 도움을 주기 위해 • 창의성을 과학적인 입장에서 이해하고 보편화시키기 위해	• 인간의 기능과 발달을 이해하기 위해 • 개별화 교육을 위해 • 심리치료 혹은 교정을 위해 • 교육적 효과의 검증을 위해 • 소외계층 학생들의 잠재적 창의성을 위해

참고문헌 : 지능과 창의성의 프레임, 이신동 외 공저, 양서원

2.2. 창의성 측정 목적

창의성을 측정하기 위해 개발된 검사 도구를 살펴보면 연구목적, 상담목적, 프로그램 개발 및 적용 등의 목적으로 사용되어왔다고 볼 수 있다.

(1) 연구 목적

창의성과 관련된 연구들은 창의성 측정과 관련된 내용이 포함될 수밖에 없다. 예를 들어 창의성 효과를 보기 위한 연구를 수행한다면 사전-사후 검사를 위한 창의성 측정도구가 필요할 것이다. 또한 창의성 교육을 실시하기 위해 학생들을 창의성이 높거나 낮은 학생으로 구분하여 연구했다. 이와 같이 창의성 검사는 창의성 교육의 효과를 평가하기 위해 사전-사후 검사의 목적으로 사용되거나 창의성이 높고 낮은 아동을 판별하기 위해 사용된다. 또한 연령이 높아짐에 따라서

창의적인 수행능력이 어떻게 발전되는지 예측하기 위해서 사용된다.

(2) 상담 목적

아동들 중에는 비협동적이거나 미성취 현상을 보이고 수업시간에 문제를 일으키는 아동이 있다. 창의적인 아동은 호기심이 많고 모험심·심미감·유머감각 등이 뛰어나고 에너지가 넘치는 특징이 있다. 창의성 검사 결과를 토대로 상담가는 아동의 창의적인 행동을 키워주기 위해서 상담 자료로 활용하게 된다.

(3) 창의적인 아동 선발의 목적

창의성이 점점 더 중요한 심리적 요인으로 간주되고 있어서 창의성 프로그램 개발에 대한 관심이 고양되고 있다. 프로그램 개발자나 연구자 및 교사들은 적절한 형태의 창의성 또는 창의적인 문제해결력 프로그램을 개발하여 적용할 목적으로 창의성 검사를 사용한다. 주로 창의성 프로그램을 개발하여 적용하기 위해 창의적인 아동을 판별하는 목적으로 많이 사용되고 있다.

3. 창의성 측정 방법

3.1. 창의적 성취의 척도

(1) 획득된 명성

어떤 개인의 창의적 성취를 측정하는 비교적 직접적인 척도는 건축, 문학, 그림, 시, 과학 등과 같이 성공을 위해 창의성이 필요하다고 가정되는 어떤 분야에서 그가 획득한 명성이다. 예를 들어 누구의 일생과 업적이 그 분야에 속한 표준 참고 서적에서 논의되는지를 결정함으로써 저명의 정도를 확인할 수 있다. 시인의 경우에는 현재 시점에서 널리 알려진 명시선을 조사할 수 있다. 전문가들에게 업적이 새로운 지평을 열은 사람들을 나열해 달라고 부탁할 수 있다. 사이먼튼과 마틴테일은 저명한 개인들의 산물을 직접 조사했다.

(2) 창의성 등급 매기기

어떤 사람의 창의성에 관한 정보를 얻는 방법들 중의 하나는 그에 관해 다른 사람에게 묻는 방법이다. 예를 들어 만일 어린이들이 연구의 실험대상자라면 교사들에게 자신의 학생들을 창의성 등급에 따라 평가해달라고 부탁할 수 있다. 연구자는 동료들에 대해 창의성 등급을 매겨 달라고 부탁함으로써 창의성을 평가할 수도 있다. 어린이의 창의성에 관한 어떤 연구들은 창의성의 지표로서 어린이들의 또래 친구들이 매긴 등급도 사용했다.

(3) 산물의 판정

어떤 개인의 창의성을 평가하는 비교적 간단한 방법은 그가 생산한 실제 산물의 창의성에 등급을 매기는 것이다. 연구자들은 때때로 학부생들에게 시나 콜라주를 내라고 부탁한 다음에 시인이나 화가에게 그것의 창의성 등급을 각각 매겨달라고 한다. 어떤 연구에서는 판정관이 그 영역의 전문가가 아니라 어린이들을 이용하기도 했다.

3.2. 발산적 사고 검사

길포드는 사고의 몇 가지 다른 하위 기술들을 발산적 사고라는 범주로 한데 묶었다. 발산적 사고란 평범한 사고로부터 벗어나는 아이디어를 생산하는 능력을 가리키며 그 바탕에는 발산적 사고가 창의적인 아이디어를 생산한다는 가정이 깔려 있다. 몇 가지 중요한 가정들이 그러한 검사의 개발에 바탕이 된다. 첫째 [표 10-2]의 내용들은 그림, 문학, 과학, 기업가 정신등과 같이 연구자들이 궁극적으로 관심을 가질 만한 종류의 특정한 창의적 영역과는 아무런 상관이 없다. 둘째 창의적 사고는 사고의 한 방식으로서 지능과 별개라고 가정된다.

[표 10-2] 발산적 사고 연습 문제

(A) 인간이 갑자기 더 이상 먹지 않아도 된다고 가정하라. 거기서 일어날 만한, 당신이 생각할 수 있는 모든 결과를 나열하라. (자신에게 5분을 주라.)
(B) 당신이 생각할 수 있는 오늘날 토스터의 문제점을 모두 나열하라. (5분)
(C) 당신이 생각할 수 있는 벽돌의 모든 용도를 나열하라. (3분)
(D) 당신이 생각할 수 있는 신문의 모든 용도을 나열하라. (3분)
(E) 당신이 생각할 수 있는 클립의 모든 용도를 나열하라. (3분)
(F) 당신이 먹을 수 있는 하얀 것들을 모두 나열하라. (3분)
(G) 어머니라는 단어에 반응해서 당신이 생각할 수 있는 모든 단어를 나열하라. (3분)
(H) 그림이 들어가는 검사 문항들.

창의적 사고 능력 검사에 관해 길포드는 원래 내놓은 제안에서 발산적 사고를 그 능력의 한 요소로 제시했을 뿐이다. 아이디어가 생산된 후 그것을 평가하는 능력을 비롯하여 '수렴적 사고'를 포함하는 다른 기술들도 어떤 역할을 담당한다. 수렴적 사고는 우리가 어떤 문제를 푸는 가능한 방법을 여러 가지 입수한 후에 실행된다. 우리는 그 가운데 선택을 하면서 최종 해답으로 수렴해 간다. 그러나 발산적 사고 검사의 수행력 증가가 창의성 증가와 동일하다는 증거는 아직 발견되지 않고 있다.

3.3. 태도와 흥미 목록

자신이 어느 항목에 대해 어떠한 태도를 보이고 어느 정도의 흥미를 갖는지를 바탕으로 하여 창의성을 측정할 수 있다는 것이다. 예를 들어 [표 10-3]에 제시된 문항들에 동의하는지 혹은 동의하지 않은지를 묻는 방식인데 창의적인 사람들은 창의적인 활동에 흥미를 보인다는 가정을 바탕으로 한다.

[표 10-3] 창의성 검사를 위한 태도와 흥미 목록 문항

1. 나는 유머 감각이 좋다.
2. 나는 새로운 활동과 계획을 시도하는 것을 좋아한다.
3. 나는 이것저것 발명하기를 좋아한다.
4. 나는 소설 쓰기를 좋아한다.
5. 나는 종종 풀리지 않은 문제들에 관해 공상을 한다.
6. 나는 교과서에 제시된 개념이나 관계를 인정하기보다 매사를 나만의 방식으로 배워야 한다.
7. 필요한 재능이 있다면, 나는 조각가인 것을 즐길 것이다.
8. 나는 발명가가 되고 싶다.

3.4. 성격 목록

길포드는 창의적인 사람을 좀 더 완전히 이해하려면 성격을 조사하라고 권했다. 수많은 연구자들이 창의적인 사람들의 성격적 특징을 측정하기 위해 다양한 종류의 설문을 개발했다. [표 10-4]는 그러한 설문의 한 종류를 보여준다.

[표 10-4] 창의적 성격 척도중의 하나인 거프 형용사 점검표

어떤 형용사들이 당신 자신을 가장 잘 묘사하는지 표시하시오. 적용되는 모든 항목을 체크하시오.

_____ 유능하다		_____ 정직하다
_____ 인위적이다		_____ 지적이다
_____ 영리하다		_____ 예의바르다
_____ 조심스럽다		_____ 관심의 폭이 넓다
_____ 자신 있다		_____ 발명에 재능이 있다
_____ 자기본위이다		_____ 독창적이다
_____ 평범하다		_____ 관심의 폭이 좁다
_____ 유머가 있다		_____ 사려 깊다
_____ 보수적이다		_____ 진실하다
_____ 개인주의적이다		_____ 꾀가 많다
_____ 인습적이다		_____ 자신감이 강하다
_____ 격식을 차리지 않는다		_____ 섹시하다
_____ 불만스럽다		_____ 순종적이다
_____ 통찰력이 있다		_____ 잘난 체 한다
_____ 의심이 많다		_____ 비인습적이다

채점의 열쇄:

+ 유능하다		− 정직하다
− 인위적이다		+ 지적이다
+ 영리하다		− 예의바르다
− 조심스럽다		+ 관심의 폭이 넓다
+ 자신 있다		+ 발명에 재능이 있다
+ 자기본위이다		+ 독창적이다
+ 평범하다		− 관심의 폭이 좁다
+ 유머가 있다		+ 사려 깊다
− 보수적이다		− 진실하다
+ 개인주의적이다		+ 꾀가 많다
− 인습적이다		+ 자신감이 강하다
+ 격식을 차리지 않는다		+ 섹시하다
− 불만스럽다		− 순종적이다
+ 통찰력이 있다		+ 잘난 체 한다
− 의심이 많다		+ 비인습적이다

참고문헌 : 창의성, 로버트 W. 와이스버그, 김미선 역, (주)시그마프레스

거프 형용사 점검표에서 +기호는 기준 점수에서 +1을 시키고 - 기호는 기준 점수에서 -1을 시킨다. 최종 점수를 바탕으로 하여 다른 사람들과의 상대적인 창의성 성격 정도를 측정할 수 있다는 것이다.

많은 연구들이 창의적 성취를 이룬 사람들을 다른 사람들로부터 구분하는 성격 특징들이 있는지를 조사해왔다. 어떤 연구자들은 창의성이 특별한 방식의 사고이기보다는 성격 특징에 의존한다고 제안했다. 이러한 관점에서 창의적인 사람은 새로운 것의 생산과 더불어 평범한 것으로부터의 일탈을 지향하는 성격을 가진 사람이고 자신의 인지 역량을 사용하여 그 과제를 성취하는 사람이다.

3.5. 전기적 목록과 창의적 활동의 자기 보고서

이 설문에서는 어릴 때 이것저것 만들려고 시도했는가의 여부, 성인으로서의 취미와 기타 흥미 등과 같은 그 사람 일생의 경험들에 관해 묻는다. 부모의 교육 수준, 어린 나이에 부모를 여의었는가의 여부, 다른 형제의 존재 등, 그 사람의 가족에 관해서도 묻는다. [표 10-5]는 일생 창의성 척도 문항에 관한 예이다. 일생 창의성 척도는 면담을 진행하는 동안 어떤 개인이 보이는 반응을 기초로 하며 그 개인이 칸을 채우는 것이 아니라 면담자가 작성한다.

사람들의 창의적 역량을 결정하는 비교적 직접적인 한 방법은 그들에게 스스로 창의적인 영역에서 이룬 성취의 목록을 작성하라고 부탁하는 것이다. 예를 들어 우리는 어떤 사람에게 그가 시를 출판한 적이 있는지 아니면 화랑이나 박물관에서 그림 전시를 한 적이 있는지를 물을 수 있다. 면담자는 사람들에게 그가 요리를 할 때 새로운 요리법을 만들어내는가와 같이 평범한 활동 안에서의 창의성에 관해서도 물을 수 있다.

[표 10-5] 일생 창의성 척도 문항 예

A. 전기적 목록에서 뽑은 문항들
1. 양(兩)부모 가정에서 자랐는가?
2. 형제자매가 있는가? 당신과 몇 살 터울인가?
3. 부모의 직업은 무엇이었나?
4. 부모가 딴 최고 학위는 무엇이었나?
5. 어른이 되어 살면서 어떤 직업들을 추구했나?
6. 앞 질문에 나열한 각 직업 안에서 당신이 맡았던 주요 책임과 성취를 서술하라.
7. 직업 외 당신의 주요 관심(취미)을 서술하라.
8. 앞 질문에 나열한 직업 외 관심사에서 이룬 주요 성취를 서술하라.

3.6. 창의성 측정의 범주

창의성 측정을 논의한 대표적인 인물을 중심으로 창의성 측정의 범주를 살펴보면 [표 10-6]과 같다.

[표 10-6] 창의성 측정의 범주

인 물	범 주	
Hocevar와 Bachelor(1989)	• 확산적 사고 검사 • 인성 검사 • 교사, 동료 및 관리자에 의한 평정척도 • 저명함	• 자기보고 형식의 창의적 활동 및 성취 • 태도 및 흥미 검사 • 전기적 검사 • 산출물 평가
Davis(1992)	• 확산적 사고 검사 • 기타 검사	• 성격 및 전기적 특성
전경원(2000)	• 확산적 사고 검사 • 성격 측정 검사	• 산출물 평가 검사
최인수(2000)	• 인지, 지각 검사 • 창의적 산출물 검사	• 성격 및 태도 검사
Rhodes(1961)	• 사람 검사 • 산출물 검사	• 과정 검사 • 환경 검사

4. 창의적 사고 능력 검사

4.1. 문제에 대한 민감성

길포드의 관점에서 창의적 과정을 출발시키려는 사람은 어떤 측면에서 결함을 보아야만 한다. 그럴 때에만 그는 무엇을 해야 그 문제가 고쳐질지를 숙고하는 데 시간을 보낼 것이다. 이것이 창의적 결과의 생산을 향한 첫 번째 단계이다. 이러한 관점은 필요는 발명의 어머니라는 오랜 생각의 변형이므로 길포드가 더 넓은 주장을 하고 있는 것으로 간주할 수 있다.

두 과학자가 어떤 연구 논문을 읽는데 거기에서 수행한 결과가 기대한 대로 나오지 않았을 수 있다. 첫 번째 과학자는 단순히 그 결과가 실험에서의 무작위 오류로 인한 것이라는 결론을 내리고 그것을 무시할 수 있다. 이와 반대로 두 번째 과학자는 그 정도를 벗어난 결과가 이상하다는 것을 발견하고 그것을 설명되어야 할 무엇인가로 여긴 결과, 그 발견을 더 탐험하기 위해 새로운 실험을 설계할 수 있다. 그 새로운 실험은 이론에서의 창의적 진보로 이어질지 모른다. 따라서 창의적 사고를 향한 첫 단계로서 문제에 대해 민감해야 한다. 가장 창의적인 사람조차도 현재 상황에 어떤 어려움이 있다고 생각하지 않는다면 새로운 것은 아무것도 생산하지 않을 것이다.

그러나 문제에 대한 민감성만으로는 창의적 과정을 가동시킬 수 없다. 많은 사람들이 창의적 활동을 수행하겠다는 동기를 갖는 이유가 그들이 자신의 사적이거나 직업적 환경에서 느끼는 문제 때문이라는 것은 틀림없는 사실이다. 그러나 발명의 영역에서조차 필요성이 없어도 창의적 과정이 가동될 수 있다는 역사적 증거가 있다. 한 예로서 비행의 발명이다. 당시에는 비행기의 발명에 대한 필요성이 없었다. 사람들이 때때로 창의적으로 생각하는 이유는 가능할 것 같지만 전에 한 번도 이루어진 적이 없는 무엇인가를 이루고 싶거나 어떤 행위를 했을 때 어떤 일이 벌어질지가 궁금하기 때문이다. 따라서 필요는 창의성을 위한 의무적 조건이 아니다.

4.2. 창의적 사고의 요소

어떤 사람이 지금까지 불가능한 것으로 간주되던 것을 만들어 내라는 도전을 받든지 혹은 어떤 일이 벌어질지 궁금해서든지 창의적 과정이 가동될 경우 그것을 이룰 방법에 관해 생각을 시작해야 한다. 길포드는 많은 아이디어를 생산할수록 유용한 아이디어를 생산할 기회도 커질 것이라고 생각했다. 더 많은 아이디어가 발생한 결과 창의적 성과가 나올 기회도 커진다는 것이다. 그러므로 길포드는 사고의 유창성(fluency fo thought), 즉 주어진 시간 내에 어떤 상황과 관계 있는 많은 수의 아이디어를 생산할 수 있는 역량이 창의적 사고자의 한 특징일 것이라고 제안했다.

창의적 사고자는 유창한 사고의 특징 외에도 유연한(flexible) 사고력을 가져야 한다. 사람이 아이디어를 생산할 때 한 범주의 안에서만 머무는지 아니면 이 범주에서 저 범주로 이동하는 경향이 있는지를 결정함으로써 사고의 유연성을 채점할 수 있다. 예를 들어서 먹을 수 있는 하얀 것의 이름을 말할 때 '우유, 바닐라 아이스크림, 바닐라 요거트' 등을 말한 사람은 기껏해야 두 범주만을 사용했기 때문에 비교적 유연성이 없는 사람일 것이다. 유연한 사람이라면 '우유, 흰 초콜릿을 씌운 건포도, 흰 옥수수, 백포도주, 두부, 바닷가재' 등을 말함으로써 여섯 범주를 사용할 것이다. 먹을 수 있는 하얀 것들을 나열할 때 범주를 바꾸는 사람의 타고난 성향은 문제를 풀거나 예술 작품을 창작할 때 새로운 관점을 취하는 능력과 관계가 있을 것이다.

창의적 사고자는 또한 독창적인 아이디어(original idea), 즉 다른 많은 사람들이 생산하지 않은 아이디어를 생산할 것이다. 예를 들어 어떤 학생이 벽돌의 특정 용도를 조사하는 과정에서 아무도 생각하지 못한 사용법을 올린다면 그 아이디어는 독창적일 것이다. 어려운 문제라는 것은 아마도 모든 사람에게 명백한 해답은 효과가 없어서 어려운 것이다. 벽돌의 특이한 용도를 만들어내는 것은 문제에 반응해 특이한 아이디어를 내거나 예술적 노력에서 특이한 시각을 개발하는 일과 관계가 있다.

길포드는 유창성, 유연성, 독창성 등을 측정하여 그것들을 발산적 사고로 결합했다. 그의 관점에서 발산적 사고는 그 사람이 평범한 것으로부터 멀어질 수 있게 해 줌으로써 창의적 사고에서 결정적인 역할을 하는 사고의 한 방식이다. 그는 발산적 사고가 사람들의 일반적인 특징 혹은 특질이며 창의적으로 접근될 수 있을 광범위한 활동들과 관계가 있다고 가정했다. 발산적 사고는 수렴적 사고와 대조된다. 창의적 반응을 요구하는 상황에서는 이용 가능한 방법이 없을 것이므로 먼저 발산적 사고를 사용하여 가능한 아이디어들을 많이 생산할 것이다. 그런 다음에 수렴적 사고를 사용하여 그 아이디어들을 잠재적으로 유용한 무엇인가로 좁혀 들어갈 수 있다.

길포드는 각각의 사람이 최소한 어느 정도는 창의적 사고를 할 수 있다고 믿었다. 즉 발산적 사고 능력은 사람들 사이에 일반적으로 분배되어 있다는 것이다. 위대한 창의적 진보를 이룬 사람들(예를 들어 피카소, 에디슨, 모차르트 등)은 대단한 발산적 사고 능력을 가지고 있겠지만 우리 모두 그 능력을 어느 정도는 가지고 있다. 우리는 위대한 창의적 사고자가 사용하는 과정과 평범한 사람이 클립의 새로운 용도를 생각해 낼 때처럼 창의성의 작은 예를 생산할 때 사용하는 과정들 사이에는 연속성이 있다고 가정해야 한다. 즉 창의성이 큰 부분과 작은 부분 사이에는 하나의 막대기 형태로 이어져있다는 것이다.

4.3. 메드닉의 원격 연상물 검사

길포드와 그의 연구 집단은 창의적 사고 능력 검사법을 오랜 세월에 걸쳐 정교화 해 왔지만 다른 연구자들도 그의 검사법을 바탕으로 하여 창의적 사고 능력 측정을 위한 종합 검사법을 개발했다. 메드닉은 미국 심리학을 지배하던 S-R 관점에서 창의적 사고라는 문제에 접근했다. 그는 창의적 사고를 요구하는 어떤 상황을 하나의 자극으로서 분석할 수 있고 그 자극이 사고자에게서 연상된 반응들을 생산한다고 제안했다. 창의적으로 사고한다는 것은 누군가 어떤 자극에 대해 특이하거나 드문 반응을 생산한다는 의미이다.

메드닉의 분석에 따르면 사고자들간의 결정적인 차이는 그들이 가진 연상적 위계의 조직, 즉 자극 상황에 대한 연상 반응들의 집합이다. 메드닉의 위계도에서 창의적이지 않은 사람들은 가파른 위계를 가지고 있다. 그들은 주어진 상황에 대해 강하거나 우세한 반응이 있고 그것이 언제나 주어지는 경향이 있으며 그 반응이 나옴으로써 사고자가 덜 빈번한 반응을 내기기 더 힘들어진다. 예를 들어서 '위'라는 말을 할 때 생각할 수 있는 것이 '아래' 뿐이라면 그것이 자극에 대한 우세 반응이다.

반면에 창의적인 사람은 위계도에서 평평한 위계를 가지고 있어서 상황에 대한 여러 반응을 이용할 수 있고 그중 어느 것도 특별히 강하지 않다. 그러므로 이 사람은 특이한 반응을 생산하는 경향이 더 클 것이고 그 상황에 대해 독창적인 반응을 생각해낼 것이며 그것이 어떤 문제에 대한 창의적인 해결을 낳을 수 있을 것이다. 메드닉은 길포드의 발산적 사고 능력 차이를 설명하기 위한 이론적 기제를 제안하였다. 평평한 연상적 위계를 가진 사람들이 발산적 사고자일 것이라고 생각했다.

메드닉은 사람들의 연상적 위계를 측정하기 위해 원격 연상물 검사(Remote Associates Test : RAT)를 개발했다. 각 RAT 문항에 들어 있는 세 단어들은 하나의 목표 단어와 관계가 있지만 약하게만 관계가 있다. 그러므로 그 답을 생각해내려는 사람은 각 단어에 대한 우세 반응을 넘어서 덜 흔한 반응으로 이동할 수 있어야 한다. RAT에서는 각 문항에 단일한 정답이 있다는 점에서 발산적 사고를 요구하는 것으로 보이지 않는다. 그러나 메드닉의 변론에서 RAT 자체는 창의적 사고를 직접 측정하는 것이 아니라 창의적 사고 능력을 측정하고 있다는 점이 강조되어야 한다. 하나의 비유로서 만일 누군가의 마라톤을 잘할 잠재력을 검사하고 싶다면 달리는 속도가 아니라 폐의 역량을 측정할 수도 있는 것이다. 유사한 논리가 RAT의 설계 뒤에 깔려 있다.

5. 창의적 사고 능력 검사의 신뢰도와 타당도

5.1. 창의적 사고 능력 검사의 신뢰도

몸무게를 측정하는 체중계든 창의적 사고 능력의 검사든지 어떤 측정 장치에 관해 물어야 하는 첫 번째 질문은 그것이 믿을 만한가의 여부이다. 예를 들어 우리가 몸무게를 1분 안에 세 번 달았는데 저울 눈금이 68kg, 58kg, 90kg 등을 가리킨다면 저울의 신뢰도는 없는 것이다. 이와 유사하게 어떤 발산적 사고 종합 검사를 사용하여 중학교 2학년 학생 집단을 검사하고 몇 주 있다가 돌아와서 그것을 다시 측정해도 그 점수는 어느 정도 동일해야 한다. 수회 적용에 걸친 이 안정성을 검사-재검사 신뢰도라고 한다. 어떤 검사든지 검사-재검사 신뢰도를 증명하는 것은 매우 중요하다.

연구에 의하면 발산적 사고 검사들이 믿을 만하다는 것으로 밝혀졌다. 즉 그 검사들은 그런대로 일반적인 결과를 낸다. 그것은 어떤 사람의 점수가 그의 수행력을 대표한다는 것을 의미한다. 그러나 발산적 사고 검사 상의 수행력은 검사가 주어진 조건에 의해 영향을 받을 때가 종종 있다. 예를 들어 참여자들에게 창의적이 되라고 지시하면 그들은 검사 도중에 창의적이 되는 것에 관해 아무 말도 듣지 않을 때보다 점수가 높을 것이다. 아마도 IQ 검사 상의 수행력은 '영리해져라.'는 지시에 의해 영향을 받지 않을 것이다. 그러나 IQ 검사에서 어린이들의 수행력이 영리해지라는 지시에 의해 영향을 받지 않는 합당한 이유는 그들이 어린 나이부터 그러한 시험에 노출되어 왔고 따라서 검사를 실시하는 사람이 그들에게 기대하는 방식으로 그것을 다루도록 사회화되었기 때문이다.

창의적 사고 능력을 측정하는 검사는 몇 가지 이유로 문제가 다르다. 첫째 그러한 검사의 문항들에는 단일한 정답이 전혀 없으므로 검사를 받는 사람은 최소한 두 가지 전략을 이용할 수 있다. 평범한 응답을 하거나 독특한 응답을 할 수 있을 것이다. 둘째 발산적 사고 검사는 대부분의 학교에서 실시하지 않으므로 때때로 추가의 지시가 필요할 수 있다는 것은 놀라운 일이 아니다. 따라서 검사가 지시에 의해 영향을 받을 수 있다는 점이 반드시 그 검사에 들어있는 결함인 것은 아니다. 구할 수 있는 증거를 기초로 할 때 창의적 사고 검사는 신뢰할 수 있는 도구인 것으로 보인다.

5.2. 창의적 사고 능력 검사의 타당도

(1) 변별 타당도

발산적 사고 검사가 IQ 검사는 측정하지 않는 어떤 능력을 측정할 때 우리는 그 검사에 변별 타당성이 있다고 한다. 배런과 해링턴은 두 유형의 검사 간의 관계를 조사한 많은 연구들을 검토했는데 그 결과는 다양했다. 어떤 연구들은 발산적 사고 점수와 IQ 점수 간에 비교적 높은 상관관계를 보고했는데 이는 그것들이 두 가지 서로 다른 능력을 필요로 하지 않을지도 모른다는 의미였다. 그러나 어떤 연구들은 그 둘 사이에서 별다른 관계가 있다고 전혀 보고하지 않음으로써 그것들이 독립적일 수도 있음을 암시했다. 그들은 그 검사가 실행되는 조건으로 인한 것일 수 있다고 언급했다.

어떤 사람들은 창의적 사고가 IQ 검사 상의 수행력에 관련되는 것과 동일한 과정에 의해 수행된다고 제안해왔다. 이 관점에 따르면 창의적인 개인과 창의적이지 않은 개인 간의 유일한 차이는 그들이 과제에 가져가는 태도에서의 차이이다. 창의적인 결과를 생산하는 개인은 새로운 것들을 생산하기 위해 자신의 지능을 사용하고 싶어 한다는 것이다.

(2) 안면 타당도

때때로 검사 문항은 측정하기로 설계된 것을 측정한다. 그러한 상황에서 그 검사는 표면상으로 타당하다고 말할 수 있다. 즉 그 검사는 안면 타당성(face validity)이 있다고 말할 수 있다. 예를 들어 프로 야구 지식을 측정하기 위한 검사에서 프로 팀의 이름이나 최근 우승 팀의 이름을 회상하라고 요구한다면 그 검사는 안면 타당성이 있는 것으로 보인다. 대부분의 연구자들은 다양하고 많은 아이디어의 생산으로 정의되는 발산적 사고가 창의적 사고를 위한 기반이라는 데 동의한다. 이와 유사하게 푸앵카레와 메드닉이 주창한 원격 연상이 창의적인 아이디어 생산을 일으키는 데 결정적이라는 점도 거의 보편적으로 인정된다.

그러나 창의적 사고의 원격 연상 관점은 옳지 않을 수 있다는 증거가 있다. 예술, 과학, 발명 등의 사례 연구에서 창의적 과정이 길포드와 다른 사람들이 발산적 사고 검사를 개발할 때 가정한 방식으로 작용하는 것처럼 보이지 않는다는 사실이 알려져 있다. 발산적 사고 검사 이면에 있는 기본 가정은 많은 아이디어를 내는 것이 창의적인 아이디어를 내는 데 결정적이라는 가정이다. 이는 먼저 많은 아이디어를 생산한 다음에 좋은 아이디어를 남긴다는 데서 기인한다. 그러나 DNA 발견과 <게르니카> 창작의 사례에서 보여준 창의적 산물들은 그러한 2단계 과정에 의해 생산되지 않았다. 오히려 맨 처음부터 가망성 있는 방향이 선택되도록 창의적 과정이 처음부터 하향 방식으로 초점의 대상이 되었다. 이들 사례에서는 나중 단계에서 관계있는 무엇인가가 발견될지 모른다는 희망에서 아이디어를 단순히 무작위로 생산하는 처음 기간은 없었다.

메드닉의 RAT는 그가 S-R 관점에서 창의적 사고를 분석하면서 가정한 어느 개인의 창의적으로 사고할 수 있는 잠재력을 평가하기 위해 설계되었다. 메드닉은 사람들이 새로운 것을 생산하고 있을 때 창의적 과정이 실제로 어떻게 작용했는가에 관해서는 상세한 기록을 얻지 않고 그 과정이 원격 연상을 통해 작용한다고 가정했다. 그러나 메드닉의 가정과 반대로 독창적인 창의적 진보의 사례 연구를 비롯해 문제해결의 실험실 연구로부터 나오는 결과들은 창의적 사고가 원격 연상에 의존한다는 관념을 뒷받침하지 않는다.

이상의 결과를 종합해보면 창의적 사고 능력의 발산적 사고 검사가 지닌 안면 타당도에 관해 의문을 제기할 수 있다. 그러나 안면 타당도의 부족이 반드시 어떤 검사에서 결정적인 결함은 아니다. 어떤 검사는 안면 타당성이 없는데도 불구하고 여전히 유용할 수 있다. 예를 들어서 어떤 상황 A와 결과 B 사이에 상당히 긍정적인 상관관계가 있는데 상황 A는 결과 B에 대한 안면 타당도가 전혀 보이지 않을 수 있다. 이와 같이 안면 타당도는 없지만 그 검사가 유용한 경우에 우리는 그러한 검사를 준거 타당성이 있는 검사라고 부른다. 준거 타당성이 있는 검사는 예언 타당성이 있을 수 있다.

(3) 발산적 사고 검사의 준거 타당도와 예언 타당도

만일 창의적 사고 검사에 준거 타당성이 있다면 그 검사 상의 수행력은 창의적 수행력의 어떤 외부 기준과 상관이 있어야 한다. 비네가 IQ 검사를 개발했을 때 그것의 처음 목표는 영리한 학생과 우둔한 학생을 변별하는 것이었다. 그 검사의 성공은 비교적 쉽게 결정되었다. 그 검사는 준거 타당성을 증명했다.

오랜 세월에 걸쳐서 창의적 사고 검사 상의 수행력과 창의성의 다양한 기준 척도 간의 관계가 연구되어 왔는데 그 결과는 뒤섞인 것이었다. 하나의 예로 베어는 수많은 연구를 수행하면서 초등학생으로부터 성인에 이르는 다양한 연령의 사람들에게 다양한 종류의 창의적 산물들을 만들라고 요구했다. 참가자들은 발산적 사고 검사도 받았는데 발산적 사고 수행력은 창의적 과제 수행력과 큰 상관이 없다는 사실이 일관적으로 발견되었다. 그러한 결과들은 발산적 사고 검사의 준거 타당도에 관해 의문을 일으킨다.

길포드는 원래 창의적 사고 검사가 우리로 하여금 우리들 가운데 누가 창의적인 성인으로 성장할지를 예측할 수 있게 해 주는 데 있어서 유용할 것이라고 제안했다. 즉 그는 그러한 검사에 예언 타당성이 있을 것으로 믿었다. 예언 타당도라는 것은 시간 지연을 덧붙인 준거 타당도라고 말할 수 있다. 발산적 사고 검사가 지닌 타당성의 다른 측면들과 마찬가지로 예언 타당도를 뒷받침하는 증거도 뒤섞인 것이었다. 베어는 발산적 사고 검사의 예언 타당도에 관한 문헌을 검토하고 뒷받침이 약하다는 결론을 내렸다. 반대로 플러커는 그 검사들이 가치가 있다는 결론을 내렸다. 윌락과 팬코브는 초등학교 5학년과 고등학교 1학년 학생들로부터 얻은 IQ 점수가 발산적 사고 점수보다 고등학교 3학년 때의 점수 수준에 더 강한 예언적 기여를 한다는 것을 발견했다. 이 연구에서는 발산적 사고 점수를 손에 넣은 것이 IQ 점수가 제공해왔던 것 이상의 정보를 전혀 제공하지 않은 것처럼 보이는 것이다.

길포드가 창의성 검사를 논의한 얼마 후 토랜스도 유사한 성격의 종합 검사를 개발했다. 토랜스는 자기 검사의 예언 타당도가 염려되어 몇 가지 연구를 실시함으로써 그 검사들이 창의적 성취를 예측하는 데 있어서 단기적으로나 장기적으로 모두 유용한지의 여부를 조사했다. 토랜스는 발산적 사고 점수와 다양한 기준 변인들 간의 유의한 상관관계를 보고했지만 그 기준이 창의성의 척도로서 타당한지 의문이 제기된다. 그의 단기 연구들이 토랜스 검사의 예언 타당성을 옹호하는 증거도 반대하는 증거도 제공하지 않는다는 결론을 내릴 수 있다.

토랜스는 여섯 건의 장기 상관 연구도 보고했는데 이것이 현재의 논의에 더 밀접한 관계가 있다. 첫 번째 연구는 1959년에 시작되었는데 당시 미네소타 대학 부설 중고등학교에 속한 전교생 329명이 토랜스 언어 검사를 받았다. 그들은 매우 능력 있는 학생들이었다. 12년 뒤 그 학생들 중 234명이 다양한 영역에서 자신이 하는 활동에 관한 설문을 작성했다. 창의적 성취의 평가에 포함된 활동들의 예로는 전문 잡지 구독, 새로운 언어 배우기, 노래나 희곡 쓰기, 종교 바꾸기, 텔레비전이나 라디오에서 공연하기, 전문적인 논문 출판 등이 들어 있었다.

연구자들은 그 응답들로부터 세 가지 주요 지표를 얻었다. 첫째 창의적 성취의 양을 정했다. 둘째 창의적 성취의 질을 측정했다. 마지막으로 포부의 창의성, 즉 그들이 장래에 무엇을 하고 싶은가로 응답자를 채점했다. 연구의 결과는 일관되게 긍정적이었다. 이 연구는 우리가 발산적 사고점수(최소한 언어적인 발산적 사고 점수)를 장래의 창의적 성취 예측에 이용할 수 있음을 가리킨다. 그러나 단기 연구의 경우에서도 우리는 결과에 관해 의문을 제기할 수 있다. 토랜스 검사는 지능과 상관관계가 있으므로 아마도 창의적 성취의 예측 능력은 발산적 사고 능력이 아닌 지능을 바탕으로 한 것일 수 있다.

1980년 토랜스 검사에 관한 연구가 시작된 지 22년 후 연구자는 이제 약 28세가 된 그 학생들을 접촉했고 후속 연구에 참가한 220명에게 발명, 발표된 과학 논문, 창의적 작품에 대한 수상 등과 같은 창의적 성취에 관해 물었다. 각 참가자들은 또 자신의 가장 창의적인 성취를 나열했고 세 명의 판정관이 전체적인 창의성에 따라 등급을 매겼다. 플러커는 다중회귀분석을 사용하여 22년 너머에 대한 토랜스 검사의 예측력을 조사했고 그 결과는 검사의 유용성을 뒷받침해 주었다. 언어 검사 점수는 창의적 성취를 예측했고 그것도 지능이 예측한 것보다 더 강하게 그렇게 했다. 그러나 발산적 사고 점수의 회화적 요소는 나중에 창의적 성취를 성공적으로 예측하지 못했다.

발산적 사고 점수는 수많은 이유로 나중의 창의적 성취와 상관될 수 있을 것이다. 발산적 사고 점수가 나중의 창의적 성취를 예측할 수 있는 이유는 발산적 사고가 창의적 사고 과정의 일부를 형성하기 때문일 수도 있으므로 발산적 사고 기술을 가지고 있다는 것이 누군가 다양한 상황에서 창의적인 반응을 할 가능성을 더 높여줄지도 모른다. 그러나 발산적 사고는 창의적 과정의 결정적 요소가 아니다.

6. 창의적 사고 기술의 일반성 대 영역특수성

창의적 잠재력을 측정하기 위한 검사의 발달에 바탕이 되는 결정적인 한 가지 가정은 창의성이 일반적인 특질이라는 것이다. 그러나 창의성이 일반적 특질인가에 관한 연구 결과들이 서로 모순되고 있다. 무엇보다도 복수의 창의적 영역, 특히 주제가 매우 다른 영역에서 중요한 기여를 하는 사람들은 거의 찾아볼 수 없다는 점이 눈에 뜨인다. 예를 들어 창의적인 과학자이면서 또한 어떤 예술 분야에 중요한 기여를 하는 사람을 찾는다는 것은 매우 드문 일이다.

그러한 부정적 발견은 창의성이 비교적 영역특수적임을 가리키는 것처럼 보이겠지만 사람들이 대개 한 영역에서만 창의적이라는 발견을 해석하는 데에는 한 가지 문제가 있다. 어떤 영역에서든 세계적인 수준에 도달하는 데에는 10년 법칙에 의거 오랜 헌신의 세월이 걸린다. 이는 우리가 시간의 제약 때문에 하나 이상의 영역에서 창의적인 사람들을 찾을 수 없는지도 모른다는 것을 의미한다. 창의성은 일반적인 특질일지 모르지만 창의적 과정에 본질적인 어떤 것 때문이 아니라 시간과 노력의 제약으로 인해 그 일반성을 드러내는 데에는 한계가 있을 것이다.

창의적 성취가 획득에 오랜 세월이 걸리는 영역특수적 전문성에 의존한다는 발견이 만일 타당하다면 그것은 그 자체로 창의적 성취가 일반적인 창의적 사고 기술에 의존한다고 가정하는 어떤 이론에도 의문을 던진다. 창의적 성취를 위해 영역특수적 전문성이 필수라는 발견은 표면상으로 창의성 기술의 일반성이라는 개념에 문제를 일으킨다. 10년 법칙이 창의적 성취에는 특수적 기술이 결정적임을 가리키기 때문이다.

베어는 창의성의 일반성을 평가하기 위해 다른 접근법을 취했다. 초등학생으로부터 성인에 이르는 평범한 사람들에게 시, 단편, 콜라주, 수학퍼즐 등과 같은 다양한 영역에서 창의적인 산물을 내라고 요구했다. 그런 다음에 판정관들이 각 영역에 속한 산물의 창의성에 등급을 매겼다. 여러 건의 연구에서 나온 결과는 수행력이 영역을 넘어서면 관계가 없음을 가리켰다. 베어는 창의적 능력이 본래 특수적이라는 결론을 내렸다. 실제로 베어의 연구에서 창의적 생산은 극히 영역특수적이었다. 시와 소설의 영역조차 관계가 없었다. 최고의 시가 최고의 이야기를 낳지는 않았다.

베어는 또한 창의적 사고 기술의 일반적 본성 대 특수적 본성을 조사하려는 시도로 발산적 사고 기술의 훈련을 사용했다. 한 연구에서는 중학교 1학년 학생들이 시와 관련된 발산적 사고 기술을 배웠다. 훈련된 집단의 경우 대조군에 비해 시 쓰기 기술은 증가했지만 이야기 쓰기 기술은 증가하지 않았다. 이는 잠재적으로 창의적 사고와 관련된 기술의 훈련이 그 훈련이 지도하는 영역 안에서만 효과가 있다는 증거이다. 그러한 훈련으로부터 창의적 사고에서의 일반적인 증가가 얻어지지는 않는 것으로 보인다.

또 다른 일단의 연구로부터는 창의적 사고의 일반성 대 특수성에 관한 반대 결론이 나온다. 사람들에게 자신의 과거 창의적 성취를 나열하라고 요구하는 설문에서 얻어진 데이터를 분석하면 영역을 막론하고 창의적 성취를 향하는 일반적 경향이 있다는 사실이 발견된다. 한 분야에서 성취를 나열하는 사람들은 다른 분야에서도 많은 성취를 나열하는 경향이 있는 것이다.

플러커는 창의적 성취에서의 일반성 대 특수성 결론에 영향을 미치는 '방법 효과(method effect)'가 있다는 결론을 내렸다. 설문과 같이 전통적인 심리측정 방법들은 일반성을 뒷받침하는 증거를 내고 합의 평가 기법과 같이 특수한 창의적 수행력을 바탕으로 하는 좀 더 새로운 측정법들은 영역특수성을 뒷받침하는 증거를 낸다는 것이다.

플러커의 '방법 효과' 결론이 타당하다고 가정하면 우리에게는 어째서 그러한 효과가 발견되는가 하는 문제가 남는다. 플러커는 합의 평가 기법이 판정관이 매긴 창의적 산물의 등급을 기초로 하므로 그 기법이 본성상 주관적이라는 점을 언급하긴 하지만 어째서 그 효과가 일어날까라는 질문에는 어떤 구체적인 이유도 제공하지 않는다. 그러나 그가 보고한 연구, 즉 동일한 집단의 사람들에 관해 설문 응답과 판정관의 등급을 모두 얻은 연구에서는 판정관이 매긴 등급의 신뢰도가 설문에 대한 응답의 신뢰도보다 높았다. 이 발견은 합의 평가 기법에 내재적인 약점이 없음을 가리키는 것으로 보인다.

베어는 설문 연구로부터 창의적 성취의 일반성을 뒷받침하는 증거가 생기는 것은 창의성과 관계없는 요인에서 기인할 것이라고 주장했다. 그는 플러커와 반대 입장을 취해 창의성과 무관한 주관적 요인이 창의적 성취에 관한 설문에 대한 사람들의 응답에 영향을 미쳤을 것이라고 의문을 제기한다. 예를 들어서 설문은 때때로 사람들이 창의적인 작품으로 받은 상에 관해 묻지만 상 자체가 창의적 산물인지를 판단하는 것은 개인마다 다를 수 있다. 어떤 사람들은 자기자신의 성취에 관해 긍정적으로 느끼기 때문에 넓은 범위에 걸쳐서 창의적 성취를 보고할 것이다. 좀 더 과묵한 사람들은 더 적은 활동을 보고할 것이다. 이러한 반응 패턴으로 창의성이 일반적 특질이라는 결론을 뒷받침하는 경향이 있을 것이다. 그러나 응답자의 실제 성취가 일반성의 결론을 보장하지는 않을 것이다.

CHAPTER

11

창의적 사고 기법 계발

1. 개요

1.1. 창의성 계발의 필요성

21세기에 접어들면서부터 정보기술의 발달로 인해 4차 산업혁명이 시작되었다. 1차 산업혁명은 1784년 증기 기관차를 바탕으로 기계를 이용한 물자 생산을 이끌었다. 2차 산업혁명은 1870년에 전기를 이용한 대량생산이 본격화되면서부터 시작되었다. 3차 산업혁명은 1960년대의 메인프레임 컴퓨터, 1970년대와 1980년대의 퍼스널 컴퓨터, 1990년대의 인터넷 등에 의한 정보화 자동생산시스템이 주도하였다. 4차 산업혁명은 21세기의 시작과 동시에 출현하였으며 사물인터넷, 저렴하고 작으며 강력해진 센서, 인공지능 등으로 이루어진다.

현재 우리가 살고 있는 4차 산업사회, 즉 지식 기반 사회는 기존의 산업 사회와 많은 차이점을 가지고 있다. 21세기에 요구되는 인재가 되기 위해서는 우선 지식기반 사회의 특징을 이해할 필요가 있다. [표 11-1]은 산업사회와 지식 기반 사회의 차이점을 나타내고 있다. 산업사회에서의 경쟁력이 근면과 성실이라면 지식 기반 사회에서는 창의성이 경쟁력의 핵심인 것이다. 지식의 개념에서도 산업사회에서는 노하우(know-how)가 중요했지만 이제는 know-where(모르는 지식을 찾을 수 있음.), know-what(무엇을 알아야 하는지 이해함.), know-why(왜 알아야 하는 지를 설명할 수 있음.), know-who(모르는 것을 알려면 누구의 도움을 받아야 하는지를 앎.) 등으로 확대되었다. 학습하는 방식도 정규 교육을 넘어서 평생교육으로, 단순히 지식을 습득만 할 것이 아니라 기존 지식을 융합하고 새로운 지식을 창출할 수 있는 능력을 배양하는 것으로 크게 변화되고 있다.

[표 11-1] 산업사회와 지식 기반 사회의 차이점

구 분	산업 사회	지식 기반 사회
경쟁	제한적 경쟁, 품질 경쟁	무한 경쟁, 서비스 경쟁
일	생계 수단	자아 실현
조직	수직적 구조	수평적 구조
기업	자본가 중심	지식 근로자 중심
생산 방식	소품종 대량생산	다품종 소량생산
관계	대립과 갈등	참여와 협력
추진력	자본	인간
경쟁력	**근면 · 성실**	**창의성**
지식의 개념	know-how	know-where, know-what, know-why, know-who
학습	정규 교육, 지식 습득	평생교육, 지식 융합/창출

참고문헌 : 창의적 공학설계, 김은경 저, 한빛아카데미(주)

1.2. 창의성 발휘의 3대 요소

창의성을 발휘하기 위해서는 어떠한 요소들이 필요한가? 토랜스(Torrance)에 의하면 창의성을 발휘하기 위한 3대 요소에는 개인의 지식과 경험, 동기 부여 등과 더불어 창의적 발상 도구 활용이 포함된다고 한다. [그림 11-1]은 토랜스의 창의성 모델을 나타낸다.

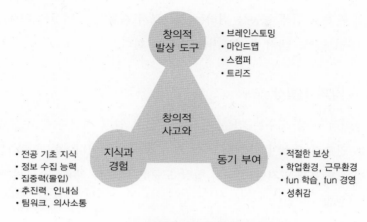

[그림 11-1] 토랜스의 창의성 모델

(1) 지식과 경험

창의성을 발휘하기 위해서는 관련 분야의 지식과 함께 경험이 축적되어 있어야 한다. 전문기술 축적과 함께 정보 수집 능력, 집중력, 추진력, 인내심, 팀워크, 의사소통 등의 능력이 고루 갖추어져야 창의성을 충분히 발휘할 수 있다. 이와 같이 창의성 발휘를 위해서는 평소부터 꾸준한 자기 계발이 필요하다.

(2) 동기 부여

사람이 어떠한 행동을 하기위해서는 그 행동을 하고자 하는 생각, 즉 동기부여가 필요하다. 동기 부여 없이는 어떠한 창의성 발휘를 기대할 수 없다. 동기 부여에는 외적 동기부여와 내적 동기부여가 있다. 외적 동기부여는 칭찬, 상금, 벌금 등의 강화물이 활용되지만 오래 지속하려면 내적 동기부여가 중요하다. 내적 동기부여는 스스로의 만족을 위해 행동을 취하는 것으로서 훌륭한 창의성을 위해서는 무엇보다도 내적 동기부여를 키워야 한다.

(3) 창의적 발상 도구

창의적 발상 도구는 전문 지식과 창의성 간의 괴리를 줄여줄 수 있는 필수적 요소이다. 전문 지식 없이 창의적 아이디어를 도출하는 데에는 한계가 있지만 창의적 발상 도구를 적절히 활용함으로써 이를 보완할 수 있다.

1.3. 창의성 계발 원칙

태어날 때부터 선천적으로 창의적인 사람도 있지만 많은 학자들의 연구에 의하면 창의성은 교육과 훈련을 통해 얼마든지 후천적으로 계발할 수 있다고 한다. 창의성을 계발하기 위해서는 다음과 같은 원칙을 이해할 필요가 있다.

(1) 원칙 1 : 창의성은 관심과 호기심으로 증가된다.

어떤 문제에 대해 지속적으로 관심과 호기심을 가지고 그 문제와 관련된 지식과 경험을 축적해야 창의적인 아이디어를 도출할 수 있다. 일시적이고 즉흥적인 관심은 창의적인 아이디어로 연결되기 어렵다.

(2) 원칙 2 : 창의성은 유연하고 열린 사고에서 도출된다.

고정관념에 사로잡혀 심리적 타성에서 벗어나지 못하면 창의성이 제대로 발휘될 수 없다. 타인의 생각, 문화, 가치관 등이 자신의 것들과 다르더라도 그것들을 존중하는 열린 사고와 함께 다양한 시각으로 사물을 바라보는 습관은 창의성을 배양시키는 데에 절대적으로 필요하다.

(3) 원칙 3 : 창의성은 긍정적이고 적극적인 사고에서 나온다.

부정적인 사고와 수동적인 자세는 자신의 창의성뿐만 아니라 타인의 창의성까지 저해할 수 있다. 창의 산출물에 대해서 낙관적, 자발적, 지속적인 노력은 창의성을 발휘하는 원동력으로 작용한다.

(4) 원칙 4 : 창의성은 칭찬과 보상으로 증폭된다.

노력에 대한 적절한 칭찬과 보상은 창의성 발휘를 증가시킨다. 칭찬은 윗사람이 아랫사람에게 건넬 뿐만 아니라 상호 간에도 필요하다. 비난과 무관심은 다른 사람의 창의성을 저해하는 요인이 된다. 그러나 칭찬과 보상은 외재적 동기부여의 강화물로 작용되므로 지나치면 내재적 동기를 감소시킬 우려가 있기 때문에 이 점을 주의해야 한다.

(5) 원칙 5 : 창의성은 팀워크를 통해서 증폭된다.

창의성은 개인이나 혹은 팀이 발휘한다. 개인의 경우에도 주위 사람들의 도움을 통해 창의성을 증폭시킬 수 있다. 더욱이 팀워크를 통한 창의성 발휘는 개인에게 부족한 부분을 보완함으로써 창의적인 아이디어 도출을 증폭시킬 가능성이 커진다.

(6) 원칙 6 : 창의성은 창의적 발상 도구에 의해 증폭된다.

창의적 발상 도구를 적절히 활용하면 창의성을 계발할 수 있다. 브레인스토밍이나 스캠퍼, 트리즈 등과 같은 창의적 발상 도구를 제대로 활용하면 전공 지식과 창의성 간의 괴리를 해소할 수 있어서 창의성을 발휘할 수 있는 가능성이 증폭된다.

1.4. 창의적 발상 도구

우리의 사고는 때때로 명확한 형태나 개념을 만들지만 대부분의 경우에는 여러 가지가 복합된 상태에 놓여있기 때문에 사고의 내용을 명확하게 확립하지 못한다. 창의적 발상 도구는 이러한 사고의 흐름을 의도적이고 계획적으로 조정해 준다. 즉 의도적으로 새롭고 참신한 아이디어 형성을 촉진시킨다는 것이다.

지난 수십 년간 창의성에 관한 연구가 활발히 수행되어 온 만큼 다양한 창의적 발상 도구가 개발되었다. 문제해결을 위한 충분한 창의성을 가지고 있지 못하거나 혹은 더욱 창의적인 사람이 되기를 원할 때 우리는 이를 위해 의식적이고 의도적으로 노력해야 한다. 창의적 발상 도구는 우리가 여러 가지 장애물을 극복하고 우리의 감정과 두뇌, 무의식을 전면적으로 활용할 수 있도록 도와준다. 이러한 창의적 발상 도구는 크게 확산적 사고기법과 수렴적 사고기법으로 구분된다.

(1) 확산적 사고기법

일반적으로 창의적 발상 도구의 대부분은 아이디어를 생성하는 확산적 사고(divergent thinking)기법을 의미한다. 확산적 사고기법은 아이디어들을 많이 다양하게 그리고 독특하게 생성해 내기 위한 기법으로서 집단용과 개인용으로 구분된다.

집단용 확산적 사고기법에는 브레인스토밍 유형, 체크리스트법, 스캠퍼, 속성열거법, 형태분석법, 강제연결법, 육색사고모 등이 있다.

- 브레인스토밍(brainstorming) : 여러 창의적 사고기법들 중에서 가장 광범위하게 활용되고 있다. 이 기법의 가정은 사고에서의 양이 질을 결정한다는 것으로 많은 아이디어를 수용하고 제안된 아이디어를 결합하고 개선하는 것이다.

- 브레인라이팅(brainwriting) : 브레인라이팅은 브레인스토밍 기법의 변형으로서 구성원들에게 의무적으로 아이디어를 제시하도록 하는 기법이다.

- 체크리스트법 : 문제해결의 착안점을 미리 정해 놓고 그에 따라 다각적인 사고를 전개하게 함으로써 아이디어를 능률적으로 얻을 수 있다. 즉 아이디어를 바꾸거나 배열방법을 바꾸거나 반대로 하거나 다른 것과 결합하는 등의 내용들이 포함된다.

- 스캠퍼(SCAMPER)) : 대표적인 체크리스트 기법들 중의 하나로서 브레인스토밍을 보완하기 위해 고안된 기법이다. 브레인스토밍보다는 원인별로 더 구체적으로 생각하도록 유도하는 10개

정도의 체크리스트로 구성되어 있으며 다양한 문제해결 방안이나 해결책 탐색에 유용하다.

- 속성열거법 : 문제의 속성을 찾아내서 이를 자세하게 열거하는 기법으로서 각 속성을 새롭게 수정하거나 결합하여 새로운 아이디어를 생성하는 것이다. 속성으로는 모양, 크기, 색깔, 특성 등이 있다.

- 형태분석법 : 체크리스트법과 속성열거법의 조합으로 각 요인의 속성을 가로축과 세로축으로 연결하여 도표로 만들어 아이디어를 각 칸에 기입함으로써 다양한 측면에서 체계적으로 아이디어를 생성해 낼 수 있도록 하는 기법이다.

- 강제연결법(forced relationship) : 명백한 관계가 없는 두 사물을 억지로 관련시켜서 어떤 결과가 나타날 것인지 예상함으로써 당연하지 않는 관계로부터 독특하고 새로운 아이디어를 산출하기 위한 기법이다.

- 육색사고모 : 여섯 가지 각기 다른 색의 모자를 쓰고 자신이 쓰고 있는 모자 색깔이 의미하는 유형의 사고를 하는 기법이다. 예를 들어서 노란색 모자를 쓰고 있는 사람은 긍정적인 시각의 사고를 담당하고 검은색 모자를 쓰고 있는 사람은 부정적인 견해나 의견을 제시한다.

확산적 사고기법의 대부분은 집단용으로 발전되어오고 있으나 개인용 확산적 사고기법도 다양하게 제시되고 있다. 개인용 확산적 사고기법은 유추 이용 기법, 심상과 상상 이용 기법, 연상 이용 기법 등으로 구성된다. 대표적인 개인용 확산적 사고기법으로는 시네틱스(synectics)와 마인드 맵(mind map) 등이 있다.

- 시네틱스 : 서로 다른 요소 혹은 서로 관련 없어 보이는 요소를 결합함으로써 새로운 아이디어를 만들어 내는 기법이다. 시네틱스는 전혀 다른 두 가지 기제를 사용한다. 하나는 '낯선 것을 친근한 것'으로 생각하도록 함으로써 이해의 폭을 증진시킨다. 또 다른 하나는 '친근한 것을 낯선 것'으로 생각하도록 함으로써 현재의 상황이나 조건에서 벗어나 창의적인 해결책을 찾게 하는 것이다. 또한 시네틱스는 유추나 비유를 통해 문제에 대한 새로운 통찰을 얻고자 한다. 이러한 유추 방법으로는 개인적 유추, 직접적 유추, 상징적 유추, 환상적 유추 등이 있다.
  - 개인적 유추의 예 : 청소기를 나로 가정하여 어떤 느낌이 드는지 상상해 보기
  - 직접적 유추의 예 : 우산을 통해 낙하산의 원리를 알아보기
  - 상징적 유추의 예 : 눈은 마음의 거울
  - 환상적 유추의 예 : 하늘을 나는 자동차
- 마인드 맵 : '대뇌는 방사적 사고를 한다.'는 이론적 근거를 바탕으로 한 생각의 지도로 정의될 수 있다. 자연스런 사고의 연상을 깨트리지 않으면서 떠오르는 아이디어들을 효과적으로 기록할 수 있도록 해주고 새로운 아이디어를 창출하고 기록하기 위해 연상을 이용하여 자기 자신의 사고 패턴이 어느 쪽으로 뻗어나가든 그 패턴을 쉽게 따라 갈 수 있도록 해주는 기법이다.

(2) 수렴적 사고기법

여러 개의 아이디어들 중에서 우리가 선택하여 실천할 수 있는 것은 하나 또는 몇 개뿐일 수밖에 없으므로 확산적 사고기법으로 아이

디어를 많이 생산해도 효용이 없을 수 있다. 산출된 아이디어나 생각이 문제해결을 위해 적절한 것인지를 판단하고 평가하며 선택해야 하는 문제가 제기되면서 수렴적 사고기법들이 개발되기 시작했다. 수렴적 사고기법의 목적은 다양한 아이디어를 정리하고 분류하거나 어느 것을 선택할 것인지 평가·판단하거나 우선순위를 결정하거나 혹은 제시된 아이디어를 개선하고 보완하는 데에 있다. 수렴적 사고기법에는 하이라이팅, 역브레인스토밍, 평가행렬법, 쌍비교분석법 등이 있다.

- 하이라이팅(highlighting) : 문제해결 아이디어로 선정된 대안들을 몇 개의 동일한 범주로 묶어 분류해 보는 것이다. 나열한 아이디어들 중에서 가장 적절하다고 여겨지는 아이디어, 즉 히트 아이디어를 선정한 후에 이 아이디어 중 서로 관련 있는 것을 분류해 낸다.
- 역브레인스토밍 : 양적인 면을 중시하고 자유분방하게 진행된다는 점에서 브레인스토밍과 유사하지만 생성해 놓은 아이디어에 많은 양의 자유분방한 비판을 생성해 내는 점이 다르다. 약점이 가장 적고 문제를 가장 잘 해결할 것 같은 대안을 선택하고 마지막으로 실천을 위한 행위 계획을 수립한다.
- 평가행렬법(evaluation matrix) : 하이라이팅된 대안들을 평가할 때나 생성된 대안이나 행위계획을 위한 대안들을 평가할 때 활용된다. 평가해야 할 대안들을 세로로 적고 가로의 상단에는 평가의 준거를 제시하는 평가행렬표를 만든다. 대안을 평가할 때 사용할 적절한 평정척도를 제시한다.

- 쌍비교분석법(paired comparison) : 아이디어들 간의 우선순위를 정하여 서로 한 번씩 비교해 보고 상대적으로 중요한 것을 확인하여 우선순위를 정할 수 있다. 쌍비교분석표에 각 아이디어를 기록하여 분석표를 완성한다. 아이디어의 각 쌍을 비교하여 각 칸에 더 중요한 아이디어와 그 점수를 기록한다. 각 아이디어의 총점을 가지고 가장 우선순위의 아이디어를 선정하고 상대적인 중요성을 해석한다.

1.5. 창의적 사고의 방해 요인

스탠라이는 그의 저서 '창의학 수업'에서 창의성을 저해하는 3대 요소로서 경험, 습성, 동기 등을 제시했다. 이 세 가지 요소들은 창의성 배양에 직접적으로 기여할 수 있지만 일반적으로 적절히 운용되지 못하고 있는 경우가 대부분이며 이로 인해 오히려 창의성을 저해하는 장벽이 되고 있다는 것이다.

우리의 몸속에는 모든 경험에 각기 다른 중요도를 라벨링할 수 있는 메커니즘이 존재한다. 이 메커니즘은 어떤 경험들을 전혀 중요하지 않은 것으로 판단하고 우리 내면의 데이터베이스에서 삭제해버린다. 살아가면서 우리는 많은 일들을 보고도 못 본 채 지나간다. 대부분의 사람들은 창의성을 염두에 두고 살지 않는다. 특정 경험이 미래의 창의에 도움이 되는가, 미래의 창의 소재가 될 수 있는가를 판단하지 않는다. 우리의 내면이 경험 데이터를 저장하는 원리는 개인의 가치 체계를 아우르는 매우 심오한 문제이다. 예를 들어서 어떤 사람이 명품에 매료되어 있으면 그의 경험과 가치 체계는 자연히

명품과 관련된 모든 사물을 향하게 되어 있다. 시간이 흐를수록 우리의 컴퓨터는 자동저장 모드를 설정하게 되는데 이 모드가 바로 우리의 습성이다.

우리는 내면에 데이터 파일뿐만 아니라 작업 모드도 끊임없이 축적하는데 이러한 작업 모드가 바로 습성이다. 습성은 인간으로 하여금 특정 방식으로 세상을 바라보게끔 만든다. 습성에 의해 구속된 마음은 영원히 모범 답안만을 좇게 된다. 반면에 창의적인 사람은 언제나 창의적인 습성을 통해 새로운 가능성을 찾는다. 실제적으로는 이 두 가지 습성 모두 진정한 창의성을 저해할 수 있다. 양자 모두 반복된 행동 양식이라는 함정에 빠질 수 있기 때문이다. 전자는 경직된 행동 양식에, 후자는 자유 연상의 양식 속에 빠져들게 된다. 이 두 가지 모두 심각한 오판을 야기할 수 있다.

동기는 우리가 어떤 일을 하는 이면에 존재하는 이유이다. 인생의 크고 작은 행위의 이면에는 항상 동기가 존재한다. 어떤 동기는 쉽게 관찰되지만 대부분의 경우는 정체가 잘 드러나지 않아서 심지어는 행위자 본인조차 왜 자신이 그 행위를 하는지 모르는 경우가 많다. 창의성의 동기는 창의자의 최종 산출물에 지대한 영향을 미친다. 이러한 동기를 변화시킬 수 있다면 습성에 직접적으로 영향을 미칠 수 있고 습성은 또한 경험 축적에 즉각적으로 작용할 수 있다.

김은경은 그의 저서 '창의적 공학 설계'에서 창의성 방해 요인을 [표 11-2]와 같이 크게 4가지로 정리했다. 창의성 방해 요인을 제거하려는 꾸준한 노력은 창의성을 계발하고 제대로 발휘하기 위한 좋은 접근 방법이 된다.

[표 11-2] 창의성 방해의 주요 요인

방해 요인	특 징
심리적 타성 (psychological inertia)	• 관습적인 사고로 인해 혁신적인 접근이 방해된다. • 자신의 지식과 경험 안에서만 해결안을 찾게 된다.
잘못된 문제 정의 (wrong problem definition)	• 문제의 본질과 무관한 목표를 설정한다. • 다양한 관점에서 문제를 검토하지 않는다. • 표면에 쉽게 드러난 문제만을 공략한다.
다학제적 지식의 부족 (lack of interdisciplinary knowledge)	• 많은 문제가 여러 분야의 다학제적 지식을 요구한다. • 방대한 양의 지식에 쉽게 접근할 수 있는 방법이나 도구가 거의 없다.
모순 회피 (avoiding contradiction)	• 문제에 숨겨진 모순을 찾지 못한다. • 모순 직면 시 모순을 회피하는 경향이 있다. • 단편적인 절충안으로 해결하려는 경향이 있다.

참고문헌 : 창의적 공학설계, 김은경 저, 한빛아카데미(주)

2. 브레인스토밍

2.1. 브레인스토밍 개요

브레인스토밍(brainstorming)은 brain(두뇌)과 storm(폭풍)의 합성어로서 참가자 전원이 다방면, 다각도에서 문제를 집중 공략하여 문제해결 아이디어를 도출하기 위한 창의적 발상도구이자 회의 기법이다. 브레인스토밍은 1941년 알렉스 오스본이 자신의 회사에서 갖는 회의에서 좀 더 쉽게 창의적인 아이디어를 도출할 수 있도록 제안한 방법으로서 어떤 주제에 대해서 확산적인 사고를 유도하기 위한 기법이다.

브레인스토밍은 3명 이상이 모여서 하나의 주제에 대해 자유롭게 토론하고 발표하며 정리하여 창의적인 아이디어를 이끌어내기 위해 사용하는 집단적 사고 촉진 기법이지만 개인적으로도 사용할 수 있다. 권위와 고정관념을 배제하고 자유로운 분위기에서 가능한 한 많은 아이디어를 도출하게 한 다음에 그 가운데에서 좋은 아이디어를 찾아내는 것이 목적이다.

브레인스토밍의 궁극적인 목적은 창의적인 아이디어를 도출하는 것이지만 우선 확산적 사고를 통해 제한된 시간 내에 가능한 많은 아이디어를 도출하는 것이 1차 목표이다. 본 기법에서는 다음과 같이 2가지 전제 조건이 요구된다.

- 양이 질을 낳는다. : 처음부터 좋은 아이디어를 도출하려고 하기보다는 우선 무조건 많은 양의 아이디어를 도출한 후에 그 가운데에서 좋은 아이디어를 선택한다.
- 판단은 나중에 한다. : 다른 사람이 제안하는 아이디어를 비판하지 말아야 한다. 비판을 유보하면 많은 아이디어가 나올 수 있을 뿐만 아니라 혁신적이면서 독창적인 아이디어가 도출될 수 있다.

브레인스토밍은 장점과 단점을 가지고 있다. 개량적인 방법으로 문제를 해결하기 어렵거나 과거의 경험을 통해서 최적의 해결책을 찾을 수 없는 경우에 브레인스토밍은 많은 관계자가 모여 창의적인 아이디어를 도출하기 위한 회의 기법으로 적합하다. 또한 여러 개의 개념을 서로 조합하여 새로운 대체 개념을 생성할 때에도 유용한 장점이 있다.

브레인스토밍의 단점으로는 도출된 아이디어의 수준이 문제 상황이나 팀 구성원에 따라 달라지므로 일관성 있는 결과를 기대하기 어렵다는 점이다. 특히 브레인스토밍을 활용한 어떤 문제의 성공이 다른 문제의 성공을 보장하지는 못하므로 많은 시행착오를 겪을 수 있다.

2.2. 브레인스토밍의 4가지 규칙

브레인스토밍을 활용하여 많은 아이디어를 도출하기 위해서는 아래와 같은 4가지 규칙을 준수해야 할 필요가 있다.

- 질보다 양 : 아이디어의 질보다 양을 더 중시하여 일정한 시간 동안에 가능한 한 많은 아이디어를 제안하도록 장려해야 한다. 우선 아이디어를 많이 도출한 다음에 그 가운데에서 좋은 아이디어를 선택하는 것이 브레인스토밍의 핵심 전략이다.

- 비판 금지 : 비판은 참가자들을 위축시켜서 창의적인 아이디어를 제안하는 것을 어렵게 만들므로 판단은 뒤로 미뤄야 한다. 사람의 뇌는 자신의 경험을 바탕으로 한 고정관념을 형성하여 받아들이는 경향이 있다고 한다. 따라서 다른 사람의 의견이 자신의 고정관념을 벗어나면 자신도 모르게 비판하게 되는데 브레인스토밍을 제대로 하기 위해서는 의식적으로 이를 경계해야 한다. 팀원 가운데 관찰자를 지정하여 누가, 언제 비판했는지를 기록하여 공유하는 방법도 효율적인 브레인스토밍 수행에 도움이 된다.

- 자유분방 : 다소 허황되고 비현실적인 아이디어라고 해도 자유롭게 제안하도록 장려해야 한다. 때로는 엉뚱한 아이디어가 창의적인 아이디어로 가는 출발점이 될 수 있기 때문이다. 특히 예상되는 생각의 흐름에서 벗어나 의도적으로 생각의 방향을 바꾸는 연습이 필요하다. 딱딱한 분위기의 강의실에서 벗어나

잔디밭이나 휴게실에서의 브레인스토밍은 좋은 아이디어를 촉진하는데 도움이 된다.

- 결합과 개선 : 다른 사람이 제안하는 아이디어를 경청하여 서로 결합하거나 수정하여 새로운 아이디어를 제안하도록 장려해야 한다. 한 사람의 아이디어를 훔치면 표절에 해당하지만 여러 사람의 아이디어를 훔치면 새로운 발명이 된다는 말이 있다.

2.3. 브레인스토밍 준비 사항

브레인스토밍을 통해 많은 아이디어를 도출하기 위해서는 팀 구성이나 진행 장소, 시간 계획, 준비물 등을 갖추어야 한다. 브레인스토밍 준비 사항은 아래와 같다.

- 팀 구성 : 브레인스토밍에서는 일반적으로 진행자 1명, 기록자 1명을 포함하여 총 6~10명 내외로 팀을 구성하는 것이 바람직하다. 팀 구성 시에는 남녀 비율을 고려하고 상상력이 풍부하며 혁신적이고 미래지향적인 성격의 사람들을 포함시키는 것이 좋다. 브레인스토밍의 목적과 배경, 시간 계획 등이 포함된 브리핑 자료를 팀 구성원들에게 사전에 배포하는 것이 좋다.
- 장소 : 가능하면 새롭고 아름다우며 편안한 장소를 선택한다. 자신들의 생활공간에서 멀리 떨어진 장소에서 자유스런 기분으로 브레인스토밍을 진행하면 훨씬 효과적이다.
- 시간 계획 : 반드시 하나의 주제로 한정해야 한다. 회의 시간대는 오후보다는 오전이 더 효율적이며 충분한 시간이 주어져야 한다. 또한 종료 시간을 미리 정해서 공지하는 편이 좋다.

- 준비물 : 준비물은 로우테크 도구와 하이테크 도구로 구분된다. 로우테크 도구로는 종이, 펜, 스케치북, 칠판 혹은 화이트보드, 플립차트, 포스트잇, 녹음기, 사진기, 비디오카메라 등이 있다. 하드웨어 하이테크 도구로는 스마트보드, 노트북, 태블릿 PC 등이 있다. 소프트웨어 하이테크 도구로는 마인드맵 저작 도구, 개요 작성 프로그램, 프로젝트 관리 도구 등이 있다.

2.4. 브레인스토밍 진행 순서

브레인스토밍을 제대로 수행하기 위해서는 정해진 진행 순서에 따르는 것이 중요하다. 진행 순서 중에 아이디어 도출 단계에서 소강상태에 빠질 우려가 있는데 이때 진행자는 다양한 아이디어가 도출되도록 유도할 필요가 있다. 일반적으로 브레인스토밍 진행 순서는 [표 11-3}과 같다.

[표 11-3] 브레인스토밍 진행 순서

순 서	단 계	주요 활동
1	팀 구성	주제에 따라 적절한 인원 수(6~10명)로 팀을 구성한다.
2	진행자와 기록자 선정	브레인스토밍의 규칙을 잘 숙지하고 있으며 원활한 진행이 가능한 진행자(리더)와 도출된 아이디어를 간단 명료하게 기록할 수 있는 기록자를 선정한다.
3	문제 공지	진행자가 브레인스토밍에서 다루게 될 문제(주제)의 배경을 설명하고, 문제를 제시한다.
4	워밍업	진행자가 브레인스토밍의 4가지 규칙을 환기시킨다.
5	아이디어 도출	구성원들이 자유롭게 아이디어를 제안하고, 기록자는 아이디어가 도출되는 즉시 칠판/화이트보드 또는 하이테크 도구를 활용해서 기록하여 공유한다.
6	아이디어 평가	참가자 전원의 의견을 반영하여 좋은 아이디어 4~5개 정도를 선택한 다음, 최종 아이디어 선정을 위한 평가 기준을 결정한다.
7	아이디어 선정	아이디어 평가 기준에 따라 가장 높은 점수를 받은 아이디어를 최종으로 선정한다.
8	아이디어 다듬기	선정된 아이디어를 구체화하고 정교하게 다듬는다.

참고문헌 : 창의적 공학설계, 김은경 저, 한빛아카데미(주)

3. 마인드맵

3.1. 마인드맵 개요

마인드맵(mind map)은 인간의 두뇌가 주요 개념(key concept)의 상호 연결 및 연관에 의해 종합적으로 작동된다는 원리에 입각하여 개발되었다. 마인드 맵의 활용분야로는 학습한 내용 정리하기, 새로운 일의 계획 및 기획, 회의 내용 정리, 자료 조사, 기획서 및 보고서 작성, 창의적 아이디어 도출 등이 있다.

마인드 맵의 특징은 아래와 같다.

- 시각적 사고 기법 : 생각하고 기억하는 모든 과정을 마치 머릿속에 지도를 그리듯이 이미지, 컬러, 핵심 단어 등을 사용하여 작성할 수 있는 시각적 사고(visual thinking)이다.
- 발산적 사고 기법 : 순차적이고 직선적으로 행하는 고전적인 사고 기법과는 달리 핵심 아이디어로부터 사고를 발산시켜서 연관된 다른 부수적인 아이디어를 도출해내는 사고 기법이다. 인간 두뇌의 사고 원리와 유사한 방법으로 아이디어를 이끌어낼 수 있는 발산적 사고(divergent thinking) 기법이다.
- 전뇌적인 사고 기법 : 핵심 단어와 함께 다양한 이미지와 컬러를 사용하므로 좌뇌와 우뇌를 모두 활용할 수 있는 전뇌(whole brain)적인 사고 기법이다.
- 흥미로운 사고 기법 : 누구나 한번 사용해보면 흥미를 쉽게 느낄 수 있는 사고 기법이다.

- 다양한 장소에서 사용 가능한 사고 기법 : 아이디어 도출 시뿐만 아니라 생각을 일목요연하게 정리할 때, 일정 관리나 의사결정, 계획 수립 노트 정리, 보고서 작성 시에 창의적인 두뇌 활동이 필요한 모든 분야에서 활용 가능하다. 개인의 직관력 향상에도 도움이 되며 또한 브레인스토밍을 통해 도출된 아이디어를 정리할 때에도 활용될 수 있다.
- 질보다 양을 중시하는 사고 기법 : 브레인스토밍과 마찬가지로 가능한 한 많은 아이디어를 도출하는 것을 기본으로 하며 특히 엉뚱하면서도 기발한 아이디어 도출을 장려한다. 아이디어를 도출함에 있어 질보다 양을 중시하는 사고방식이다.

마인드 맵은 [표 11-4]와 같이 다양한 목적으로 활용 가능하므로 그 효과도 다양하게 나타난다.

[표 11-4] 마인드 맵의 목적과 활용 효과

목 적	활용 효과
• 학습과 암기 • 자료 요약 및 정리 • 아이디어 회의 • 문제 해결 • 프로젝트 기획 • 프레젠테이션	• 학습 효과 향상 • 암기력 및 기억력 향상 • 창의적 사고력 향상 • 전체 내용 파악의 용이함 • 확산적 사고력 개발 • 짧은 시간 내에 상세한 내용 작성 가능

3.2. 마인드맵 작성 방법

마인드 맵은 가로 형태의 용지의 중심에서 출발하여 아래 단계를 거쳐서 작성한 다음에 완성한 마인드맵을 분석하여 최종 결론에 도달하거나 최종 아이디어를 도출한다.

1단계(몸통 그리기) : 몸통은 마인드 맵의 주제로서 맵의 중심에 위치하며 작성 목적이나 의도, 제목, 해결해야 할 문제를 이미지나 사진과 함께 핵심 단어를 기록한다.

2단계(주 가지 그리기) : 중심 이미지와 연결된 주 가지를 굵게 그리고 주 가지 위에 주제와 가장 밀접하게 관련된 모든 초기 아이디어들을 기록한다.

3단계(부 가지 그리기) : 주 가지와 연결된 부 가지를 주 가지보다 가늘게 그리고 부 가지 위에 세부적인 아이디어를 핵심 단어와 이미지로 표현한다.

4단계(세부 가지 그리기) : 부 가지와 연결된 세부 가지를 부 가지보다 가늘게 그리고 세부 가지 위에 보다 구체적인 아이디어를 핵심 단어와 이미지로 표현한다.

5단계(연관성 표현) : 시각적 효과를 위해 색을 달리하거나 각기 다른 도형이나 테두리를 사용하여 유사한 아이디어끼리 연결한다.

마인드 맵을 작성할 때에 전체적으로 3가지 이상의 색과 이미지를 많이 사용하고 주 가지는 굵게, 중심에서 멀어질수록 가지를 가늘게 그리며 부 가지나 세부 가지에도 가능한 한 이미지를 많이 사용한다. 한 가지 위에 핵심 단어를 하나만 기록하고 중심에서 멀어질수록 글자 크기를 작게 한다. 공간 배치는 균형감 있게 배치한다. [그림 11-2]는 1년 후 계획 세우기에 관한 마인드 맵 작성 사례를 나타낸다.

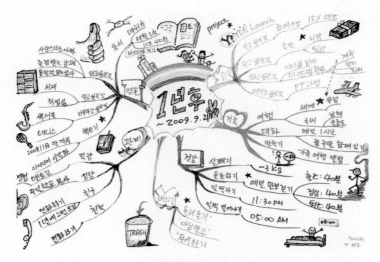

참고문헌 : 창의적 공학설계, 김은경 저, 한빛아카데미(주)

[그림 11-2] 마인드 맵 작성 사례(1년 후 계획 세우기)

3.3. 마인드맵을 활용한 필기 방법

마인드 맵은 생각의 주제를 중심으로 두고 방사형으로 펼쳐 나가면서 발산적 사고를 하도록 유도하는 전뇌적인 필기 방법이다. 시계열적 표현에는 다소 취약하다는 단점이 있다. 마인드 맵을 활용하여 필기하면 짧은 시간 내에 많은 내용을 빠짐없이 기록할 수 있다. 또한 전체 내용을 한 눈에 파악할 수 있기 때문에 전체 맥락을 이해하기에도 매우 효과적이다. 디지털 마인드 맵 도구를 활용하면 회의를 진행하면서 도출된 아이디어나 의견을 실시간으로 기록하여 바로 확인할 수 있기 때문에 더욱 적극적인 자세로 회의에 참여함에 따라 회의 진행이 효율적이 된다. 작성된 마인드 맵을 회의가 끝난 후에 바로 공유할 수 있으므로 후속 조치가 신속하게 이루어질 수 있다.

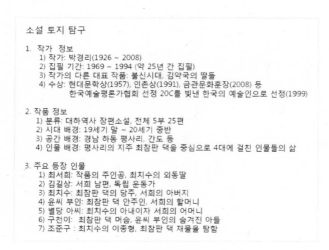

소설 토지 탐구

1. 작가 정보
   1) 작가: 박경리(1926 ~ 2008)
   2) 집필 기간: 1969 ~ 1994 (약 25년 간 집필)
   3) 작가의 다른 대표 작품: 불신시대, 김약국의 딸들
   4) 수상: 현대문학상(1957), 인촌상(1991), 금관문화훈장(2008) 등
      한국예술평론가협회 선정 20C를 빛낸 한국의 예술인으로 선정(1999)

2. 작품 정보
   1) 분류: 대하역사 장편소설, 전체 5부 25편
   2) 시대 배경: 19세기 말 ~ 20세기 중반
   3) 공간 배경: 경남 하동 평사리, 간도 등
   4) 인물 배경: 평사리의 지주 최참판 댁을 중심으로 4대에 걸친 인물들의 삶

3. 주요 등장 인물
   1) 최서희: 작품의 주인공, 최치수의 외동딸
   2) 김길상: 서희 남편, 독립 운동가
   3) 최치수: 최참판 댁의 당주, 서희의 아버지
   4) 윤씨 부인: 최참판 댁 안주인, 서희의 할머니
   5) 별당 아씨: 최치수의 아내이자 서희의 어머니
   6) 구천이: 최참판 댁 머슴, 윤씨 부인의 숨겨진 아들
   7) 조준구: 최치수의 이종형, 최참판 댁 재물을 탐함

(a) 직선적 필기 방법

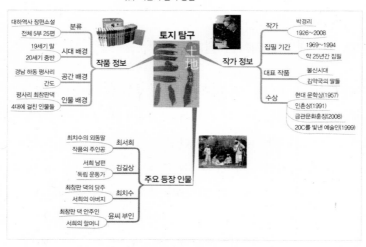

(b) 마인드맵 필기 방법

참고문헌 : 창의적 공학설계, 김은경 저, 한빛아카데미(주)

[그림 11-3] 직선적 필기 방법과 마인드 맵 필기 방법의 비교

마인드 맵은 글자 그대로 '생각의 지도'로서 주로 직선적으로 단어와 숫자, 기호를 사용하는 기존의 필기방법과는 달리 전체적인 내용을 한 눈에 파악할 수 있다. 단어와 이미지의 결합을 통해 기억력을 향상시키며 나아가서 창의적인 사고력도 개발할 수 있다. [그림 11-3]은 직선적 필기 방법과 마인드 맵 필기 방법의 비교를 나타낸다.

4. 스캠퍼

4.1. 스캠퍼 개요

스캠퍼(SCAMPER)는 어떤 사물이나 서비스, 프로세스 등을 새로운 것으로 변형하기 위해 9가지 아이디어 변형 기법을 활용하는 창의적 발상 도구이다. 스캠퍼는 이미 존재하는 것을 약간 수정하거나 무엇인가를 추가하면 모든 새로운 것을 만들 수 있다는 철학에 기초하고 있다. 브레인스토밍이 팀 사고에 적합한 기법이라면 스캠퍼는 개인이 활용하기에 적합하다.

스캠퍼(SCAMPER)라는 용어는 [표 11-5]와 같은 질문에 해당하는 각 영어 단어의 첫 글자를 조합해서 만든 것이다. 반드시 순서대로 모두를 사용하지 않아도 되며 필요에 따라 몇 개만 선택해서 사용해도 상관없다. 그러나 어떤 질문을 통해야만 좋은 아이디어가 도출될 지 알 수 없기 때문에 가능하면 모든 질문을 사용해 보는 것이 바람직하다.

[표 11-5] 스캠퍼의 의미와 내포된 질문들

문자	의미	내포된 질문
S (Substitute)	대체	• 이것을 대체할 다른 것은 없나? 예 옷감 대신 종이로 옷을 만들면 어떨까?
C (Combine)	결합	• 이 둘을 결합하면 어떨까? 예 연필과 지우개를 결합하면 어떨까?
A (Adapt)	적용/응용	• 여기에 적용할 수 없을까? 예 카메라를 감시용으로 응용하면 어떨까?
M (Modify/Magnify)	변경/확대	• 색이나 형태 등을 바꾸면 어떨까? 예 TV의 모양을 둥글게 만들면 어떨까? • 크기를 더 크게 만들면 어떨까? 예 백 명이 먹을 수 있는 피자를 만들면 어떨까?
P (Put to other uses)	용도 변경	• 이것을 다른 용도로 사용할 수는 없을까? 예 유리병을 건축자재로 사용하면 어떨까? • 조금 변형해서 다른 용도로 사용하면 어떨까? 예 폐타이어를 여러 개 쌓아서 테이블로 활용하면 어떨까?
E (Eliminate)	제거	• 이것을 빼면 어떨까? 예 마우스에서 선(케이블)을 제거하면 어떨까?
R (Reverse/Rearrange)	뒤집기/재배열	• 순서를 바꾸면 어떨까? 예 버스 차비를 선불로 지불하면 어떨까? • 반대로 하면 어떨까? 예 좌측 통행을 우측 통행으로 바꾸면 어떨까?

4.2. 스캠퍼를 활용한 아이디어 도출 방법

스캠퍼는 9가지의 아이디어 변형 기법, 즉 대체, 결합, 적용, 변경, 확대, 용도 변경, 제거, 재배열 등을 활용하는 창의적 발상 도구이다. 스캠퍼의 구체적인 아이디어 도출 방법은 아래와 같다.

(1) 대체하기

대체하기(substitute)는 새로운 아이디어를 도출하기 위해 어떤 사물의 장소, 재료, 절차, 사람, 표기 방법 등을 다른 것으로 대체하면 어떨까에 관한 질문이다. 대체하기 질문에는 아래와 같다.

- 무엇으로 대체할 수 있을까? : 동전을 사용하는 주차요금 징수기의 불편함을 해소하기 위해 동전을 무엇으로 대체하면 좋을까라는 질문을 통해 동전 대신에 카드로 대체된 스마트 주차 요금 징수기가 탄생했다.
- 누구로 대체할 수 있을까? : 앞으로는 사람이 하는 일을 로봇으로 대체하기 위한 새로운 아이디어가 도출될 것이다.
- 어떤 재질로 대체할 수 있을까? : 깨지기 쉬운 유리컵을 플라스틱 재질로 대체함으로써 편리성이 증가되었다.
- 어떤 다른 방법으로 대체할 수 있을까? : 노래 제목이나 가수 이름을 모르면 원하는 음악을 찾을 수 없는데 고객이 흥얼거리는 멜로디만으로도 음악 데이터베이스에서 원하는 음악을 찾아낼 수 있는 시스템이 개발되었다.

(2) 결합하기

결합하기(combine)를 통해서 새로운 아이디어를 도출하기 위해 이전에는 관련되지 않았던 제품이나 목적, 아이디어, 서비스 등을 결합하면 어떨까 하는 질문을 해 본다. 예를 들면 15세기 중반에 구텐베르크는 '동전 펀치(coin punch)와 포도주 압착기(wine press)를 결합하면 어떨까?'라는 질문을 통해 구텐베르크 인쇄기를 발명했다. 결합하기의 질문에는 아래와 같은 것들이 있다.

- 어떤 재질이 결합될 수 있을까? : 불투명한 건축 자재인 시멘트

에 광섬유(optical fiber)를 결합하여 반투명한 리트라콘을 만들었는데 이 자재는 건물의 바닥이나 벽 등에 사용된다.

- 어떤 장치들이 서로 결합될 수 있을까? : 프린터와 복사기, 팩스, 스캐너 등을 결합하여 복합기가 개발되었다.
- 서로 다른 목적이 결합될 수 있을까? : 변기에 소변 분석과 혈압, 맥박, 체온, 체중 측정 기능 및 결과를 표시하는 모니터를 부착하여 스마트 변기라는 제품을 개발했다.
- 모듬으로 만들면 어떨까? : 짜장면과 짬뽕을 결합하여 짬짜면을 개발했다.

(3) 적용하기

적용하기(adapt)를 통해 새로운 아이디어를 도출하기 위해서는 어떤 것을 다른 조건에서 사용하거나 다른 목적으로 응용하면 어떨까 하는 질문을 해 본다.

- 이 아이디어를 다른 곳에 적용하면 어떨까? : 다양한 음식을 한 곳에서 쉽게 선택할 수 있는 푸드코트 아이디어를 영화관에 적용하여 복합 영화관 아이디어가 탄생했다.
- 자연으로부터 응용할 수 있는 아이디어는 무엇일까? : 엉겅퀴 씨앗이 옷에 달라붙는 원리를 옷감에 적용하여 벨크로테이프(일명 찍찍이)를 개발했다.
- 이 상품을 다른 용도로 사용하면 어떨까? : 관절염 치료를 위해 개발한 월풀(wirlpool) 욕조를 치료용이 아닌 고급 목욕 시장에

적용하여 크게 성공했다.

- 무엇을 흉내 내면 좋을까? : 세탁기의 발명으로 주부들이 빨래의 가사노동으로부터 해방되었는데 이를 흉내 내어 설거지에서 해방시킬 수 있는 것이 무엇일까라는 질문으로 식기세척기가 탄생했다.

(4) 변경하기

변경하기(modify)를 통해 새로운 아이디어를 도출하기 위해서는 형태나 색, 소리, 크기, 동작, 의미 등을 변경하면 어떻게 될까라는 질문을 해본다.

- 색상을 변경하면 어떨까? : 냉장고, 세탁기, 에어컨, 전자레인지 등의 가전제품의 색이 모두 백색이기 때문에 백색가전이라는 이름으로 통용되었으나 누군가 흰색 대신에 다른 색으로 바꾸면서 다양한 색상의 가전제품이 등장했다.
- 수작업 대신에 자동화하면 어떨까? : 기계산업과 전자산업은 자동화 기술을 통해 발전해왔다.
- 소리를 어떻게 바꾸면 좋을까? : 괘종시계의 소리를 뻐꾸기 소리로 바꿔서 시계 소리의 단조로움으로부터 벗어날 수 있었다.

(5) 확대하기

확대하기(magnify)를 통해서 새로운 아이디어를 도출하기 위해서는 기존 아이디어나 제품 또는 서비스 등을 확대하거나 추가 또는 배가시키면 어떻게 될까하는 질문을 해 본다.

- 어떤 특성을 추가하면 좋을까? : 과일에 '합격'이라는 글자가 껍질에 새겨지는 과일을 생산하여 과일매출을 높였다.
- 어떻게 두드러지게 만들 수 있을까? : 맥주를 다른 주류보다 두드러지게 만들기 위해 알코올 도수가 25%인 '유토피아' 맥주를 생산했다.
- 더 높게 만들면 어떨까? : 구두를 더 높게 만들기 위해 '키높이 구두'가 출시되었다.
- 무엇을 추가하면 특별한 가치를 갖게 될까? : 화장지에 향기를 추가하거나 무늬와 색을 추가하여 고급 화장지를 개발했다.

(6) 용도 변경하기

용도 변경하기(put to other uses)를 통해 새로운 아이디어를 도출하기 위해서는 어떤 아이디어 제품 또는 서비스 등을 있는 그대로 또는 약간 변형하여 다른 무엇을 할 수 있는지를 질문해 본다.

- 어떤 제품을 있는 그대로 두고 다른 용도로 활용할 수 없을까? : 양파나 과일을 담는 그물망을 해변에서 조개껍질을 모으거나 슬리퍼 혹은 테니스 공 등을 보관하는 용도로 재활용할 수 있다.
- 다른 용도로 재활용할 수 없을까? : 폐타이어와 숟가락, 철근 등을 예술 작품의 재료로 활용한 정크아트는 재활용의 대표적인 아이디어이다.
- 약간 변경하여 다른 용도로 활용할 수 있을까? : 도자기나 건축용 진흙의 성분을 약간 변형시켜서 마사지용 '머드팩'을 개발했다.

(7) 제거하기

제거하기(eliminate)를 통해 새로운 아이디어를 도출하기 위해서는 제거 가능한 것이 있는지 또는 최소화시키면 어떤지에 관한 질문을 해 본다.

- 무엇을 생략하면 좋을까? : 안경테를 제거하여 무테안경을 개발했다.
- 크기를 최소화하면 더 좋지 않을까? : 개인이 소지하고 다니는 물품들은 가능하면 그 크기를 최소화하는 것이 사용의 편리성을 증대시킬 수 있다.
- 시설을 최소화하면 더 좋지 않을까? : 캡슐 호텔은 호텔의 크기와 서비스를 최소화함으로써 가격을 대폭 낮춘 서비스이다.
- 꼭 필요한 것이 아닌 것은 무엇일까? : 컴퓨터 키보드는 꼭 필요한 것일까라는 질문을 통해 필요할 때만 탁자 위에 가상의 키보드 영상이 나타나는 '레이저 키보드'가 탄생했다.

(8) 재배열하기

재배열하기(rearrange)를 통해 새로운 아이디어를 도출하기 위해서는 순서를 바꾸거나 재배열하면 어떨까하는 질문을 해 본다.

- 무엇을 재배열하면 더 좋을까? : 음료수 자판기의 음료수 배출구가 아래에 있으면 허리를 굽혀야 하는 불편함이 있으므로 음료수 배출구의 위치를 위쪽으로 재배열하여 허리 굽힘이 필요

없는 자판기를 개발할 수 있다.

- 순서를 바꾸면 어떨까? : 버스 안내양 시절에는 버스 탑승제가 후
  불제였으나 버스 안내양 제도가 없어짐에 따라 선불제로 바뀌었
  고 더 나아가서 교통카드나 신용카드를 사용할 수 있게 되었다.
- 위치를 바꾸면 어떨까? : 화장품 용기의 뚜껑이 위쪽에 있으면 사
  용할 때 용기를 뒤집어서 사용해야 했으나 뚜껑을 아래쪽에 위치
  시킴으로써 뒤집어서 사용하지 않아도 사용할 수 있게 되었다.

(9) 뒤집기

뒤집기(reverse)를 통해 새로운 아이디어를 도출하기 위해서는 이
것의 반대가 무엇인지를 질문 해 본다.

- 서비스를 반대로 하면 어떨까? : 농어촌 지역의 환자들은 병원
  을 방문하는 일이 매우 불편함으로 의료 서비스를 반대로, 즉 의
  사가 환자를 방문해서 진료하는 방문 진료 서비스가 탄생했다.
- 역할을 바꾸면 어떨까? : 회사에서는 상사가 부하 직원을 평가
  하는 것이 일반적이지만 역할을 바꿔서 부하 직원이 상사를 평
  가하는 '상사 평가제'가 만들어졌다.
- 안과 밖을 바꾸면 어떨까? : 뒤집어서 입을 수 있는 '양면 조끼'
  가 탄생되었다.
- 부정적인 것을 긍정적인 것으로 바꿀 수 있을까? : 겨울에는 아
  이스크림 판매가 급감하는데 이러한 부정적인 요소를 긍정적으
  로 바꾸기 위해 온도가 내려갈수록 아이스크림 가격을 깎아주
  는 판매 전략을 도입하여 크게 성공했다.

5. 트리즈의 발명 원리

5.1. 트리즈의 문제해결 접근 방법

어떤 조건에서는 특성 A가 개선되지만 특성 B가 악화되는 단점이
있고 반대 조건에서는 특성 B가 개선되지만 특성 A가 악화되는 현
상을 기술적 모순이라고 한다. 사람은 대개 모순에 직면하면 모순을
근본적으로 해결하기보다는 절충안을 찾아서 적당히 해결하려는 경
향이 있다. 그러나 트리즈(TRIZ)는 모순을 근본적으로 제거함으로
써 문제를 궁극적으로 해결하기 위한 기법이다. 트리즈의 문제해결
접근 방법은 [그림 11-4]와 같이 4단계로 구성된다.

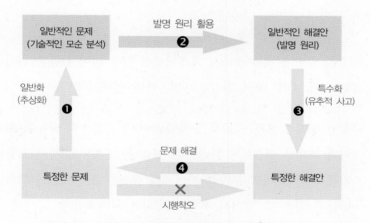

[그림 11-4] 트리즈의 문제해결 접근 방법(공학 설계 페이지 246)

- 1단계 : 특정한 문제가 인식되면 기술적 모순 분석을 통해서 일
  반적인 문제로 모델링한다.

- 2단계 : 발명 원리를 적용하여 일반적인 해결안을 도출한다.
- 3단계 : 발명 원리를 활용하여 도출한 일반적인 해결안을 기초로 하여 특정한 문제의 특정한 해결안을 유추한다.
- 4단계 : 시행착오를 최소화하면서 모순을 근본적으로 제거한 수준 높은 해결안으로 특정한 문제를 해결한다.

5.2. 발명 원리의 개념

발명 원리(inventive principle)는 발명 문제에 포함된 기술적 모순을 해결함에 있어서 가장 많이 활용된 40가지 핵심 원리를 의미하며 트리즈의 창시자인 알트슐러와 그의 동료들이 전 세계 수백만 건의 특허를 분석하여 도출된 공통 원리를 정리한 것이다. [표 11-6]은 40가지 발명 원리를 나타낸다.

40가지 발명 원리들 중에서 문제해결에 가장 많이 활용된 원리로는 1번, 2번, 4번, 10번, 26번, 28번, 35번 원리이다.

- 발명 원리 1(분리) : 물체를 독립된 여러 부분으로 나누고 쪼개어서 문제를 해결하는 원리이다. 예를 들면 임시 교통 신호등의 기둥을 여러 개로 분할한 파이프를 유연한 조인트로 연결하여 만들면 접을 수 있어서 운반과 설치가 편리해진다.
- 발명 원리 2(추출) : 중요한 것만 남겨두거나 필요 없는 것을 제거함으로써 문제를 해결하는 원리이다. 예를 들면 에어컨의 냉방기는 실내에 설치하고 소음이 나는 실외기는 밖으로 추출함으로써 에어컨의 소음을 제거할 수 있다.

[표 11-6] 40가지 발명 원리

번 호	발명 원리
1	분리(Segmentation)
2	추출(빼내기, 회수, 제거)(Extracting)
3	국소적 성질(Local Quality)
4	비대칭(Asymmetry)
5	결합(Combining)/통합(Consolidation)
6	범용성/다용도(Universality)
7	표개기(Nesting)
8	평형추(Counterweight)
9	사전 반대조치(Prior Counteraction)
10	사전 조치(Prior Action)
11	사전 예방(Cushion in Advance)/보정(Conpensation)
12	긴장완화(Remove tension)/높이 맞추기(Equipotentiality)
13	반대로 하기(Do it in Reverse)
14	곡선화(Curve)/구형화(Spheroidality)
15	역동성(Dynamicty)
16	과부족 조치(Partial or Excessive Action)
17	차원 바꾸기(Transition into a New Dimension)
18	기계적 진동(Mechanical Vibration)
19	주기적 작동(Periodic Action)
20	유용한 작용의 지속(Continuity of Useful Action)
21	고속처리(Rushing Through)/뛰어넘기(Skipping)
22	전화위복(Convert Harm into Benefit)
23	피드백(Feedback)
24	매개체(Mediator)
25	셀프서비스(Self Service)
26	복제(Copying)
27	일회용품(Dispose)
28	기계 시스템의 대체(Replacement of Mechanical System)
29	공기, 유압 활용(Pneumatic or Hydraulic)
30	유연한 막 또는 얇은 필름(Flexible or Thin Films)
31	구멍(Hole)/다공성 물질(Porous Material)
32	색 변경(Changing the Color)
33	동질성(Homogeneity)
34	폐기 및 재생(Rejecting and Regenerating Parts)
35	속성 변환(Transformation of Property)
36	상전이(Phase Transition)
37	열팽창(Thermal Expansion)
38	활성화(Enrich)/산화 가속(Accelerated Oxidation)
39	비활성화(Calm)/불활성 환경(Inert Environment)
40	복합 재료(Composite Materials)

참고문헌 : 창의적 공학설계, 김은경 저, 한빛아카데미(주)

- 발명 원리 4(비대칭) : 물체의 형태나 부품을 대칭에서 비대칭 형태로 바꾸어 문제를 해결하는 원리이다. 예를 들면 우산의 앞부분을 길게 만들어서 태풍에도 잘 견딜 수 있는 비대칭 우산을 만든다.

- 발명 원리 10(사전 조치) : 물체에 필요한 변화를 사전에 준비하여 문제를 해결하는 원리이다. 예를 들면 가위와 풀이 따로 필요하지 않도록 우표에 미리 절취선을 그어두고 뒷면에 풀칠을 해두는 경우이다.

- 발명 원리 26(복제) : 원래 제품 대신에 복제품을 사용하거나 대체 수단을 활용하여 문제를 해결하는 원리이다. 예를 들면 비싼 명화를 전시하기 어려울 때는 복제품을 전시한다. 아파트 분양을 위해 모델하우스를 활용함으로써 비용을 절감할 수 있다. 현금 대신에 수표나 신용카드, 상품권 등을 사용하는 것도 복제 원리를 활용한 사례이다.

- 발명 원리28(기계 시스템의 대체) : 기계 시스템을 효율이 더 높은 전기 시스템이나 자기 시스템, 광학 시스템 등으로 대체하여 문제를 해결하는 원리이다. 예를 들면 열쇠를 전자식 잠금장치로 대체할 수 있다. 자동차용 스마트키(smart key)도 기계 시스템을 대체한 예이다.

- 발명 원리 35(속성 변환) : 대상의 물리적 상태를 변화시키거나 농도 및 밀도, 온도, 유연성 등을 변화시켜서 문제를 해결하는 원리이다. 예를 들면 포도를 말려서 건포도를 만든다든지 홍시를 얼려서 아이스 홍시를 만드는 것이 여기에 해당한다.

6. 트리즈의 분리 원리

6.1. 트리즈의 물리적 모순 해결 방법

물리적 모순(Physical Contradiction)은 하나의 기술적 특성에 부여되는 상반된 요구 상황으로 하나의 특성이 갖는 값들 간의 모순이다. 다시 말하면 하나의 특성 A가 서로 상충되는 값 a와 -a를 동시에 가져야 하는 상황을 의미한다. 예를 들어서 키보드의 크기를 결정함에 있어 사용의 편리성을 위해서는 키보드가 적당히 커야 하고 휴대의 편리성을 고려하면 작을수록 좋은데 이와 같이 조건에 따라 키보드의 특성 값이 상충되는 경우가 물리적 모순에 해당한다.

트리즈에서 물리적 모순을 해결하는 방법은 트리즈의 문제해결 접근 방법과 마찬가지로 [그림 11-5]와 같이 4단계로 접근한다.

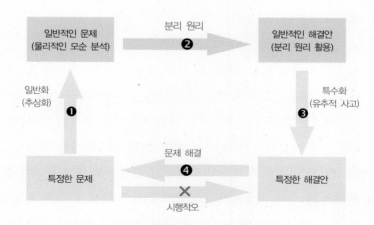

[그림 11-5] 트리즈의 물리적 모순 해결 접근 방법

- 1단계 : 특정한 문제가 인식되면 물리적 모순 분석을 통해서 일반적인 문제로 모델링한다.
- 2단계 : 분리 원리를 적용하여 물리적 모순을 해결함으로써 일반적인 해결안을 도출한다.
- 3단계 : 분리 원리를 활용하여 도출한 일반적인 해결안을 기초로 특정한 문제의 특정한 해결안을 유추한다.
- 4단계 : 시행착오를 최소화하면서 모순을 근본적으로 제거한 수준 높은 해결안으로 특정한 문제를 해결한다.

6.2. 분리 원리의 개념

분리 원리는 트리즈에서 물리적 모순을 해결하기 위해 모순되는 요구, 즉 한 특성의 상반되는 값을 분리시키는 방법이다. 대표적인 분리 원리로는 시간에 의한 분리, 공간에 의한 분리, 조건에 의한 분리, 전체와 부분에 의한 분리 등이 있다.

- 시간에 의한 분리 : 상반되는 요구 사항을 시간에 따라 분리시켜서 모순되는 요구를 모두 만족시키는 방법으로서 어떤 시간에는 A라는 요구를 만족시키고 다른 시간에는 -A라는 상반되는 요구를 만족시키는 방법이다. 예를 들면 네거리에서 자동차만 다니게 하면 사람이 불편하고 사람만 다니게 하면 자동차가 불편한데 둘 다를 만족시키는 방법으로 시간 분리 원리를 적용하여 파란 불일 때는 자동차가, 빨간 불일 때는 사람이 지나가도록 하는 신호등을 설치함으로써 문제를 해결할 수 있다.

- 공간에 의한 분리 : 상반되는 요구 사항을 공간에 따라 분리시 켜서 모순되는 요구를 모두 만족시키는 방법으로서 어떤 공간 에서는 A라는 요구를 만족시키고 또 다른 공간에서는 -A라는 상반되는 요구를 만족시키는 방법이다. 예를 들면 냉장고의 공 간을 분리하여 냉장실과 냉동실을 별도로 둠으로써 과일이나 야채를 냉장실에서 보관하고 생선이나 육류를 냉동실에 동시에 보관할 수 있다.

- 조건에 의한 분리 : 상반되는 요구 사항을 조건이나 상황에 따 라 분리시켜서 모순되는 요구를 모두 만족시키는 방법으로서 어 떤 조건에서는 A라는 요구를 만족시키고 또 다른 조건에서는 -A 라는 상반되는 요구를 만족시키는 방법이다. 예를 들어서 신용 도가 낮은 고객은 은행대출 허가와 함께 대출 금리를 낮춰달라 는 요구가 있는데 이를 받아드리면 은행으로서는 대출 상환을 염려하지 않을 수 없다. 이때 조건 분리를 활용하여 고객의 신 용도에 따라 대출 금리를 차등화하면 문제를 해결할 수 있다. 즉 신용도가 높은 고객은 대출 금리를 할인해주고 신용도가 낮 은 고객은 대출을 해주되 높은 금리를 받음으로써 두 가지 조건 을 모두 만족시킬 수 있다.

- 부분과 전체에 의한 분리 : 상반되는 요구 사항을 전체와 부분 으로 분리시켜서 모순되는 요구를 모두 만족시키는 방법이며 전체적으로는 A라는 요구를 만족시키지만 부분적으로는 -A라는 상반되는 요구를 만족시키는 방법이다. 예를 들어서 구글 사이 트처럼 전체적으로는 광고가 없는 것처럼 보이지만 부분적으로 고객 맞춤형 광고를 하는 것도 전체와 부분을 분리한 사례이다.

광고료가 가장 비싼 첫 화면에 배너 광고가 전혀 없기 때문에
전체적으로 광고가 없는 것처럼 보이게 하고 사용자가 검색을
하면 검색어와 관련된 광고만 부분적으로 표시하여 사용자가
광고로 인한 불편함을 크게 느끼지 않도록 구성한 것이다.

7. ASIT

7.1. ASIT 개념

애싯(ASIT)은 Advanced Systematic Inventive Thinking(체계적이고
발명적인 사고)의 약어로서 어떤 문제의 해결책을 찾기 위한 생각을
단순화시켜서 창의적인 해결책을 찾을 수 있도록 도와준다. ASIT은
[표 11-7]에 제시한 바와 같은 트리즈(TRIZ) 발명 원리의 단점을 보
완하기 위해 트리즈의 40가지 발명 원리를 2가지 조건과 5가지 문
제해결 기법으로 축약시킨 것이다.

[표 11-7] 트리지 발명 원리의 단점

트리즈의 단점
• 발명 원리를 학습하는 것이 어렵다.
• 일부 발명 원리는 공학적이며 특정한 문제에만 적용된다.
• 일부 발명 원리는 자주 사용되지만, 다른 몇 가지 발명 원리는 활용 빈도가 매우 낮다.
• 40가지 발명 원리를 모두 적용하기는 너무 어렵고, 습득하는데 시간이 많이 걸린다.

ASIT은 [표 11-8]에서와 같이 2가지 조건과 5가지 문제해결 기법
으로 단순화한 것이다.

[표 11-8] ASIT의 구성

구 분	구성 요서
2가지 조건	• 한정된 세계(closed world)의 원리 • 관계 변화(qualitative change)의 원리
5가지 문제 해결 기법	• 용도 변경(unification) • 복제(copying) • 분할(division) • 대칭 파괴(breaking symmetry) • 제거(removal)

7.2. ASIT의 2가지 조건

(1) 조건 1 : 한정된 세계의 원리

한정된 세계(closed world)의 원리는 문제 세계에 없는 새로운 요소를 해결 세계에 추가시켜서는 안 된다는 것을 의미한다. ASIT에서 창의적 해결안이란 한정된 세계의 원리 안에서 찾아낸 해결안을 뜻한다. 이 원리는 문제해결이 곤란한 경우에 일반적으로 새로운 요소를 찾아서 해결하려는 심리적 타성을 극복할 수 있도록 도와준다.

예를 들면 어느 여자고등학교에서 여고생들에게 립스틱 화장을 허용했는데 학생들이 호기심으로 거울에 립스틱을 바른 자신의 입술을 찍어보는 장난을 많이 했다고 한다. 화장실 거울을 청소하는 아주머니는 자신의 일이 늘어나자 어떻게 하면 학생들이 자발적으로 거울에 립스틱 자국을 찍지 않을 수 있을까라는 고민을 하게 되었다. [표 11-9]는 도출된 여러 가지 해결안들 중에서 가장 창의적인 해결안을 보여준다.

[표 11-9] 립스틱 자국 문제해결안과 한정된 세계의 원리 분석

구 분	해결안	한정된 세계의 원리 분석
일반적인 해결안	• **립스틱 전용 거울**을 별도로 설치한다. • 거울 옆에 립스틱을 지울 수 있는 **수건**을 걸어둔다. • 거울에 세척을 위한 **특수 장치**를 설치한다. • CCTV를 설치한다.	모든 일반적 해결책은 립스틱 전용 거울, 수건, 특수 장치, CCTV라는 새로운 요소를 추가했기 때문에 한정된 세계의 원리를 위반한 것이다. (추가 비용 발생)
창의적인 해결안	아주머니가 **화장실 대걸레**로 거울을 닦는 모습을 학생들에게 보여준다.	'화장실 대걸레'라는 기존 구성 요소를 활용했기 때문에 한정된 세계의 원리에 적합하다. (추가 비용 미발생)

참고문헌 : 창의적 공학설계. 김은경 저. 한빛아카데미(주)

한정된 세계의 원리를 만족시키면 추가 비용이 발생하지 않는 해결안을 창출할 수 있다. 많은 시간과 비용을 투자하는 방법 대신에 기존 자원을 활용하여 추가 비용이 발생하지 않고 부작용이나 다른 유해한 작용이 발생하지 않는 것이 가장 이상적인 해결안이다.

(2) 조건 2 : 관계 변화의 원리

관계 변화의 원리는 한정된 세계의 원리만으로는 창의적 해결안을 찾기에 불충분하므로 이를 보충하기 위해 추가된 원리이다. 문제란 원하지 않는 결과가 존재하는 상황을 의미한다. 악화 요인은 원하지 않는 결과를 발생시키는 요인을 뜻한다. 관계 변화는 원하지 않는 결과와 악화 요인과의 관계가 변화되는 것을 의미한다.

문제가 생기면 대개 문제를 발생시키는 악화 요인을 줄이려는 심리적 타성이 있다. 그러나 악화 요인을 줄이려고 노력하는 대신에 악화 요인과 원하지 않는 결과 간의 관계를 변화시키기 위해 노력한다면 창의적인 해결안을 찾기가 쉬워진다. 이때 창의적 해결안은 악

화 요인이 문제 상황에 나쁜 영향을 끼치지 않거나 혹은 좋은 영향을 주는 경우만 해당한다. [그림 11-6]은 악화 요인과 원하지 않는 결과의 관계를 나타낸다. (a)처럼 악화 요인이 증가할수록 원하지 않는 결과도 비례하는 관계가 문제에 해당한다. 반면에 (b)처럼 창의적 해결안은 악화 요인의 증가가 원하지 않는 결과에 영향을 미치지 않고 무관계를 만드는 것이다. (c)처럼 악화 요인이 증가할수록 원하지 않는 결과가 오히려 개선되는 해결안이 가장 창의적인 방법이다.

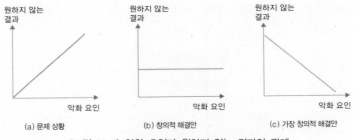

[그림 11-6] 악화 요인과 원하지 않는 결과의 관계

앞에서 예로 든 여학생들이 화장실 거울에 립스틱을 찍어보는 문제에 대해서 관계 변화 원리를 살펴보자. 원하지 않는 결과는 여학생들이 거울에 입술을 찍어보는 것이다. 악화 요인은 거울이 깨끗하다. 즉 거울이 깨끗할수록 입술을 많이 찍는다. 창의적 해결안으로서의 관계 변화는 더러운 대걸레로 거울을 닦는 모습을 보여줌으로써 악화 요인인 거울이 깨끗하다는 사실이 오히려 거울에 입술을 찍는 행동을 줄이게 한다. 대걸레로 거울을 깨끗하게 닦으면 닦을수록 학생들은 입술 찍는 행동을 줄이게 될 것이다.

7.3. ASIT의 5가지 문제해결 기법

ASIT의 5가지 문제해결 기법은 ASIT의 핵심적인 사고기법으로서 [그림 11-7]과 같이 용도 변경, 복제, 분할, 대칭 파괴, 제거 기법 등을 포함한다. 이 5가지 기법을 활용하여 문제를 해결할 때는 앞에서 설명한 한정된 세계의 원리와 관계 변화의 원리를 기초로 한다. 용도 변경 및 복제 기법은 원하지 않는 결과를 없앨 수 있는 '행동'을 찾을 때에 적용되며 원하지 않는 결과를 없앨 수 있는 행동을 찾을 수 없는 경우에는 분할이나 대칭 파괴, 또는 제거 기법 등을 적용해야 한다.

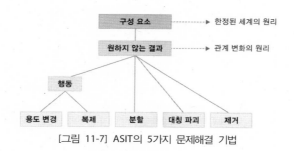

[그림 11-7] ASIT의 5가지 문제해결 기법

(1) 용도 변경 기법

용도 변경(alteration)이란 문제 세계에 있는 기존 구성 요소에 새로운 용도를 부여함으로써 문제의 해결책을 찾는 기법이다. 대개 어떤 요소가 가지고 있는 원래의 기능 이외의 다른 기능은 사용하지 않으려는 심리적 타성이 있는데 이를 기능적 고정관념이라고 한다. 기능적 고정관념을 탈피하려면 시스템적 사고(systematic thinking)가 필요하다. 즉 원하는 기능을 먼저 정한 다음에 어떤 요소가 그 기능을 수행할 수 있는지를 확인하는 것이다.

용도 변경 기법 활용 사례로서 프랭크 던커 실험이 있다. 양초, 성냥, 압정이 들어 있는 압정 통을 주고 벽에 부착된 코르크 게시판 위에 양초를 붙인 후 안전하게 불을 붙이는 실험이다. 이 실험의 핵심 아이디어는 압정 통을 양초의 받침대로 활용하는 것이다. 압정 통의 원래 용도는 압정을 보관하는 것이지만 양초의 받침대 역할로 용도를 변경할 수 있다. [표 11-10]은 용도 변경 기법을 활용한 프랭크 던컨 실험의 문제해결 과정을 나타낸다.

(2) 복제 기법

[표 11-10] 용도 변경 기법을 활용한 프랭크 던커 실험의 문제해결 과정

단 계	문제 해결 활동		
1	문제 세계 정리	문제 요소	게시판, 양초
		주변 요소	성냥, 압정, 압정통
2.	원하지 않는 결과	양초가 게시판에서 떨어진다.	
	행동	양초가 게시판에서 떨어지는 것을 방지한다.	
3	행동을 수행할 구성 요소	양초가 게시판에서 떨어지는 것을 막을 수 있는 구성 요소로 양초(파라핀), 성냥, 압정, 압정통을 하나씩 순서대로 적용시켜 본 다음, 행동을 수행할 구성요소를 선택한다. → 압정통 선택	
4	용도 변경 기법 적용	• 선택한 구성 요소의 용도를 바꾸는 것이 가능한가? 　→ 압정통의 원래 용도는 압정을 보관하는 것이지만, 양초의 받침대 역할로 용도를 변경할 수 있다. • 나머지 구성 요소의 용도를 바꾸는 것이 가능한가? 　→ 양초의 원래 용도는 불을 밝히는 것이지만, 양초의 파라핀을 약간 녹여서 게시판에 붙이는 접착제 역할로 용도를 변경할 수 있다.	
5	핵심 아이디어	압정통을 양초의 받침대로 활용한다.	
6	아이디어 구체화	먼저 압정을 이용해서 압정통의 한 면을 게시판에 붙인 후, 이 압정통을 받침대로 활용해서 양초의 아랫 부분을 녹여 압정통에 붙인 다음, 양초에 불을 붙인다.	

참고문헌: 창의적 공학설계, 김은경 저, 한빛아카데미(주)

복제(copying)는 현재 존재하는 구성 요소와 같거나 유사한 유형의 구성 요소를 복제하여 추가함으로써 문제의 해결책을 찾는 기법이다. 복제 기법에서 행동을 수행할 구성 요소는 문제 세계 외부에서 가져온 것으로서 기존 구성 요소와 같거나 유사한 유형의 새로운 구성 요소라는 것이 용도 변경 기법과 다른 점이다.

복제 기법의 사례로서 '수조 안 물고기의 신선도 유지'가 있다. 문제 요소는 물고기이며 주변 요소로는 수조, 물, 운송 차량이 있다. 물고기의 신선도가 떨어지는 것이 원하지 않는 결과이며 행동으로서는 물고기의 신선도가 떨어지는 것을 방지하는 것이다. 구성 요소인 물고기, 수조, 물, 운송 차량을 하나씩 순서대로 적용시켜 본 다음에 행동을 수행할 구성 요소를 외부 세계에서 찾는다. 복제 기법으로서 기존 구성 요소인 물고기와 유사한 다른 물고기를 선택한다. 다른 물고기로는 천적인 새끼 상어를 선택한다. 이 사례의 핵심 아이디어는 수조 안에 새끼 상어를 넣는 것이다.

(3) 분할 기법

분할(division)이란 먼저 문제 세계에 존재하는 기존 구성 요소 가운데 하나를 선택하여 여러 부분으로 나눈 다음에 분할된 부분들을 시간적, 공간적으로 새롭게 구성하거나 재배치하여 문제를 해결하는 기법이다. 분할 기법은 용도 변경이나 복제 기법과 달리 행동을 정의하는 대신에 문제 세계에 있는 구성 요소에 변화를 일으킨 후 필요한 수정을 추가한다.

분할 기법의 사례로서 '우주 궤도에 진입할 수 있는 미사일 개발'

이 있다. 지구 중력을 벗어나 우주 궤도에 진입할 수 있는 미사일은 강한 추진력이 필요하고 큰 추진력을 위해서는 많은 연료가 요구된다. 많은 연료를 탑재하려면 연료 탱크가 커야 하는데 이는 미사일 전체 무게가 무거워져서 우주 궤도에 진입하는 데 실패하게 된다. 미사일 개발의 핵심 아이디어는 하나의 연료 탱크로 구성된 미사일 대신에 다단계 연료 탱크로 구성된 미사일을 만드는 것이다.

(4) 대칭 파괴 기법

대칭 파괴(breaking symmetry)란 대칭적인 요소가 주는 안정감 때문에 대칭 관계를 깨뜨리지 않으려는 고정관념을 파괴함으로써 문제를 해결하는 기법이다. ASIT의 3가지 유형 대칭으로는 사물 대칭, 시간 대칭, 그룹 대칭 등이 있다. 사물 대칭에는 사물 내 모든 위치에서 동일한 가치가 존재하는 것으로 예를 들어서 한 가지 색상의 자동차가 있다. 시간 대칭으로는 시간이 지나도 그 사물이 가지고 있는 가치가 변하지 않는 것으로 예를 들어서 사람의 혈액형은 시간이 흘러도 변하지 않는다. 그룹 대칭은 같은 형태를 가진 사물들의 그룹이 동일한 특성을 갖는 것을 말하며 예로서 자동차 바퀴가 있다.

사물 대칭 파괴 사례로는 여러 가지 색과 무늬를 비대칭으로 칠한 자동차와 비대칭 우산이 있고 시간 대칭 파괴에는 사람의 나이와 나르는 속도에 따라 날개의 각도가 바뀌는 비행기가 있다. 그룹 대칭 파괴 사례로는 앞뒤 바퀴의 크기가 서로 다른 트랙터의 바퀴, 합창 단원 가운데 솔로 한 명만 다른 옷을 입는 것 등이 있다.

대칭 파괴 기법 활용 사례들 중의 하나가 '하마의 사망률 증가 문제해결'이다. 어느 동물원에서 하마의 사망률이 점점 증가해서 조사해 본 결과 사망의 원인이 하마 우리의 진흙 온도가 하마에 맞지 않기 때문임을 알게 되었다. 어떻게 하마에게 가장 적합한 진흙 온도를 알아낼 수 있을까? 대칭 파괴 대상으로 진흙을 선택하였다. 진흙의 속성들에는 온도, 깊이, 점성, 색깔 등이 있는데 이들 중에서 온도를 대칭 파괴 기법의 대상으로 선택했다. 핵심 아이디어는 하마의 우리를 몇 개로 나누어 진흙을 각각 다른 온도로 가열한 후에 하마를 풀어두면 자신들이 좋아하는 온도의 진흙이 있는 우리로 옮겨갈 것이기 때문에 하마에게 적합한 온도를 알아낼 수 있다.

(5) 제거 기법

제거(removal)란 문제 요소 가운데 하나 또는 그 이상의 요소를 제거함으로써 해결책을 찾는 기법이다. 제거 기법 적용 사례들로는 자전거의 바퀴를 제거하여 헬스클럽용 자전거를 만들었으며 자동차에서 엔진을 제거하여 페달로 가는 자동차를 제작했다. 어떤 유리컵 생산업체에서 마지막 단계에 신문지로 유리컵을 포장할 때 작업 속도가 크게 느려지는데 그 이유는 직원들이 잠깐씩 신문을 읽기 때문이다. 일반적인 해결 방안으로는 신문 대신에 백지나 혹은 외국어 신문을 사용하는 것이지만 둘 다 비용이 증가하는 단점이 있다. 창의적인 해결 방안은 근로자의 눈 제거, 즉 맹인을 채용하는 것이다.

제거 기법 활용 사례로는 헬리콥터의 비상 탈출 문제가 있다. 비행기가 추락할 위기에 놓인 비상 상태에서 조종사는 탈출 버튼을 눌러서 위로 튀어 올라 낙하산으로 탈출해야 하는데 헬리콥터의 경우에 위에서 회전하는 날개 때문에 이런 탈출이 불가능하다. 어떻게 이 문제를 해결할 수 있을까? 제거할 구성 요소로는 회전하는 날개를 선택했다. 핵심 아이디어로는 헬리콥터 조종사가 위로 튀어 오르기 직전에 회전하는 날개를 먼저 제거한다는 것이다.

참고문헌

『창의성』, 로버트 W. 와이스버그, 김미선 역, (주)시그마프레스, 2010. 8.
『지능과 창의성의 프레임』, 이신동 외 공저, 양서원, 2015. 1.
『창의적 공학설계』, 김은경 저, 한빛아카데미(주), 2015. 1.
『창조의 순간』, 마거릿 A. 보든 저, 고빛샘 외 역, (주) 북이십일 21세기북스,
       2010. 12.
『창의성의 발견』, 최인수 저, (주) 샘앤파커스, 2012. 9.
『3차원 창의력 개발법』, 이광형 저, (사)한국물가정보, 2012. 11.
『창의학 콘서트』, 송세진 저, 서울경제경영출판사, 2013. 5.
『창의학 수업』, 스탠라이 저, 신다영 역, (주)에버리치홀딩스, 2007. 11.
『아이디어 대폭발』, 제임스 L. 애덤스 저, 이미숙 역, (사)한국물가정보, 2012. 10.
『우주론』, 다케우치 가오루 저, 김재호, 이문숙 역, 도서출판 전나무숲, 2011. 3.
『기획이란 무엇인가』, 길영로 저, 페가수스, 2014. 4.
『인체해부학』, 노민희, 용준환, 이용덕 공저, 정담미디어, 2007. 2.
『인체해부학』, 신문균 외 공저, 현문사, 2008. 12.
『세상을 바꾸는 IT 100선』, 오창환 저, 서울사이버대학교 출판사, 2008. 1.
『인간과 성공』, 오창환 저, 한국학술정보(주), 2015. 1.
『인간과 컴퓨터 이해』, 오창환 저, 한국학술정보(주), 2011. 1.
『디지털 3.0 시대의 상식 사전』, 오창환 저, 한국학술정보(주), 2012.
『독서습관』, 오창환 저, 한국학술정보(주), 2015. 11.
『데이터통신』, 오창환 저, 한국학술정보(주), 2010.
『유비쿼터스 이해』, 오창환 저, 한국학술정보(주), 2012.
『인공지능과 딥러닝』, 마쓰오 유타카 저, 박기원 역, (주)동아엠앤비, 2016. 5.
『친절한 과학사』, 박성래 저, 문예춘추사, 2007.
『생물학 카페』, 이은희 저, 궁리출판, 2009. 8.
『인체해부학』, 이성호 외 공저, 현문사, 1999. 3.
『최신 인체해부생리학』, 이한기 외 공저, 수문사, 2007. 2.
『생리학』, 장남섭 외 저, 수문사, 2008. 7.
『사람과 컴퓨터』, 이인식 저, 도서출판 까치, 1992. 8.
『인지심리학과 그 응용』, 이영애 역, 이화여자대학교출판부, 2012. 1.
『심리학의 이해』, 윤가현 외 공저, 학지사, 2009. 2.

『착각하는 뇌』, 김성기 역, 리더스북, 2009. 5.

『뇌, 생각의 출현』, 박문호 저, ㈜휴머니스트 출판그룹, 2009. 7.

『감각과 지각』, 김정오 외 공역, ㈜시그마프레스, 2008. 10.

『양자심리학』, 양명숙, 이규환 역, ㈜학지사, 2011. 3.

『하룻밤에 읽는 심리학』, 신혜용 역, 랜덤하우스코리아(주), 2009. 2.

『간단명료한 심리학』, 이영애, 이나영 역 ㈜시그마프레스, 2008. 2.

『인지과학 혁명』, 김남주 김경화 역, 에이콘출판주식회사, 2011. 2.

『동기와 정서의 이해』, 정봉교 외 공역, 도서출판 박학사, 2003. 6.

『긍정 심리학』, 권석만 저, 학지사, 2009. 1.

『긍정적 심리학』, 이현수 저, ㈜시그마프레스, 2008. 1.

『맥스웰 몰츠, 성공의 법칙』, 공병호 차재호 역, 비즈니스 북스, 2012. 3.

『성공하는 사람들의 7가지 습관』, 스티븐 코비 저, 김경섭 역, 김영사, 2010. 5.

오창환

▌약력
고려대학교 전자공학 학사
고려대학교 공학대학원 석사
일본 오사카 대학 정보공학 박사
한국전자통신연구원 책임연구원
광주과학기술원 연구교수
(주) 네트리 대표이사
현) 서울사이버대학교 컴퓨터공학과 교수

▌주요저서
『컴퓨터 구조』, 서울사이버대학교 출판부, 2006. 12.
『데이터베이스 기초』, 서울사이버대학교 출판부, 2008. 1.
『세상을 바꾸는 IT 100선』, 서울사이버대학교 출판부, 2008. 1.
『데이터통신』, 한국학술정보(주), 2010. 9.
『인간과 컴퓨터 이해』, 한국학술정보(주), 2011. 1.
『유비쿼터스 이해』, 한국학술정보(주), 2012. 2.
『디지털 3.0 시대의 상식 사전』, 한국학술정보(주), 2012. 12.
『디지털 논리회로 이해』, 한국학술정보(주), 2013. 3.
『인간과 성공』, 한국학술정보(주), 2015. 1.
『독서습관』, 한국학술정보(주), 2015. 11.

창의
Creative Idea

초판인쇄   2017년 3월 13일
초판발행   2017년 3월 13일

지은이   오창환
펴낸이   채종준
펴낸곳   한국학술정보㈜
주소   경기도 파주시 회동길 230(문발동)
전화   031) 908-3181(대표)
팩스   031) 908-3189
홈페이지   http://ebook.kstudy.com
전자우편   출판사업부   publish@kstudy.com
등록   제일산-115호(2000. 6. 19)

ISBN   978-89-268-7876-7   93040